湖北经济学院经管系列学术文库

FUWU CHANGJINGZHONG
"QITA GUKE" XIANSUO DUI GUKE MANYI DE YINGXIANG JIZHI YANJIU

服务场景中“其他顾客”线索对顾客满意的影响机制研究

◎ 戢　芳／著

中国财经出版传媒集团
经济科学出版社
Economic Science Press

图书在版编目（CIP）数据

服务场景中“其他顾客”线索对顾客满意的影响机制研究/戢芳著. —北京：经济科学出版社，2017.2
（湖北经济学院经管系列学术文库）
ISBN 978-7-5141-7771-8

Ⅰ.①服… Ⅱ.①戢… Ⅲ.①商业服务-顾客满意度-研究 Ⅳ.①F719

中国版本图书馆 CIP 数据核字（2017）第 028081 号

责任编辑：王柳松
责任校对：隗立娜
版式设计：齐　杰
责任印制：邱　天

服务场景中“其他顾客”线索对顾客满意的影响机制研究
戢　芳　著
经济科学出版社出版、发行　新华书店经销
社址：北京市海淀区阜成路甲 28 号　邮编：100142
总编部电话：010-88191217　发行部电话：010-88191522
网址：www.esp.com.cn
电子邮件：esp@esp.com.cn
天猫网店：经济科学出版社旗舰店
网址：http://jjkxcbs.tmall.com
北京季蜂印刷有限公司印装
880×1230　32 开　8.625 印张　230000 字
2017 年 2 月第 1 版　2017 年 2 月第 1 次印刷
ISBN 978-7-5141-7771-8　定价：36.00 元
（图书出现印装问题，本社负责调换。电话：010-88191510）

前　言

人与他人如何共处，一直是人类关注的重要话题，人与环境中“其他人”相处产生的社会影响常以多种形式存在于生活中。在市场营销领域，这样的情况同样无法避免。除了服务提供者与顾客间的合作关系之外，服务接触也常被描述为许多顾客在场而导致彼此间相互影响的现象。先前研究提示，服务接触是对其他顾客现象研究进行聚焦的核心，在此基础上寻求影响顾客间交换感知和相互影响的具体因素，对这些信息和研究框架的探求能帮助服务组织更好地设计和建立令人满意的服务过程。

首先，通过对服务营销中涉及其他顾客问题进行文献追踪和挖掘本书发现，现有研究对其他顾客是否应该纳入服务营销概念范围之中尚存争议。同时，在营销领域，已有相当多成熟的理论模型明确提及了其他顾客的重要性。将其他顾客因素作为研究对象，来剖析其对中心顾客消费行为的影响就显得尤为必要。那么，在服务场景乃至服务营销的研究体系中，其他顾客究竟扮演什么样的角色呢？这是本书立意的一个基本出发点。

其次，由于服务环境中“其他顾客”线索在管理上较强的不易控性，相比起员工线索和服务设施线索，其他顾客并未得到研究者较多的关注。为数不多的其他顾客现有研究主要包含三大流派。其中，第一个流派的出发点是服务场景，多从环境心理学视角来对服务场景中的“社交线索”（其中，包含其他顾客）进行探索，主要集中在社交线索的范畴下探索“其他顾客”线索问题。第二个研究流派，主要从关系营销视角研究顾客与顾客间互动或可观察的口头参与现象，并探讨了与其他顾客间的互动及沟通交流如何对最终消费行为产生影响。第三个研究流派，把顾客看作被动角色，认为在共享的服务环境中，其他顾客的在场会间接影响到中心顾客。但整体来说，零售服务环境中，与中心顾客同时占用服务设施的其他顾客所带来的影响在营销研究中被长期忽视。中心顾客对共享服务设施的“其他顾客”线索的构成仅停留在片面的尝试性研究上，中心顾客对共享服务设施的“其他顾客”线索将产生什么样的认知过程，进而会以何种形式作用于顾客对服务的判断和评价，目前文献并未给出完善解答。

再次，当将研究对象聚焦在关注服务场景时，本书进一步发现，“服务场景”概念与环境心理学理论在该领域的应用密不可分。过去，该领域的研究对象主要集中在客观的、物理的服务场景；近年来，社交服务场景的重要性逐渐被意识到。这表明，在服务场景研究中，“环境”这一重要术语代表的含义发生着观念上的流变。现有文献对服务场景的关注，从空间和设计因素到将社交因素纳入其中，这个过程伴随着一次营销观念上重大的变革。因此，对“其他顾客”线索这一社交服务场景的重要构成的关注，就变得尤为迫切。

最后，通过文献考察本书发现，从环境心理学视角来研究服务场景中的“其他顾客”线索给中心顾客消费行为所带来的影响是一个崭新的研究领域，在理论解释上存在较大的扩展和延伸空间。其中存在两个主要问题：一方面，M－R模型自提出以来就被广泛应用于服务场景研究之中，其中，“情绪”和“趋避行为”是构成服务场景研究的核心变量，利用M－R模型来解释服务场景对消费行为的影响具有可行性和适用性。虽然现有大量研究证实了“氛围刺激－情绪－趋避行为”路径的存在，但是现有研究鲜有专门针对社交服务场景中“其他顾客”线索对顾客消费行为影响的解释框架，这个基本框架能否解释“其他顾客”线索问题有待进一步实证检验，这是本书采用此经典框架的一个关键点。另一方面，本书发现，服务场景研究主要聚焦于环境线索对情绪和趋避行为的影响效应。在此过程中，环境线索的信息加工过程所遵循的路径是“情绪”到“认知”，还是“认知”到“情绪”目前尚不清晰。基于上述阐述，本书第二个关键点是从理论上扩展 M－R 范式，以进一步阐释“其他顾客”线索对顾客消费行为的影响机制。

因此，本书需要解决的 7 个主要研究问题为：(1) 服务场景中的“其他顾客”线索由哪些要素构成？(2)“其他顾客”线索在服务场景中扮演什么样的角色？(3) 服务场景中的“其他顾客”线索，是如何影响消费者行为的？(4) M－R 模型是否足以解释“其他顾客”线索对服务满意影响的解释路径？(5)“感知社会支持”和“感知控制”所代表的认知维度，在“其他顾客”线索带来的环境刺激对顾客情绪影响的中介作用是否存在？(6) 认知维度和情绪维度所揭示的“认知”—“情绪”的心理机制，在“其他顾客”线索对顾客服务满意影响过程中的中介作用是否存在？(7) 自我建构方式在“其他顾客”线索所代表的服务场景刺激对中心顾客的“应对”影响中的调节作用是否存在？

本书第 3 章采用关键事件法对于“其他顾客”线索对消费行为的影响机制进行探索性研究。首先，本书将服务场景中涉及的其他顾客的相关现象资料归类为“消费相关的直接线索”“消费相关的间接线索”“社交相关的直接线索”和“社交相关的间接线索”4 类；其次，本书尝试性地将服务场景中的“其他顾客”对中心顾客消费行为的影响过程进行了整体性概括。这个三段式的影响模型包含“其他顾客”线索构成结构、影响方式和影响结果。最后，本书还概括了服务员工和其他顾客交互形成的新线索类型，并将其纳入探索性研究体系中。

本书第4章以服务场景“M－R”范式为研究出发点，分析了目前该范式的广泛研究基础和存在的问题。传统研究范式中对“认知”和“情绪”的路径关系并未有清晰解答，究竟是“情绪”到“认知”的路径，还是“认知”到“情绪”的路径，服务场景研究中尚无定论。而且，将二者放在同一模型中来讨论的研究成果也很稀少。因此，本书创新性地将环境应激理论融入研究模型中作为讨论认知维度的理论基础。事实上，环境应激理论恰好讨论了遇到外界环境刺激时，知觉状态被激起的动态适应过程。本书借助环境心理学、环境应激理论、情绪理论、满意理论和自我建构理论，构建实证研究模型，并提出基本研究假设。

实证研究得出的5个结论分别为：(1) 服务场景中，“其他顾客”线索中包含的相似性、外表、行为适当性对顾客在服务场景中获得的感知社会支持程度具有正向影响。同时，“其他顾客”线索中的相似性、行为适当性对顾客在服务场景中获得的感知控制具有正向影响。然而，“外表”与感知控制间的关系并未得到调研数据的支持。当人们光顾服务环境时，在场的其他顾客若表现出较多与我们颇为相似的背景、适当得体的外表特征和行为上的适当性，这将使得我们感受到一种在服务环境中“陪伴”的感觉。这个商业地点也因为来自其他顾客的这些积极的线索变得温暖并更令我们留恋。(2) 顾客在服务场景中获得的感知控制程度和感知社会支持程度对人们的情绪表现产生积极影响，人们在服务场景中获得的感知控制程度越强，被引发的愉悦情绪水平越强烈，同时，在服务场景中获得的感知控制程度越强，环境为他带来的唤起情绪水平越弱。人们在服务场景中获得的感知社会支持程度与整体的情绪表现之间呈现出正向关系，而其中感知社会支持与愉悦情绪水平之间的正向关系得到了数据的显著支持，但感知社会支持与唤起情绪水平之间的路径关系未通过实证检验。(3) 感知控制和感知社会支持在“其他顾客”线索对情绪表现的影响中具有部分中介作用。其中，感知控制和感知社会支持在“其他顾客”线索对愉悦情绪水平的影响中具有部分中介作用；感知控制在“其他顾客”线索对唤起情绪水平的影响中具有部分中介作用，而感知社会支持在“其他顾客”线索与唤起情绪水平之间负向关系的中介作用则并不显著。从整体上来说，实证研究基本肯定了代表“应对方式”的感知控制和感知社会支持在环境中的“其他顾客”线索与“情绪表现”关系链条上的中介作用和缓冲角色。(4)“其他顾客”线索通过“感知控制”和“感知社会支持”以及顾客情绪表现，最终影响顾客服务满意。“其他顾客”线索对顾客服务满意的影响受到两层中介作用的影响，首先，“其他顾客”线索对服务满意的影响在“感知控制”和“感知社会支持”的适应机制下得到了认知和信息加工调整；其次，“情绪表现”在此动态过程中也扮演了部分中介作用。(5)自我建构方式在“其他顾客”线索对感知控制和感知社会支持影响过程中的调节作用，得到了部分验证。其中，关联建构为主的顾客在受“其他顾客”线索影响而获得的感知社会支持上远高于独立建构为主的顾客，这个结论恰好反映了在日常生活中人们对他人的看法和认知对自身信息加工的潜在影响和调节作用。另外，研究结论并不支持关联建构为主的顾客从“其他顾客”线索获得的感知控制更强的假设，实证研究的结果支持了相反的观点，相对于关联建构为主的顾客来说，独立建构为主的顾客更能从“其他顾客”线索中获得控制感。

本书的理论贡献表现在5个方面：(1)为服务场景基本概念和模型的争议提供研究证据；(2)为服务场景中其他顾客概念体系和影响路径的完善做出了贡献；(3)对以环境心理学为基础的“M－R”研究范式进行了扩展和补充；(4)将环境应激理论引入服务场景研究中，强调了服务场景研究中的认知维度；(5)丰富和补充了其他顾客研究体系，为“仅仅在场”问题的探索提供实证依据。本书的管理启示表现在4个方面，(1)更有利于服务企业进行精准的“客户档案管理”和市场细分工作；(2)为服务企业进行更合适的营销定位及促销活动的开展提供理论来源；

(3) 为商业服务环境中管理者“兼容性管理”策略的制定做出引导；(4) 为服务企业营造更具社交风味和人文情怀的服务氛围创造条件。

戴 芳

2016 年 10 月

目 录

第 1 章

绪 论

服务的异质性、不可分离性使其成为一个复杂交换总和，传统意义上的“服务接触”（Bitner，Booms and Tetreeault，1990；Shostack，1985）作为客户与服务系统间互动的真实瞬间，是影响客户服务感知的直接来源，也是赢取客户的关键点。整体来说，在服务传递过程中，顾客、服务人员、客观环境三者之间的互动是服务接触的重要内容（Bitner，1990；Solomon et al.，1985；Surprenant，Solomon，1987）。“服务接触”长期以来在服务营销理论研究和实践中均占据中心地位，并对服务差异化、质量控制、传递系统和服务满意都产生影响。

而目前服务接触问题的研究现状是：第一，大量研究集中在对顾客与员工互动（customer and employee interactions）的关注上，来了解顾客如何评价个人的服务接触。第二，集中于顾客在服务接触中的涉入度和在服务生产与传递过程中扮演的角色。第三，集中于可触知的和客观物理环境在服务接触中的影响作用。尽管以上三类巩固顾客与企业间关系的链接已经得到充分认识，但是在商业环境中，顾客往往还会被动地遭遇到共享服务环境和设施的其他顾客，那么，其他顾客会对顾客的服务接触带来影响吗？若存在影响？如何影响？

事实上，学者们已经意识到，服务环境中其他人的在场就是服务接触中的一类不可或缺的影响因素（Baker，1987；Langeard et al.，1981；Lovelock，1996；Martin，Pranter，1989）。比如，普兰特和马丁（Pranter，Martin，1991）就曾指出："除了关注管理－员工、员工－顾客、员工－员工之间的关系外，顾客与顾客之间的关系同样值得关注"，近些年，越来越多服务营销研究者对其他顾客现象及其影响效应产生兴趣（eg.，Berry，Parasuraman，1993；Fisk，Brown and Bitner，1993；Parasuraman，Berry and Zeithaml，1988；1991），但由于研究难度高和管理上的高不可控性，顾客与"其他顾客"间的关系问题并未得到现有文献的足够认识，且从文献源头来看，"其他顾客"是否应该被纳入服务营销研究体系尚存在争议（Baker，1987；Martin，1996；Bitner，1992）。这些思考为本书提供了新的思路和问题，也带来了研究上的挑战。

以这个研究问题为出发点，本章主要内容包含四方面：首先，分析本书的选题背景，其中，包含理论背景和实践背景两部分，这部分内容揭示了在服务场景中着重考虑"其他顾客"线索的必要性；其次，是本书的选题意义，其中，包含理论意义和管理意义，这部分内容主要阐述了将"其他顾客"线索纳入服务场景之中的重要性；再次，在分析了必要性和重要性的基础上，提出了本章主要研究问题；最后，详细阐述了本章采用的主要方法和研究路线。

1.1 选题背景

1.1.1 理论背景

先前研究发现，服务接触是对其他顾客现象研究进行聚焦的核心，在此基础上寻求影响顾客间交换感知和相互影响的具体因素，对这些信息和研究框架的探求能帮助服务组织更好地设计和建立令人满意的服务互动（e. g. ，Baker，Grewal and Parasuraman，1994；Bitner，1990；Bitner，Booms and Tetreault，1990；Kelley，Hoffman and Davis，1993；Keaveney，1995）。

首先，通过对服务营销中所涉及的其他顾客问题进行追踪和文献挖掘本书发现，现有研究对于其他顾客是否应该纳入服务营销考虑范围之中尚且存在争议。就现有研究所形成的明确定义来看，贝克（Baker，1986）的定义将社会影响（包含其他顾客和员工）整合入服务场景框架内，但是比特纳（1992）的定义却把其他顾客排除在外。贝克（1986）将服务场景定义为在服务接触中所有可触知的线索，包含氛围、设计和社会线索（social cue）三个要素。然而，比特纳（Bitner，1992）则将服务场景定义为区分于社交的和自然的“人造”环境，并将其划分为氛围条件、空间布局和功能、符号象征和装饰三个维度。整体来说，现有研究中采用贝克定义的研究（e. g. ，Brady，Cronin，2001；Hightower，2003；Tombs，McColl－Kennedy，2003；Turley，Milliman，2000）持有的观点，是将其他顾客看作服务场景的一部分，采用比特纳（1992）定义为基础的相关研究（e. g. ，Hoffman et al. ，2003；Wakefield，Blodgett，1994）却没有考虑其他顾客的影响作用。那么，在服务场景乃至服务营销的研究体系中，“其他顾客”究竟扮演什么样的角色呢？这是本书进行立意的一个基本出发点。

另外，文献探索还发现，在服务营销领域中有相当多已十分成熟的理论模型明确指出“其他顾客”的重要性。比如，美国学者兰吉尔德等（Langeard et al. ，1981）明确地将涉及其他顾客的互动囊括入他们的服务产出系统模型（servuction system model）中。该研究模型将处于前端的顾客命名为“顾客A”（即“中心顾客”），与之发生互动的有服务员工、客观环境以及“顾客B”，在此模型中，其他顾客被统称为顾客B，作者用此模型阐述了服务的系统性，同时认为一个顾客所获得的服务利益除了受到组织的服务支持系统、服务的有形设施、服务员工影响之外，还会受到其他顾客的影响。布姆斯和比特纳（Booms，Bitner，1981）在服务营销的7P组合中，将其他顾客看作是服务参与者（participants）的一个组成部分。贝克（1987）研究发现，影响消费环境的因素包含物理因素和社交因素的两种成分（social elements），并将服务接触中发现的不同顾客描述为刻画服务环境的社会因素（social factor）。格鲁夫和菲斯克（Grove，Fisk，1992）采用模拟戏剧的形式将服务环境中的参与者比拟成为舞台上的演员和听众，他们参与服务环境中扮演特定的角色来创造服务表现。在这个服务“拟剧”框架（theatrical components）中，其他顾客统统被辨认为服务听众的一分子。洛夫洛克和沃茨（Lovelock，Wirtz，2004）在服务营销的结构化的系统理论中将顾客可视的部分称为服务传递系统，在服务传递系统内部，顾客的整体体验受到各式各样潜在互动的影响，包含与服务人员的互动（接触）、与内部和外部客观环境的互动（包含设备）以及与其他顾客的互动。由此可见，将服务营销中的其他顾客作为研究对象来剖析其对中心顾客消费行为的影响显得尤为必要。

其次，涉及其他顾客的相关研究，自马丁（Martin，1989）明确提出服务环境中顾客间的兼容性问题以来一直受到学者关注（Gummesson，1993；Rewley，1995；Grove，Fisk，1997；Mcgrath，Otnes，1995；Lehtinen，Lehtinen，1991；Argo et al.，2005），但可能是由于服务环境中其他顾客在管理上具有较强的不易控性，相比起员工和服务设施，其他顾客并未得到研究者较多的关注。为数不多的对“其他顾客”的现有研究，主要包含三大流派。其中，第一个流派的出发点是服务场景，多从环境心理学视角来对服务场景中的社交线索（其中，包含其他顾客）进行探索。主要集中在社交线索或社交刺激的范畴下探索其他顾客问题。第二个研究流派，主要从关系营销视角研究了顾客与顾客间的互动或者可观察的口头参与的主要表现，并阐述了与其他顾客间的互动及沟通交流如何对最终消费行为产生影响（McGrath，Otnes，1995；Moore et al.，2005；Prahalad，Ramaswamy，2000）。这个流派的研究重点，体现在顾客与顾客之间关系的建立和长期维系上，仅在部分顾客间高接触的服务环境中（如旅行、培训课程等）较为多见。第三个流派的研究，把顾客看作被动角色，认为在共享的服务环境中，其他顾客在场的影响会通过非直接的方式发生。比如，顾客密度和人群问题（e.g. Eroglu，Machleit，1990；Hui，Bateson，1991），其他顾客的社交在场（包含传统服务环境和虚拟服务环境）会对中心顾客的产品决策和购买率产生影响（Argo et al.，2005；Dahl et al.，2001；Fortin，Dholakia，2005；He et al.，2012），该流派多采用社会心理学理论（比如，社会影响理论、社会助长理论，等等）为研究基础。可以说，在零售服务环境中，与中心顾客（focal customer）同时占用服务设施的其他顾客的社会影响在研究中被长期忽视（Bracato et al.，2012）。中心顾客对共享服务设施的其他顾客的构成仅仅停留在片面且定性性质的尝试性研究上，顾客对共享服务环境的其他顾客会产生什么样的认知过程，这些认知进而会以何种形式和程度作用于顾客对服务本身的评价，目前的文献尚未给出完善的解答。

再次，当将研究对象聚焦在关注服务场景时，本书进一步发现，“服务场景”的概念与环境心理学理论在该领域的应用密不可分，且在此过程中，该领域的研究对象和研究思路不断拓宽，从只关注客观的、物理的服务场景到意识到社交服务场景的重要性。过去的服务场景研究在对环境心理学术语“环境”（environment）所代表的含义诠释上发生着观念上的流变。现有文献对零售氛围的关注从在空间和设计因素（ambient and design factors）到将相近的环境心理学文献所揭示的社交因素（social elements）纳入之中，这个过程伴随着一次营销观念的重大变革。因为“物理环境对行为的影响无法抛开环境中的社交方面，是与它紧密联系在一起的”（Cassidy，1997），这与当前营销研究集中关注于环境中的物理因素形成了对照。在比特纳（1992）的开创性研究中，作者所提出的“服务场景”（servicescape）概念也主要关注于环境中的物理要素（physical aspects），除了一些零售环境中“拥挤”（crowd）问题的研究（Bateson，Hui，1987；Eroglu，Machleit，1990；Hui，Bateson，1991；Machliet，Eroglu and Mantel，2000）之外，服务场景中的社交因素仅仅在贝尔克（Belk，1975）、贝克（1987）、比特纳（1992）及特利和明曼（Turley，Milliman's，2000）的概念性文章中被摘要性提及。事实上，这个过去被长时间忽视的维度是至关重要的，许多服务聚焦于关注服务传递中顾客的体验，而当实施服务时，其他顾客通常都在场。尽管零售环境中的人类要素（human elements）十分重要，现有研究却无法对此要素进行很好的定位。30 年间，有相当数量已发表的营销文献着重关注零售和服务环境中的顾客行为（Turley，Milliman，2000），这些研究大部分阐释了环境心理学的影响作用，尤其是梅拉比安和拉塞尔（Mehrabian，Russell's，1974）的趋避行为（approach-avoidance）框架，然而，很少有研究集中于社交服务场景中其他顾客带来的影响，这个领域研究的缺乏为本书进一步明确了方向。

最后，通过对从环境心理学的视角来研究服务场景中的“其他顾客”给中心顾客消费行为带来影响这一主题下的文献探索，本书发现这是一个崭新的研究领域，在理论解释上存在较大的扩展和延伸空间。其中存在两个主要问题：一是 M－R 模型自提出以来被广泛使用于服务场景（或氛围）的研究中，其中，“情绪”和“趋避行为”构成了服务场景（或氛围）研究的核心变量。该模型在解释服务氛围对个体消费行为具有重要作用，且在已有服务营销氛围研究领域得到广泛认可。从这个意义上来说，利用 M－R 模型来解释服务氛围对消费行为的影响具有其可行性和适用性。虽然现有大量研究证实了“氛围刺激－情绪－趋避行为”路径的存在，然而，该研究路径虽可以解释氛围对消费行为影响的基本机制，但由于现有研究中鲜有专门针对社交氛围中的其他顾客对顾客消费行为影响的解释框架，所以，这个基本框架能否解释其他顾客问题还有待进一步实证检验，也是本书采用此经典研究框架的一个基本出发点。经典的 M－R 模型虽可以为解释氛围中的刺激因素对服务消费者的影响机制提供理论支持，但是该框架是否适用来解释服务氛围中的其他顾客问题，目前在营销研究中还处于探索阶段，而对这类问题还鲜有研究进行专门的理论论述，故还需要探索一个新理论框架去扩展原有 M－R 模型以提高其现实解释力。二是通过理论挖掘本书发现，服务氛围研究主要聚焦于环境线索对情绪和趋避行为的影响效应。事实上，由于先前的服务氛围文献中很少有将情绪和认知都作为中介来探索消费者行为的研究，那么，在此过程中，环境线索的加工过程所遵循的路径是情绪（emotion）—认知（cognition），还是认知（cognition）—情绪（emotion）尚不清晰，这样来说，在环境线索研究中了解认知和情绪的相互作用以及等级层次就显得颇为重要（Chebat，Michon，2003）。因此，基于上述阐述，本书的第二个出发点就是想从理论上扩展 M－R 范式，以进一步阐释其他顾客对顾客消费行为的影响机制。

1.1.2 实践背景

在对研究的理论背景进行探索并发现其中存在的提升空间的同时，带着这些研究上粗略的想法，本小节对周边可接触到的不同来源的人群进行访谈，并列举了三个不同类型的较有针对性的访谈案例。

案例1 （被访者30岁，男性，创业者）“2012年秋季，在南昌市的某火锅店，我们正在享受火锅，突然有服务员来为顾客唱歌跳舞，并邀请顾客一起加入，其他顾客很高兴，所有我们自己也很开心，其他顾客排队等候吃火锅并且很高兴地看服务员跳舞时，我们也很开心，因为整个火锅店其乐融融”。

案例2 （被访者25岁，男性，公司职员）“2012年10月10

日，我从南昌回成都，飞机晚点，本来我很有耐心，但是我看到其他乘客抱怨，说××航空的飞机经常晚点的时候，我对该航空公司的服务满意度极为降低”。

案例 3 （被访者 25 岁，女性，高校在读研究生）“2012 年 12 月某天，师姐的毕业答谢宴安排在××食府的包间，大家边吃边聊，说着学术、回忆、愿望等，气氛很好。可能是对着的两个包间门开着，在我们对门包间的人又是喝酒，又是划拳，声音很大。服务员也不知道哪里去了，没有人来照顾。我们觉得严重影响了我们谈天的气氛，就走了。边走边抱怨说包间出现这样的划拳喝酒，真是掉档次，服务员也真是，到处开着门也不知道干什么去了”。

上文呈现的 3 个案例，是在从关键事件法研究访谈中摘取的受访者所提及的服务环境中其他顾客给享受服务的过程带来的影响。第 1 个案例描述了餐饮环境中其他顾客的自发行为所带来的良好服务氛围激发了中心顾客的愉悦情绪；第 2 个案例则描述了一类相反的情况，当身处服务场景中的消费者无意中接收到来自其他身处同一服务环境中顾客的抱怨时，其他顾客的这些无意为之的抱怨行为引发了顾客强烈的服务不满意评价；第 3 个案例则描述的是在就餐环境中“其他顾客”的可观察特征中呈现出来的一些不适当行为给中心顾客带来的不良就餐体验。从这些获取的文字材料本小节发现，在服务过程中，有些时候，处于同一个服务环境的其他顾客的行为会给人们的服务活动带来积极引导；相反，有些时候其他顾客则在服务环境中扮演着破坏者的角色。由于服务过程具有极强的不可触知性，同时，身处服务环境中的这些“其他顾客”带给人们的影响往往是潜移默化的和不易把控的。但在实际的营销活动中，“其他顾客”作为一种潜在的社交刺激对顾客服务过程带来影响的情况发生十分频繁，且在访谈中多次被提及，可以说是一种不能被忽视的服务元素。因此，从这个意义上来说，可以认为，在服务营销中，向营销实践者强调“其他顾客”线索所带来的影响是非常重要的。

1.2 本书的选题意义

1.2.1 理论意义

（1）从“环境心理学”“关系营销”“社会影响”三大研究视角剥离出物理环境、服务员工之外的“其他顾客”线索，扩展了已有研究的视野，为进一步开展其他顾客相关研究提供了更为细致的研究角度和研究材料。另外，鉴于在服务营销研究的概念和理论框架中，对于其他顾客是否应被纳入服务场景的概念和范畴系统之中，现有研究尚未达成共识，本书为此概念和模型体系存在的争议提供了确切的研究证据。其一，在服务营销研究中，长期以来对服务场景中所涵盖的基本要素存在着争议。其二，现有服务营销研究中涉及服务场景的模型体系中，有相当多理论模型中涵盖了其他顾客，但实证研究对这些理论模型中其他顾客问题能否支持尚欠缺深入讨论和验证，本书为进一步明确其他顾客为代表的服务场景中的社交刺激融入服务场景的研究体系中做出贡献。

（2）采用关键事件法探索了“其他顾客”线索的内容及“其他顾客”线索对身处服务环境中的顾客消费行为的影响过程，厘清了“其他顾客”线索及其影响机制的基本框架，为该领域开展大量的实证研究提供基本研究思路和借鉴。通过关键事件法对“其他顾客”线索问题及其对消费行为的影响机制进行进一步研究和界定。另外，本书通过关键事件的编码来对“其他顾客”线索对消费行为影响的一般模型进行整体推导和论证，这是本书一个重要的系统性理论贡献。此外，本书还发现在部分情况下其他顾客与服务员工往往同时出现，这种同时出现所伴随的交互线索，有时也成为消费者观察到的一类现象，而这类交互线索会如何影响到消费行为也是十分有趣的研究主题。总体来说，本书为厘清其他顾客研究中的概念和分类体系提供了一个整体的框架，也首次建立了中国情境下“其他顾客”线索对消费行为影响的一般理论模型，为后续研究提供了很好的研究思路的拓展。

（3）本书通过引入“环境应激理论”对传统环境心理学研究的 M－R 范式进行理论扩展，将环境应激理论中的“应对方式”框架细化进本书的基本理论模型中，为未来“其他顾客”线索相关研究乃至服务场景的相关研究提供更适合的可解释框架。本书创新性地在同一研究模型中同时考虑了“认知维度”和“情绪维度”，实现了对服务场景研究中的经典范式 M－R 模型的拓展。这将为环境心理学理论更为贴切地融入服务营销研究，更为准确地揭示消费行为路径做了有益地探索。可以说，将环境应激理论引入商业服务场景研究中来解释“其他顾客”线索带来的外界刺激，对消费者心理及消费行为的影响过程是本书的一个理论创新。

（4）本书实证研究部分，融合了“环境心理学”“环境应对”“服务满意”“情绪”“自我建构”等多方面的理论基础和研究成果，对服务场景中“其他顾客”线索因素对消费行为的影响机制验证丰富和补充了“其他顾客”研究体系，为“仅仅在场”问题的探索提供了实证依据。通过将研究现象聚焦在“他人在场”的间接影响效应的现象中，服务营销中客观存在但实际上又被忽视的他人可观察特征对中心顾客的消费行为影响过程进行了实证探索。实证研究的结果，基本解释和证明了在服务过程中其他顾客对于构成服务场景的社交因素所代表的重要意义，尤其是其他顾客在服务场景中是以一种间接的可观察的客观存在对顾客所发生的影响作用得到了实证支持。结果发现，其他顾客的“仅仅在场”对中心顾客带来的消费心理和行为的影响路径和基本理论范式显然不同于在服务场景中与其他顾客进行“面对面”的深入交流而带来的关系维系和体验提升的研究主题和范式，为服务营销研究者在后续深化研究主题以及进行范式归类、范式扩展提供了研究依据。服务场景中的其他顾客问题探讨尚处于起步阶段，本书为未来更有体系的分类研究提供了前瞻性的思路。

1.2.2　管理意义

（1）更有利于服务企业进行精准的“客户档案管理”和市场细分工作。自从洛夫洛克（Lovelock，1996）讨论包含顾客的外表、行为、年龄等的“顾客档案管理”（managing the customer portfolio）的必要性以来，“客户档案管理”长期以来都成为服务营销企业在管理中十分重视的一部分。企业也长期意识到“招募正确的顾客和招募正确的员工一样重要”。正确的顾客能够提升与其他顾客间相处的舒适性，也能影响顾客参与服务产品之中的意愿。其他顾客对个体顾客的影响，揭示了其作为一个领域在管理中的重要性。对于零售商来说，对顾客的管理比管理员工和客观环境要困难得多，因此，将顾客视为“部分员工”（partial employee）来进行管理就显得尤为必要。本书着重关注那些没有发生直接互动的其他顾客行为的影响（indirect interaction），将会揭示出更为细致的影响类型，也为服务企业在管理“氛围”和“体验”相关的因素上，除了声音、商品陈列、灯光等传统要素之外，使其他顾客要素得到更大重视。对服务环境中，“其他顾客”线索的着重强调可以启发企业多从市场细分角度为企业获得更多同质性的顾客，以避免由于顾客相似性过低而带来的顾客间冲突，同时也为企业更好地寻求和维护细分市场，以及更为精细化地管理顾客档案等营销策略的实施及方案的制订提供决策参考。

（2）为服务企业进一步加强“兼容性管理”，提供理论支持和实践思路指导。市场营销人员必须认识到，顾客并不是所有时候都对，有时候管理者必须扮演“警察”的角色，以保证所有顾客行为的适当性（lovelock，1996）。既然服务评价会受到当其他顾客有不适当行为时服务人员所采取反应的影响，那么，为员工提供妥善解决“问题顾客”的更合适方法和技巧的培训就显得尤为重要（Binter et al.，1994）。因此，管理者应该加强市场兼容性管理，也就是加强目标顾客自身特征与场所氛围的一致性管理，通过合理的管理方式让顾客感觉自己和服务场所的整体环境十分契合。在这个过程中，来自其他顾客的线索已被证实对共享环境的顾客的服务认知及消费过程具有不容忽视的影响效应。因此，将“其他顾客”线索作为培育商业服务环境兼容性的重要考虑素材，通过适当的管理方式使得商业服务环境被巧妙地营造成一种人为的、令人舒适的服务环境是管理者需要注意的一个关键突破点。

（3）对服务企业进行更合适的营销定位及促销活动开展提供理论支持。

首先，本书启示服务企业有必要更为清晰地界定目标顾客和市场定位手段，并通过广告、公关活动、人员推销等营销手段向消费者传达上述信息，有助于吸引具有相似特征的顾客。但随着服务行业竞争的日趋激烈，企业在经营中可能同时需要满足多个细分市场的需求，就要求服务员工在服务现场有意识地通过适当的管理行为来规避可能存在的风险和冲突。比如，2011 年，青岛啤酒街管理中心就专门派出一支被称为“餐桌消音员”的服务队伍，青岛啤酒街在进入夏季后开始在夜间露天经营，为避免餐饮环境产生的“嘈杂”，餐桌消音员在工作中“微笑服务”“有选择地管理”都为营造出一个较为融洽的服务环境创造了条件。[①] 另外，服务组织还应该通过广告、宣传手段、服务场所中的各种标识来加强与顾客之间的沟通，使其了解在服务场所应该遵循的言语和行为规范，使服务环境中“其他顾客”线索所带来的潜在不稳定因素降

---

① 餐馆“喧哗哥”能否静一静？http：//news. sina. com. cn/0/2011 - 05 - 24/08/222518966. shtml.

到最小。

（4）为服务企业营造更具社交风味和人文情怀的服务氛围创造条件。在商业服务环境中，如何营造更具有社交风味和人文情怀的服务氛围，一直以来是众多服务企业的一项重要却不易把握的管理工作。事实上，许多服务组织对于服务氛围中其他顾客带来的社交优势和不适当管理中不可避免的潜在影响一直保持较高的关注。在咖啡厅和优雅的餐厅光顾的顾客偏爱这里的室内陈设和装潢的同时，附带其中的社交氛围也是影响顾客感知和体验的一个引爆点。通过加强有计划的引导和更具人性化的管理，为服务氛围中增添更多的社交风味和人文情怀，将服务氛围营造得更加和谐是我们从服务场景中的“其他顾客”线索的关注中得到的一大管理启示。

1.2.3　本书的主要问题

通过对服务营销中“其他顾客”线索问题在目前研究丛林中角色和地位的探索，本书得出的整体情况是：在市场营销研究中“其他顾客”线索问题的关注，主要分为以社交服务场景或服务场景中的社交刺激为主要研究对象的环境心理学研究视角（主要以环境心理学M－R范式为理论基础）、以关系营销为主要探讨范式的关系视角和以社交在场为主要内容的社会影响视角三大研究流派。这三个流派的研究均认为，与中心顾客共享服务环境的其他顾客对顾客的消费行为会带来显著的影响。但从整体来说，市场营销研究领域中其他顾客问题的相关研究仍然处于初级起步阶段，“其他顾客”线索的概念和结构维度正在发展中，该领域的研究范式待扩展，与“其他顾客”线索相关的实证研究也十分缺乏。因此，当前研究亟待解决如下7个主要问题：

（1）服务场景中的“其他顾客”线索是由哪些要素构成的？

（2）“其他顾客”线索在服务场景中扮演着什么样的角色？

（3）服务场景中的“其他顾客”线索是如何影响消费者行为的？

（4）M－R模型是否足以解释"其他顾客"线索对服务满意的解释路径？

（5）"感知社会支持"和"感知控制"所代表的认知维度在"其他顾客"线索带来的环境刺激对顾客情绪影响中的中介作用是否存在？

（6）认知维度和情绪维度所揭示的"认知"—"情绪"的内在机制在"其他顾客"线索对顾客服务满意影响过程中的中介作用是否存在？

（7）自我建构方式在"其他顾客"线索所代表的服务环境刺激对中心顾客的"应对"影响中的调节作用是否存在？

1.3 研究方法和研究路线

1.3.1 研究方法

一般来说，管理研究问题的论证方法有两类。一类是实证研究，即在事实观测基础上，通过一个或若干个具体事实或者证据归纳出结论。第二类为理论研究，从更抽象的公理、定律、法则、学说出发，运用逻辑推理（包括数学计算）得出支持或者否定假设的结果。实际上，实证和理论研究分别反映了归纳法和演绎法的思维方式。归纳法表现为实证方式，以观察事实和归纳逻辑为基础，通过对现象的描述和解释概括出理论命题。演绎法是从已知的法则、理论和演绎逻辑推演出新的知识（贾怀瑾，2006；刘军，2008）。

目前，营销研究方法总体上分为定性研究（quantitative research）、定量研究（qualitative research）和混合研究（pluralistic research）3种（Burns，Bush，2009）。定性研究通过观察消费者的言谈举止等行为来对数据进行收集、分析和解释。定量研究则是在研究中采用结构化的问题，参与者回答问题的答案选项事先确定，且参与人数较多。一般情况下，定量研究的目的非常明确，通常研究者想获得较为精确的信息时会采用该方法。目前，大多数研究采用上述两种方法中的一种，也有许多营销研究者倾向于使用定性和定量相结合的混合研究，取二者优点以达到最佳研究效果，尤其是较为复杂的营销研究中都采用了混合研究法（Xu，Schwarz，2009）。

本书主要采用的研究方法包含文献法、关键事件定性研究法和问卷调查法三种，是一个涵盖了多种研究方法的整合性研究。首先，采用文献法获得大量的二手材料，通过文献的阅读、整理和归类找出了本书要解决的主要问题。其次，为了弄清楚现有文献研究中存在的模糊不清的问题点，本书还采用了定性研究法来获得一手访谈资料，通过对来自各个领域的近百位消费者讲述的"故事"进行编码和提炼，基本获得了对其他顾客问题的具有较强解释力的资料，并对这些资料进行了深度归纳。最后，本书还通过理论推导和假设关系推演，提出了实证模型。在实证研究设计上，本书主要采用问卷调查法来开展实证研究，通过小样本预调研和正式调研获得消费者数据。主要的实施方式，包含街头拦截、电子邮件、问卷邮寄以及网络问卷在线填写等。在数据分析过程中，本书采用 AMOS 18.0 和 SPSS 19.0 进行了方差分析、信度效度检验、探索性因子分析、验证性因子分析和结构方程模型、多层回归法、分组回归法等统计技术进行数据处理。

1.3.2 研究路线

本书的技术路线如图 1－1 所示，按照该技术路线图，本书的具体实施可分为以下几个部分：

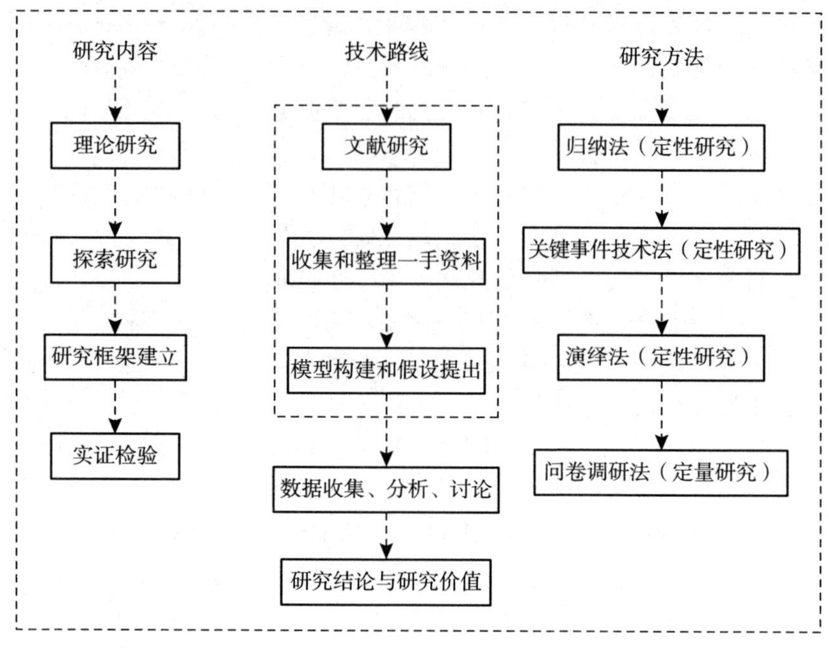

图 1－1　研究路线

（1）文献研究过程：在这一阶段的工作主要是次级资料的搜集和文献研读，重点对服务营销领域的研究成果和管理学研究方法论相关书籍进行归类和整理，搜集与本书主题相关的文献，包括服务场景、环境心理学、服务满意、情绪研究等方面的理论，并对现存的研究进行总结和讨论，确定主要研究问题。

（2）探索研究过程：主要采用焦点访谈方式（在本书中表现为关键事件访谈法）针对消费者如何看待服务环境中出现的其他顾客，其他顾客对消费者如何产生影响进行探索性研究，整理出“其他顾客”线索的表现形式和分类特征，并归纳出“其他顾客”线索对消费行为产生影响的分析路径。

（3）研究框架建立：在探索研究基础上，进一步结合相关领域的研究成果（包含环境心理学、环境应激理论、满意理论、情绪理论），在经典的 M－R 研究范式基础上结合需解决的实际问题形成了理论的扩展和延伸，针对具体研究问题提出本书的理论框架，见图1－1。

（4）实证验证过程：在构建了研究模型并提出假设后，本书主要通过问卷调研的方式获得大样本的调查数据，并对所获得的数据进行规范的整理和统计分析，对提出的研究假设进行验证和讨论。在此基础上，我们还对得出的研究结论进行进一步的讨论，并分析本书目前存在的问题和局限性以及对未来研究的启示。

1.4 研究结构安排

本书分为前言、文献综述、关键事件定性研究、研究框架及研究假设、数据的收集与分析部分、结论与讨论等6章内容。本书的章节安排概要，如图1－2所示。

第1章绪论。这部分主要阐述了本书选题的理论背景和实践意义、可能做出的理论贡献和管理启示、研究问题的提出和本书拟采用的研究方法及研究的结构安排，通过本章的概括，读者对本书所做的工作有一个概括性认识，为接下来章节的铺陈打下基础。

第2章服务营销中“其他顾客”线索研究综述。这部分主要是对本书的其他顾客问题进行了翔尽的文献梳理。通过弄清楚在服务营销文献中其他顾客问题目前的研究现状和存在的研究问题，本章进一步明确了在该领域中其他顾客作为社交服务场景的一种，代表着重要意义，而在服务营销的研究中又并未得到较为充分探讨的事实，为提出本书的研究问题做好文献准备。

第3章基于关键事件法的“其他顾客”线索研究。这部分主要采用探索性研究方法，使用关键事件法探索在不同类型的服务环境中，顾客所感受到的涉及“其他顾客”线索的影响类型，以及“其他顾客”线索如何对中心顾客产生影响，影响结果如何？通过这部分探索性调研进一步明确在服务场景中其他顾客对中心顾客影响线索的构成结构，还弄清楚了“其他顾客”线索对中心顾客产生影响的路径及影响结果的表现形式，为下一步实证研究理清思路。

第 4 章理论基础与研究框架。这一部分通过对基本理论研究范式的阐释，分析研究范式存在的局限性和待扩展性，提出了本书的研究框架，并进一步明确本书研究问题之间的逻辑关系。在假设提出过程中，本书对研究框架中的基本问题进行了全面梳理，把每个问题进行变量的关系化处理。并详细回顾了本书框架中涉及的环境应激理论、感知控制、感知社会支持、情绪理论、满意理论等相关内容。通过这部分内容，读者可以明确本书研究问题的内部关系，知晓这些关系的推理过程，这部分是本书的关键部分。在此部分，明确提出了本书的基本假设，为下一步的实证研究拟订框架见图 1 -2。

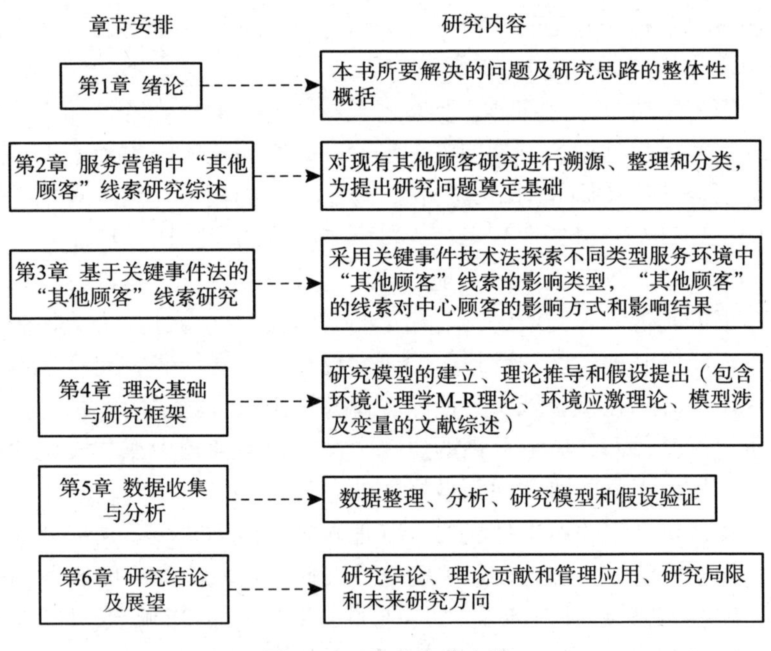

图 1 -2　本书章节安排

第 5 章数据收集与分析。这一部分的主要工作是设计和确定问卷调查内容，通过预调研、大规模问卷调查获取研究数据，并通过信度效度检验来验证问卷结构的优良性，通过数据分析获得变量间的路径系数，验证路径之间的关系，并获得模型整合拟合效果，通过层次回归法和分组回归法对第 4 章所提出的中介效应和调节效应进行验证，讨论假设验证的整体情况。

第 6 章结论与展望。这部分的主要内容是对本书的研究思路和成果进行整体概括。其中，包含对本书获得结论的总括部分、对本书结论的讨论部分、本书的理论启示和实践启示，本书目前存在的不足、本书未来的可能拓展方向等几部分，通过这一部分的总体性概括，读者对本书主要章节的内容和得出的研究结果有了一个全局性的了解，也为未来本书主题的进一步深入探索指明了方向。

第 2 章

服务营销中“其他顾客”线索研究综述

“人与他人如何共处”一直是人类关注的重要话题，人与环境中的其他人相处产生的社会影响常以多种形式存在于生活中。在商业活动中，这样的情况同样无法避免。除了服务提供者和顾客间的合作关系之外，服务接触也常被描述成为许多顾客的在场导致彼此之间会相互影响的现象，个人对服务的评价经常会正面或负面地被其他顾客所影响。在服务营销领域，目前已有许多研究方法和思路被用来测量和评估物理环境和服务员工因素对服务质量和服务表现的影响（Cronin，Taylor，1992；Parasuraman，Zeithaml and Berry，1988）。然而，相比起来，极少有研究采用实证方法来验证其他顾客问题对顾客消费行为所带来的影响（Thakor，Suri and Saleh，2008）。因此，本章将从文献源头开始对营销研究中涉及其他顾客问题的已有研究进行整理和综述。

2.1 概念和理论框架中的“其他顾客”线索

在服务营销研究中，部分学者探索了其他顾客作为一种线索存在的潜在影响效应，并在研究中把其他顾客纳入考虑之中（Grove，Fisk，1997）。然而，对于是否应该把其他顾客的影响纳入服务营销的主要范畴中目前学术界并未达成共识。首先，就现有研究所形成的明确定义来看，贝克（1986）的定义将社会影响（包含其他顾客和员工）整合入服务场景框架内，但是比特纳（1992）定义却把其他顾客排除在外。贝克（1986）将服务场景定义为在服务接触中所有可触知的线索，包含氛围、设计和社会线索（social cue）三个要素。然而，比特纳（1992）则将服务场景定义为区分于社交的和自然的“人造”的环境，并将其划分为氛围条件、空间布局和功能、符号象征和装饰三个维度，而并不承认社交的环境线索是服务场景的一部分。整体来说，现有研究中采用贝克定义的研究（e. g.，Brady，Cronin，2001；Hightower，2003；Hightower et al.，2002；Hoffman，Turley，2002；Tombs，McColl - Kennedy，2003；Turley，Milliman，2000）持有的观点，是将其他顾客看作服务场景的一部分，采用比特纳（1992）定义的相关研究（Hoffman et al.，2003；Reimer，Kuehn，2005；Wakefield，Blodgett，1994）却没有考虑其他顾客的影响作用。这意味着，现有的服务营销研究概念界定并未对其他顾客是否应该纳入研究体系达成共识，其中存在着研究上的争议。目前，以这两类定义为起点的研究各执一词，从某种程度上导致了现有研究对其他顾客问题的探索较少涉及。

另外，服务营销的现有理论框架中，有不少研究意识到了服务过程中在场其他顾客会对服务产出产生影响。这些由机场、餐厅、旅馆、医院等场合提供的服务产品，会使得分享同一服务环境的顾客之间的服务体验产生相互影响。从时间轴上来看，服务接触中其他顾客的重要性被贝尔克（1975）捕捉成为影响消费者行为的社交环境（social surroundings）因素的一部分。此后，美国学者兰吉尔德等（1981）进一步明确地将涉及其他顾客的互动囊括入他们的服务产出系统模型（servuction system model）中。该研究模型将处于前端的顾客被命名为“顾客 A”（即“中心顾客”），与之发生互动的有服务员工、客观环境以及顾客B，在此模型中，其他顾客被统称为“顾客B”，作者用此模型阐述了服务的系统性，同时认为一个顾客所获得的服务利益除了受到组织的服务支持系统、服务的有形设施、服务员工影响之外，还会受到其他顾客的影响。该模型第一次意识到了顾客间的互动关系及其对服务体验、服务质量等消费行为的影响。相似的是，布姆斯和比特纳（1981）在服务营销的7P组合中将其他顾客看作是服务参与者（participants）的一个组成部分。贝克（1987）研究发现，影响消费环境的因素包含物理（physical elements）和社交的两种成分（social elements），并将服务接触中发现的不同顾客描述成为刻画服务物理环境的“社会因素”（social factor）。马丁等（1989）在总结先前文献涉及的四种关系（包含顾客与企业实体、顾客与服务人员、顾客与产品或服务的关系及企业雇员之间的关系）基础上，进一步明确提出了顾客与顾客关系的重要性。这是首次有学者在研究中明确强调服务场景中其他顾客影响的重要性。格鲁夫和菲斯克（1992）采用模拟戏剧的形式，将服务环境中的参与者比拟成为舞台上的演员（actors）和听众（audience），他们参与到服务环境中扮演好特定的角色来创造服务表现（performance）。在这个服务“拟剧”框架（theatrical components）中，其他顾客统统被辨认为服务听众的一分子。此外，洛夫洛克和沃茨（2004）也提出了一个服务营销的结构化的系统理论，这个架构中，在顾客看来可视的部分被称为“服务传递系统”，它在服务营销中处于较容易被顾客接触到的一线位置，在服务传递系统内部，顾客的整体体验受到各式各样潜在互动的影响，包含与服务人员的互动（接触）、与内部和外部客观环境的互动（包含设备）以及与其他顾客的互动，见表2-1。

除了被整合入服务营销的概念框架之外，研究者们还对服务接触中“其他顾客”线索对其服务评价的潜在影响进行了一些初步的描述。比如，研究发现共享服务环境的顾客们常常具有不同的需求，造成顾客内部不满的冲突（inter-client conflict）时常发生。莱特南（Lehtinen，1991）认为，其他顾客的存在及其行为会影响组织服务质量中的互动维度（interactive dimension），其他顾客带来的影响有时甚至比与服务员工互动带来更深刻的影响。其他顾客还能通过创造“兴奋感”和“驱动听众参与”来提升顾客的服务体验（Lovelock，1996）。还有些学者认为，环境是影响整体服务评价的一个主要先导力量（Kotler，1973；Sherry et al.，2004），但大量学术研究着力于物理刺激（physical stimuli）所带来的影响（Turley，Milliman，2000），对商业环境中社交因素的关注相对较少，而“其他顾客”线索就是这样一类被忽视的要素。学者们论证了这样的观点：在很多服务组织中，其他顾客对顾客服务体验的影响要远强于物理环境的影响（Gruen，Osmonbekov and Czaplewski，2007）。那么，从上述一系列分析来看，“其他顾客”线索包含什么内容？“其他顾客”究竟在服务营销研究中扮演怎样的角色，发挥着什么样的作用？这是一个需要去深度挖掘的问题。

表 2－1　　服务营销概念和理论框架中的其他顾客

定义	是否包含其他顾客
贝尔克（Belk，1975）	社交环境的一部分√
贝克（Baker，1986）	社交线索（其他顾客和员工）√
比特纳（Bitner，1992）	（氛围、空间、符号、装饰）×
理论框架	是否考虑其他顾客
兰吉尔德等（Langeard et al.，1981）	服务产出系统模型√
布姆斯和比特纳（Booms，Bitner，1981）	服务营销的 7P 组合√
贝克（Baker，1987）	将其他顾客囊括入社交因素√
马丁等（Martin et al.，1989）	四类关系中考虑顾客与顾客间关系√
格鲁夫和菲斯克（Grove，Fisk，1992）	“拟剧”框架（演员和听众）√
洛夫洛克和沃茨（Lovelock，Wirtz，2004）	服务传递系统（与其他顾客互动）√

2.2 服务营销中“其他顾客”线索研究的三大流派

如前文所述，消费者在服务接触中的体验包含三个视觉因素：与员工的接触、服务设施和物理环境、其他顾客（Bateaon，1985；Davies et al.，1999）。莱特南（1991）更进一步认为，其他顾客的在场和行为对中心顾客服务质量的感知的影响要大于与服务员工的接触和交流所带来的影响。且现有研究表明，共享服务环境的其他顾客的行为和特性（本书统称为线索）确实影响了中心顾客的行为和对服务企业的态度（Martin，1996；Martin，Panter，1989）。那么，从这三层意义上来说，其他顾客应被视为服务营销中的一个重要研究问题。

本书发现，“其他顾客”线索的相关研究自马丁（1989）明确提出服务环境中顾客间的兼容性问题以来一直受到学者关注（Gummesson，1993；Rewley，1995；Grove，Fisk，1997；Mcgrath，Otnes，1995；Lehtinen，Lehtinen，1991；Argo et al.，2005），但可能是由于服务环境中“其他顾客”线索在管理上具有较强的不易控性，相比“员工”线索和“服务设施”线索，其他顾客并未得到研究者的较多关注。可以说，在零售服务环境中，与中心顾客（focal customer）同时占用服务环境和设施的其他顾客的社会影响在研究中被长期忽视（Bracato et al.，2012）。中心顾客对共享服务环境或设施的“其他顾客”线索的构成仅仅停留在片面且定性性质的尝试性研究上，顾客对共享服务环境的“其他顾客”线索会产生什么样的认知过程，这些感知进而会以何种形式和程度作用于顾客对服务本身的评价，目前文献尚未给出完善解答。

文献解读显示，现有涉及“其他顾客”线索的相关研究，从整体来说大致可以分为三个流派。本章将对“其他顾客”线索问题按照这三个流派的研究内容进行详细综述。其中，第一个流派的出发点是服务场景，多从环境心理学的视角来对服务场景中的“社交”线索（其中包含其他顾客）进行探索和分析，主要集中在社交线索或社交刺激的范畴下探索“其他顾客”线索问题。第二个研究流派在先前研究中属于较受关注的视角，这一流派主要从关系营销的视角研究了顾客与顾客间的互动或者可观察的口头参与的主要表现，并阐述了与其他顾客间的互动及沟通交流如何对最终消费行为产生影响（McGrath，Otnes，1995；Moore et al.，2005；Prahalad，Ramaswamy，2000）。这个流派的研究重点体现在顾客与顾客之间关系的建立和长期维系上，仅在部分顾客间高接触的服务环境中（如旅行、培训课程等）较为多见。第三个流派的研究，把顾客看作被动的角色，认为在共享的服务环境中，其他顾客的在场会通过非直接的方式对顾客产生影响。比如，顾客密度和人群问题（e. g. Eroglu，Machleit，1990；Hui，Bateson，1991），这个流派还有一些研究讨论了其他顾客的社交在场（包含传统服务环境和虚拟服务环境）会对中心顾客产品决策和购买率的影响（Argo et al.，2005；Dahl et al.，2001；Fortin，Dholakia，2005；He et al.，2012），该流派的研究视角更多地采用社会心理学的相关理论（比如，社会影响理论、社会助长理论，等等）为研究基础，且在研究方法上多采用实验法。下面，我们将分别在 2.2.1，2.2.2 和 2.2.3 三个小节对这三个流派中涉及“其他顾客”线索的研究问题及其现状进行综述和概括。

2.2.1　服务场景框架下的“其他顾客”线索：社交服务场景

服务环境的重要性一直受到学者们的较多关注，且对服务环境的构成要素尚存争议。长期以来，店铺中物理环境的影响被认为是十分重要的话题，零售环境线索中的物理环境能直接影响顾客体验及其购买行为（Eroglu，Machleit，1990）。正是如此，商家十分在意管理和控制店铺的物理氛围（physical atmospherics）。

科特勒（Kotler，1973）首次使用“氛围”这一术语来描述“对空间的有意设计以对买家创造特定效应”，他认为消费者购买和消费产品店铺中的氛围甚至可能比产品本身要重要。科特勒（1973）还提出：“人们对于特定周遭的环境往往是一种知觉上的描述。它包含视觉的、听觉的、嗅觉的、触觉的感知。特定服务场景的构成部分在不同服务组织中的重要性也有所不同”。

事实上，现有学术研究对服务过程中顾客周遭环境的概括有多种术语，目前尚未达成统一认识。常被提到的有“氛围”（atmospherics）（Kotler，1973），“营销环境”（marketing environment）（Turley，Milliman，2000），“互动剧场”（interactive theatre）（Mathwick et al.，2001），“健康环境”（healthscapes）（Hutton，Richardson，1995），“服务场景”（servicescape）（Bitner，1992；Tombs，McColl－Kennedy，2003），“店铺环境”（store environment）（Roy，Tai，2003），“服务环境”（service environment）（Cronin，2003）等。这个文献流相关研究的探索和概念发展持续了将近 30 年，这些术语反映了该领域研究文献的折中本质（Turley，Milliman，2000）。

在此基础上，为了探索服务场景对消费行为的影响效应，先前研究已经识别出构成服务场景因素的归类。其中，贝克（1986）提出了一个包含服务场景的三要素的框架：空间要素（ambient elements）（比如，环境中的背景条件）；设计因素（design elements）（功能性和审美的要素）和社交因素（social elements）（环境中的人为构成）。贝克（1986）将空间因素、设计因素和社交因素（ambient factors，design factors and social factors）象征性地归为一类，并认为社交因素具有特别的关联，因为社交因素所表达的社会纽带（sociological bent）凸显了人类特征在塑造服务体验上的重要性。除此之外，比特纳（1992）认为，“环境维度的整体结构”是服务场景的构成部分，这个建立在早期环境心理学理论基础之上的观点认为，顾客会评估环境中所有分散性刺激之后对环境做出一个整体回应（Holahan，Moos，1982）。特里和明曼（2000）也提出了一个包含五要素的零售环境框架：店铺外观（the exterior of a store）、店铺整体内在环境（general interior）、陈列和设计因素（layout and design variables）、售点和装饰因素（point-of-purchase and decoration variables）和人为因素（human variables）。而霍夫曼和特里（Hoffman，Turley，2002）则指出，不可触知的因素和可触知的因素（tangible and intangible components）对于创造服务体验至关重要。

总体来看，影响消费行为的环境刺激被分为 4 个维度，分别是物理（Bitner，1992）、社交（Berry et al.，2002；Rosenbaum，Montoya，2007；Tombs，McColl - Kennedy，2003；Wall，Berry，2007）、社交象征（Rosenbaum，2005）、修复性（Rosenbaum，2009a，2009b；Rosenbaum et al.，2009），其中，物理维度（The physical dimension）是最易为管理者所理解和提炼的部分，由于它易于被掌握、观察和测量，从而被企业用来提升（或保留）员工和顾客行为（Zeithaml et al.，2009）。物理环境代表影响人类感觉的背景环境刺激或氛围（Grayson，McNeil，2009；Kotler，1973；Turley，Milliman，2000）。这类刺激包含视觉的，比如，灯光、色彩、亮度和形状）（Dijkstra et al.，2008），场地清洁、芳香（香气）、空气质量（Mattila，Wirtz，2001），空间的，比如，温度（Reimer，Kuehn，2005），听觉的，比如，音乐、噪音，（Morin et al.，2007；Oakes，North，2008）等因素。空间代表的是物理性的设备、技术（Edvardsson et al.，2010），家具、陈设以及可观察到的陈设的合理性、易用性（Wakefield，Blodgett，1996）对顾客趋避行为的影响。功能性代表物理项目对服务交换过程带来促进作用（Ng，2003），以及以更为环境工程学的方式增进和提升顾客支持的能力（Aubert - Gamet，1997）。当空间和功能性被看作一个维度时，研究者称之为设计场景（designscape），顾客们通过评价设计场景来对地点进行理解和认同，商家通过操控这些设计场景来“讲述故事”。然而，将上述这些刺激从最通常意义上连接起来的是，它们在消费环境中的存在是人为设计的，意味着在服务环境中它们是管理可控的。

由于服务环境能够从实质上对顾客行为进行描述和解释（Belk，1975），在过去的30年间，学术界有相当数量的实证性研究来验证贝克（Belk）关于在零售和服务中，环境会产生影响的论断（Turley，Milliman，2000）。尽管所有服务环境中都包含那些整体性地给消费者带来影响的、客观的、管理上可控的刺激因素，但大量的此类研究关注环境中的物理属性（包括单一变量或整合起来创造的整体氛围）所产生的影响，很少有研究考虑到环境中社交线索的影响作用。其实，服务环境中同样也包含一些主观的、难以测量的、管理上不可控的因素，它们以不同的形式影响消费者和服务员工的趋避行为及社会互动决定（social interaction decisions）（Zomerdijk，Voss，2010）。

可以说，早期研究对于环境中的人为因素（human element）只是在贝尔克（1975）、贝克（1987）、比特纳（1992）的概念性框架中及特里和明曼（2000）的综述性文章中被提及，尚未有研究关注于服务环境中的人为因素来发展概念框架。顺着这条研究思路，图姆斯和麦克－肯尼迪（Tombs，McColl－Kennedy，2003）提出，现有研究模型的主要局限表现在对服务场景中可触知特征的过度重视，并倡导重塑服务场景的框架体系在其中加入更多的社交因素。

2.2.1.1 服务场景中“其他顾客”线索的研究观念演变

（1）比特纳的观点：服务场景概念及环境心理学研究范式的应用。

比特纳（1992）提出服务场景的概念来描述服务交易发生的环境，并将其定义为在服务组织中市场交换实施、传递、消费的物理环境（Zeithaml et al.，2009），还提出了构成服务场景的客观的、物理的、可测量刺激三种存在形式。比特纳将环境刺激划分为周围环境条件（ambient conditions）、空间陈设和功能（spatial layout and functionality）、标志、象征和装饰（signs，symbols and artifacts）三个维度（Brady，Cronin，2001a，b；Hightower et al.，2002；Kotler，1973；Lin，2004）。这些刺激被认为是组织可控的，并且能提升和保持员工和顾客的趋避行为，并能促进和阻止员工和顾客的社交互动（Parish et al.，2008）。可以说，比特纳对服务场景的定义主要关注那些人为建立或人造的周围环境，而不是与之对立的自然环境或社交环境。在比特纳的研究体系中，物理环境既能阻止也能辅助服务企业完成内部组织目标和外部营销目标。服务和任何社交互动发生的环境，都以"物理容器"（physical container）的形式被描述。比如，比特纳（1992）以迈德俱乐部（Med Club）的管理设施为例，解释了高度复杂的服务环境应在设计时鼓励客人与服务员工之间的互动。还论证道，由环境中的物理属性所创造的氛围，会成为"鼓励和培育"社交互动的促进要素。然而，比特纳并未能在她的服务框架中认识到，恰恰是顾客的在场也能够促进社会互动，并可能促进或妨碍组织营销目标的实现。

此外，文献回顾发现，比特纳（1992）的服务场景框架源于环境心理学研究范式（Barker，1968）。受到达尔文（Darwin）研究鼓舞，生物学家在 20 世纪初期开始通过研究有机体如何对空间有界限区域中出现的客观刺激进行反应来发展生态学理论（Stokols，1977）。随后，巴克（Barker，1968）和其他研究者（Grayson，McNeil，2009；Kotler，1973）将这些视角运用到刺激 – 有机体 – 反应（S – O – R）理论中，探讨人们在空间有限的消费环境中（尤其是在商业店铺中）的客观刺激如何做出反应。而比特纳（1992）的服务场景框架，就揭示了消费环境中的物理要素在影响消费者趋避行为时扮演的重要角色（Turley，Milliman，2000）。与比特纳探索环境刺激带来的整体影响不同的是，其他学者探索的是顾客如何对诸如人群、灯光、音乐、气味和温度等刺激产生反应。在比特纳（1992）开创性研究之后，有许多学者追随其脚步，扩宽了消费环境中外在刺激的维度，通过这样的方式，这类研究文献流打破了原有的服务场景研究范式，将其带入更广阔变化的研究中来，这些领域包含环境心理学、自然心理学、人类心理学、人文地理学、旅游科学、公共健康以及社会学。但目前大部分这类研究尚未与比特纳的研究框架进行很好的衔接，也使得研究者和管理者无法对环境刺激及它的诸多维度对顾客行为及其社交互动的影响产生更好的理解，而比特纳（1992）的研究局限在于并未将会刺激顾客趋避行为的社交因素引入框架体系中。

（2）图姆斯和麦克－肯尼迪的观点：社交服务场景概念的提出。

巴戈齐（1975）指出，多数市场交换都是混合型交换，消费者在交换的过程中既满足实用需求（utilitarian needs），同时也满足其社交和心理需求（social and psychological needs）。因此，顾客的趋避决定（approach/avoidance decisions）除了受到物理刺激的影响外，还受到社交、人际刺激的影响。

图姆斯和麦克－肯尼迪（2002a）首次提出了“社交服务场景”（social servicescape）这个术语，并将其定义为：环境中的人类因素对顾客的行为产生影响作用，存在于其他在场顾客的直接或间接互动的服务环境。这两位研究者论述了人类因素必须被考虑到服务环境中来的观点，而这个观点鲜明地与服务营销领域现存的大量只关注服务环境中物理属性的文献区分开来。这类社交服务场景的观点扩展了比特纳（1992）的服务场景概念，通过将其放置在比特纳（Bitner）所描述的服务环境中的一个子类别中，来表达服务环境中的其他顾客在成功的服务传递中扮演的整合式角色。该研究进一步认为，服务场景中的社交密度（social density）和其他顾客的情绪（emotions of the other customers）会导致人们对空间和拥挤的感知，以及顾客与其他人之间的情绪传染，而这些又会接着影响顾客的情感反应，顾客积极或消极的情感又会影响他们的趋避行为。

图姆斯和麦克－肯尼迪（2002b）对社交服务场景框架进行了进一步发展，通过凸显社交因素来扩展服务场景研究的现有研究缺口，研究探索了顾客的社交因素和空间因素对同处于社交服务环境中的其他顾客的影响。他们指出，在体验式的服务场景中，其他顾客能够从社交、空间层面影响顾客的感受。这个观点更着重强调在服务环境框架中加入社交的和空间的两项因素的重要性，尤其是空间因素（spatial influence）带来的影响将成为影响社交服务场景中顾客购买机会的第三个重要方面。此外，该研究还更近一步凸显了环境心理学中的行为场景（behavior settings）（Barker，1968；1978）和地点（place）（Cantor，1986）研究在营销研究中的重要性，直接为服务环境的配置和混合设计对顾客的就座、互动和顾客行为带来的影响提供管理指导。为管理者在空间上采取服务接触最大化的停留时间和顾客舒适度，并在服务环境中创造亲和与归属感提供指引。这意味着，更好地理解社交影响和空间影响的重要性，能有助于员工培训——将一定规模的顾客带往合适区域的能力。这类将顾客整合进服务环境中的做法为企业市场细分、找准目标顾客以及定位策略提供帮助，也有助于更好地吸引经过此地的顾客。

随后，图姆斯和麦克－肯尼迪（2003a）又指出，无论是群体关联（group related）还是个人关联（private related）的消费环境中，其他顾客的情绪表现都会影响顾客的趋避决定（approach/avoidance decision）。当顾客在一个相对私密的服务环境中（比如，使用自服务设备）时，他们不大可能对服务场景中其他顾客的情绪表达十分关注和在意。而当顾客投入群体性的消费环境中时（比如，参与宴会、购物）他们会对服务场景中的其他顾客有所回应，此时积极和消极状况都会发生。在此基础上，该研究还进一步指出社交密度研究范式存在矛盾，并认为顾客受到社交密度影响而产生的趋避行为同时受到个人所需求的私人化消费和群体化消费影响。比如，在餐厅分享浪漫美餐的食客喜欢更多的隐私性，而当身处健身俱乐部或购物广场时，与其他人身处一地会令人感受特别，这会对消费体验产生积极影响。

在服务环境中，顾客常常会接收到来自服务员工和其他顾客的负面线索，尽管管理者能够对这些社交刺激进行控制，但是来自服务场景中的情绪传染（emotional contagion）却相当难于控制，这个概念在服务场景研究中呈现为其他顾客的情绪表达（displayed emotions of others），因此，其他人的情绪表现代表着影响社交服务场景的另一类刺激。

图姆斯和麦克－肯尼迪（2003b）认为，在社交服务场景中，代表环境刺激的两个维度（社交密度和他人表现的情绪）都是能被服务企业所掌控的。这些因素也能对他人的情绪状态产生影响（Hatfield，Cacioppo and Rapson，1994）。在社交导向的环境中（socially orientated settings），个人所表达的情绪会转变为共同情绪，这在消费体验中占据重要地位。另外，除了被真实社交因素影响外，消费者还会受到服务场景中感知社交密度（social density）的影响。高密度的顾客（比如拥挤）会通过感知失控（loss of perceived control）（Tombs，McColl－Kennedy，2003）影响人们的趋向行为（Harrell et al.，1980），相反，有些情况下高密度的顾客会引致积极的顾客反应（Eroglu et al.，2005；Lovelock，1996；Turley，Milliman，2000）。当这些消费环境会为顾客带来愉悦、能很容易地与其他人轻松地联系在一起时，顾客常常会被高密度的服务场所吸引。比如，消费者十分享受光顾农贸市场，在这样的消费地点不仅能买到新鲜产品，同时在这些场所也能很容易地沉浸在与其他人的交谈当中（McGrath et al.，1993）。也就是说，在某些情形中，拥挤或高的社交密度在感知失控（the loss of perceived control）的关联下会导致负面情感（Hui，Bateson，1991）和对服务接触的较差评价（Bateson，Hui，1987）。还有些情况下，大量人群出现在环境中，会有利于顾客对服务产生积极评价（Belk，1975；Baker，1987；Baker，Levy and Grewal，1992）。因此，高社交密度导致顾客产生积极还是消极的情感状态，往往取决于购买时机（purchase occasion）。

（3）罗森鲍姆（Rosenbaum）的观点：社交服务场景概念的深化与“第三地”（third places）视角。

罗森鲍姆和蒙托亚（Rosenbaum，Montoya，2007）深化了“社交服务场景”（social servicescape）概念，并认为在消费环境中的社交服务场景包含消费者和员工两种因素。

一方面，员工所代表的社交服务场景因素会影响顾客光顾。顾客们常常愿意光顾像美容沙龙（Price，Arnould，1999），交友服务（Adelman，Ahuvia，1995），零售商店（Day，2000）以及餐厅（Rosenbaum，2006）这样的场所，因为人们能从这些组织中的员工那里获得生活的提升以及社会支持感。比如，斯通（stone，1954）发现，家庭主妇常常愿意与公司员工结为朋友以帮助她们治愈生活中的孤独感，而顾客驱除孤独感的需求会促进他们的消费。事实上，斯通的研究揭示了一些和目前流行的信念相反的观点，市场在为顾客提供关爱上并不是完全缺乏的。达纳赫等（Danaher et al.，2008）就呼吁企业考虑培育和维持服务提供者与顾客之间的关系，以通过这种“黏合”关系来更好地维系顾客（Rosenbaum，2009a；Danaher et al.，2008）。不过，大部分当前研究者认为，一线员工在与顾客接触上常常以个人化、情绪化的方式表现出来，这种被唤起的关系能否被管理尚不得而知（Zomerdijk，Voss，2010）。

另一方面，群体顾客聚集在一起能增进顾客关系的联结，这些被社会契约所联结的关系（包含过去只能在像家庭、朋友、同事这样的传统关系中获得的社会支持）常常会为成员提供关系利益，也促成了光顾服务场所的“地点认同”（Hay，1998；Iso－Ahola，Park，1996）。社会学家们长期以来都在致力于对生活中顾客与服务环境之间关系的角色进行探索，他们所研究的服务场所包含酒吧、自助洗衣店、二手服装商店、咖啡厅，等等。奥登伯格（Oldenburg，1999）提出了“第三地”（third places）概念，来表达“人们在工作和家庭领域以外，幸福地参与和聚集在一起进行一些惯常的、自愿的、非正式的活动的公共场所”。较为早期时，第三地这样的场所常常是私人拥有的、不独立的、小范围存在的，而且参与人大多是关系熟识的邻居，此外，“第三地”也常常由惯客光顾。

对“第三地”在商业领域（Rosenbaum，2008）和非营利领域的研究（Glover，Parry，2009）认为，顾客常常光顾这些场所是由于他们能在这些场所从其他顾客那里获得社会支持的资源。那些在生活领域遭遇重大社会支持损失事件的人（如丧失亲人、离婚、退休），更喜欢到类似“第三地”这样的场所寻求来自其他顾客的社会支持（Rosenbaum et al.，2007）。与此相似的是，那些自身身体正在经历疾患的人，会在“第三地”这样的场所通过与其他顾客待在一起来寻求安慰（Glover，Parry，2009）。值得注意的是，社会支持常常并不是在某个单一资源传递时较有效，而是在“同乘一艘船”形成网络的人群那里更为有效。

此外，爱德沃森等（Edvardsson et al.，2010）认为，有三种社交因素——包含顾客配置（customer placement）、顾客涉入（customer involvement）以及与员工的互动（interaction with employees）能影响服务环境中的顾客体验。更进一步地，他们将服务场景中的社交维度定义为包含员工（employees）、顾客（customers）、社交密度（social density）和其他顾客所表现的情绪（displayed emotions of others）4 种刺激。这是在前人研究基础上对社交服务场景概念的进一步归类和解释。吉姆和吉姆（Kim，Kim，2012）对零售环境中的人类因素（human factors）对于消费者的影响进行综述。该研究主要遵循两条线索，一是其他顾客（other customers）所带来的影响，包含其他顾客的数量和社交关系，这是一条显著的人类相关的（human-related）环境因素。二是销售关联效应（sales associates），研究支持销售关联的数量、销售关联的物理属性和他们在店铺中所能被观察到的行为特征的重要性。该研究解释了零售商需要有效地管理和控制人类相关环境因素对店铺和顾客行为的积极影响，整合了零售环境中社交因素的概念框架，并为研究者和零售商对这些因素的有效管理提供了重要视角，见表 2 - 2。

表 2－2　　服务场景概念表述的主要观点

文献	服务场景内涵	主要观点
科特勒（Kotler，1973）	氛围	首次意识到空间的有意设计所创造的“氛围”会对买家创造特定效应，消费者购买和消费产品时，店铺中的氛围甚至可能比产品本身重要
贝尔克（Belk，1975）	物理环境	最早有系统地研究环境要素对消费行为的影响，意识到消费环境中“情境因素”的重要性（主要指“物理环境”）
贝克（Baker，1986）	店铺环境	认为服务环境包含服务接触中所有的可以触知的线索，包含氛围要素、设计要素和社交线索
比特纳（Bitner，1992）	服务场景	服务环境是指，服务组织中市场交换实施、传递、消费的物理环境。服务场景包含三要素框架：外在氛围条件、空间布局和功能、标志、符号象征和装饰
特里和明曼（Turley，Milliman，2000）	零售环境	五要素框架：外在环境、整体内在环境、设计和陈列、售点和装饰、人为因素
霍夫曼和特里（Hoffman，Turley，2002）	服务环境	将服务环境划分为不可触知的因素和可触知的因素两类，并认为这两类因素对于创造顾客的服务体验都是至关重要的
图姆斯和麦克－肯尼迪（Tombs，McColl－Kennedy，2002a，2002b，2003a，2003b）	社交服务场景	在比特纳（Bitner，1992）服务场景框架基础上提出了“社交服务场景”概念。并认为，社交服务场景主要包含环境刺激的两个维度，分别是“社交密度”的影响和“他人表现的情绪”
罗森鲍姆（Rosenbaum，2005，2006，2007，2010）	“第三地”视角下的“社交服务场景”	认为顾客在“第三地”寻求社会支持，消费环境中的“社交服务场景”主要包含来自“其他消费者”和“员工”两方面的社会支持
爱德沃森等（Edvardsson et al.，2010）	服务场景中的“社交维度”	服务场景中的社交维度主要包含员工（employees）、顾客（customers）、社交密度（social density）和其他顾客所表现的情绪
吉姆和吉姆（Kim and Kim，2012）	服务环境中的“人类因素”	零售环境中的人类因素（human factors）包含两类。一类是其他顾客（other customers）的数量和社交关系为主的人类相关（human-related）环境因素，另一类是其他顾客带来的销售关联效应（sales associates）

资料来源：本研究整理。

2.2.1.2 服务场景中社交因素的实证研究进展

从现有文献来看，近些年来服务营销领域关注社交服务场景的学者越来越多，但是整体来说该领域的实证研究还十分稀少，将服务场景中的社交因素（尤其是“其他顾客”）作为研究对象来进行实证研究未来必将逐步形成趋势，见表2－3。罗森鲍姆和蒙托亚（2007a）建立在比特纳（1992）（服务场景：客观环境对顾客和员工的影响）与图姆斯和麦克－肯尼迪（2003）（加入社交服务场景：消费环境中的物理和社交因素如何对消费者产生影响）的框架基础之上，讨论了当社交服务场景中加入地点认同（place identity）（消费者自我认同和地点的和谐统一性）等额外因素时消费者的反应。在对不同种族消费者数据搜集的基础之上，该研究评估了环境中员工和顾客的种族特征，通过对消费环境中的语言化和非语言化线索的回应来评价地点认同，研究中采用“地点喜爱”（place likening）解释了物理和地点认同因素在有色人种和同性恋人群中回应的不同。这个概念框架揭示了消费者如何对服务场景进行认知和进一步扩充（Baker et al.，1994；Bitner，1992；Tombs，McColl－Kennedy，2003）。顾客通过对消费环境中服务员工和顾客的种族观以及顾客的口头及非口头的线索来评估他们的“地点认同”，并将“地点认同”概念纳入框架体系中来表述消费者的自我认同（self-identity）与消费环境的一致性（congruency）。一致的“地点认同”被认为能鼓励趋近行为（approach behavior），而不相容的认同被认为会导致躲避行为（avoid behavior）。上述模型将营销融入环境心理学之中，来着重强调顾客进入一家店铺时不仅只意味着售卖，顾客的地点认同也与服务绩效息息相关。

罗森鲍姆和马西亚（2007b）采用资源交换理论（Foa's，1971）解释了在服务环境中有些顾客将自己的角色定义为部分员工，从而展现出组织公民行为（OCB）的原因。作者还在资源交换理论基础上（Foa，Foa，1974），探讨了当顾客从服务环境的其他人获

表2－3　服务场景中社交因素的实证研究进展

文献	自变量	中介、调节变量	因变量	研究情境和理论视角	研究结论
于里克和贝肯斯坦（Uhrich，Benkenstein，2012）	感知环境（包含社交因素和物理因素）	（1）情感反应；（2）感知核心服务表现	（1）在场花费；（2）访问频率；（3）积极口碑	采用行为场所理论和计划理论享乐型服务背景（足球赛事），以德国职业足球联赛观众为对象进行研究	享乐服务环境中，其他顾客作为服务场景中的一部分对消费者的情感反应具有重要影响，超过物理环境影响
林和梁（Lin，liang，2011）	社交环境和物理环境	（1）顾客情绪；（2）服务满意	行为意图	在（S－O－R）范式及M－R环境心理学模型的基础上对时装商店的296对服务员工和顾客的配对调研	社交环境和物理环境均对行为意图产生影响
罗森鲍姆，斯威尼和史默伍德（Rosenbaum，Sweeney and Smallwood，2011）	感知服务场景	（1）调节变量：成员疲劳降低；（2）中介变量：成员内在反应	成员行为（包含趋向行为和社会互动）	研究背景：癌症康复中心理论视角：注意恢复理论（ART theory）	定义和发展了以康复为目的的服务场景框架来解释服务组织如何创造恢复性服务场景
Tai and Fung（2011）	环境线索	（1）认知载荷（2）情绪状态	店铺光顾中的趋避行为	M－R模型理论基础上对中国香港地区的CD店铺的田野调查	店铺环境刺激积极影响店铺中的愉悦体验，进而对店铺消费行为产生积极影响

续表

文献	自变量	中介、调节变量	因变量	研究情境和理论视角	研究结论
罗森鲍姆（Rosenbaum，2009）	(1) 感知修付复；(2) 修复性刺激（包含远离/幻想/兼容/凝聚）		满意 忠诚 口碑 月访问量 顾客月花费	研究1：录像厅中的年轻人 研究2：咖啡馆中的大学生顾客 理论视角：注意恢复理论	将"修复服务场景"的概念引进营销研究中，通过对年轻消费者的研究发现修复性服务场景会潜在削弱直接关注疲劳，是第一篇相关内容的实证研究
哈里斯和伊斯（Harris，Ezeh，2008）	服务场景变量	(1) 个人因素； (2) 环境因素	忠诚意图	对中国香港地区的餐饮行业进行的大范围社会调查（环境心理学理论视角）	服务场景与忠诚意向之间具有直接关联和调节性关联
内马思瓦和马蒂拉（Namasivayam，Mattila，2007）	(1) 服务场景；(2) 服务交换	情感状态	满意评价	M－R 模型基础上的实验研究	服务场景和服务交换类型对顾客的情感状态以及服务满意评价都有重要影响
罗森鲍姆和蒙托亚（Rosenbaum，Montoya，2007）	服务和社交服务场景		(1) 意向； (2) 行为（包含忠诚/口碑、抱怨、满意、价格弹性）	包含美国的100个少数民族和100名同性恋的人口消费者 理论视角："地点认同"范式	在比特纳（Bitner，1992）框架基础上，加入地点认同（place identity）额外因素时消费者的反应。认为社交服务场景（互动质量、物理环境质量、语言和非语言线索、地点喜爱程度、产出质量）等因素

续表

文献	自变量	中介、调节变量	因变量	研究情境和理论视角	研究结论
罗森鲍姆和马西亚（Rosenbaum，Massiah，2007）	社会支持 （1）社交情绪支持；（2）功能性支持		顾客自愿行为	研究对象为207位健身房消费者，采用：（1）资源交换理论；（2）社会支持理论	服务环境中顾客将自己定义为部分员工角色，从而展现出组织公民行为（OCB）的原因
图姆斯和麦克－肯尼迪（Tombs，McColl－Kennedy，2002a）	（1）社会互动（社交影响）；（2）其他顾客的所在位置（空间影响）		（1）对咖啡厅光顾体验的持续时间； （2）顾客所坐位置的选择	在社会助长理论和亲和－冲突理论的基础上，在咖啡馆使用观察法记录了225段事件情节作为研究背景	顾客对其他顾客的影响属于社交服务框架；其他顾客在场会积极影响顾客停留时间
图姆斯和麦克－肯尼迪（Tombs，McColl－Kennedy，2002b）	购物时机	顾客情绪传染敏感度和社交服务场景	（1）情感驱动行为；（2）趋避行为	行为场所理论和社会助长理论	介绍了"社交服务场景"的概念；论证了顾客应当被看作是服务场景中的一部分的观点。其中，社交服务场景包含（1a）社交密度；（1b）其他顾客的情绪表现；（2）顾客的情感状态

得情绪支持和工具性支持（比如，关心、爱护）时，他们会通过表现出顾客自愿行为来表达心中的感激，而这些行为都会帮助企业更好地完成目标使命并同时更好地满足顾客的需求。该研究的局限是，假设的概念模型是静态的，而在零售环境中，顾客向其他顾客寻求支持性关系的过程往往是动态的、随时间变换的。

哈里斯和伊斯（Harris，Ezeh，2008）更加框架体系化、可操作化地测试多维度的、更注重社交视角（social view）的服务场景，并探究服务场景与忠诚意向间的直接关联和调节性关联。该研究发展了更有前瞻性的概念性框架，来探寻服务场景变量与顾客忠诚意向间的线性关系。个人（personal）和环境（environmental）因素对服务场景忠诚意向具有调节作用，为后续研究奠定了基础。

罗森鲍姆（2009）将修复性服务场景（Restorative servicescapes）介绍入营销研究中，通过对年轻消费者的研究发现修复性服务场景（比如，光顾录像厅和咖啡馆）会潜在地降低直接关注疲劳。这项研究通过观察“第三方服务场景”（third-placed servicescape）对年轻消费者的潜在作用，将常用于自然研究和环境心理学研究中的 ART（注意恢复理论）整合入营销研究中，商业服务环境也拥有修复质量，而那些光顾修复性服务场景的年轻人更少经历（ADHD）风险。

图姆斯和麦克－肯尼迪（2010）以社交服务场景中的咖啡馆为研究背景，采用社会助长理论和亲和冲突理论，调查了顾客的社交和空间影响对在场的其他顾客的影响效应。该研究采用非打断的、自然观察的研究方法，观察了 3 类环境中的 44 个观察周期（每期持续 60 ~ 150 分钟）的 242 个片段，并通过实证研究对在场其他顾客的行为进行了归类和评估。

罗森鲍姆，斯威尼和史默伍德（Rosenbaum，Sweeney and Smallwood，2011）则将社交维度划分为员工、情绪传染、其他成员三方面。该概念性研究文章综合了来自服务营销、自然心理学、自然和医疗研究，定义和发展了以康复为目的的服务场景框架来解释服务组织（比如，癌症康复中心）如何创造恢复性服务场景。罗森鲍姆和马西亚（2011）提出了一个扩展性服务框架，认为感知服务场景包含物理的（physical）、社交的（social）、社交象征的（socially symbolic）、自然环境（natural environmental dimensions）的四个维度。于里克和贝肯斯坦（Uhrich，Benkenstein，2012）采用布雷迪和克罗宁（Brady，Cronin，2002）的社交因素（social factor）概念及艾洛格鲁等（Eroglu et al.，2005），海托华等（Hightower et al.，2002）和图姆斯和麦克－肯尼迪（2003）定义的社交服务场景（social servicescape）概念，假设在零售服务环境和享乐消费环境中社交服务因素对顾客的服务质量感知产生的影响存在不同效应。该研究专注于在零售服务环境和享乐服务环境中服务便利（service convenience）和社交服务环境（social servicescape）对顾客服务质量感知影响的调节效应。此外，研究还对享乐服务环境中的物理环境（physical atmospherics）和社会环境（social atmospherics）的效应进行了纵向比较，集中关注了服务环境中作为社交因素的其他顾客，并提出了其他顾客因素的密度（density）、外表（appearance）和行为（behavior）三维度，强调了在享乐服务环境中其他顾客作为服务场景中的一部分对消费者的情感反应具有重要影响，某些时候甚至超过客观物理环境的影响。

2.2.1.3　小结

过去 30 年间，有相当数量的营销文献着重关注零售或服务环境中的顾客行为（Turley，Milliman，2000）。这些研究大部分阐释了环境心理学的影响作用，尤其是以梅拉比安和拉塞尔（1974）的趋避行为（approach-avoidance）框架为主。现有研究对服务场景（或氛围）的关注主要集中在空间和设计因素（ambient and design factors）为代表的物理环境，比如，音乐、气味和陈列等（Lee，Dubinsky，2003），而这主要是由于空间和设计要素对于零售商和研究者来说相对较好操控和掌握，社交因素却被认为是复杂的和不易控制的。

相关的环境心理学文献揭示，社交因素（social elements）也应该被纳入环境的考虑之中，因为“物理环境对行为的影响无法抛开环境中的社交因素，它们常常紧密联系在一起”（Cassidy，1997）。即使是在比特纳（1992）的开创性研究中，作者所提出的“服务场景”（servicescape）概念也主要关注的是环境中的物理要素（physical aspects），除了一些关于零售环境中“拥挤”（crowded）问题的研究（Bateson，Hui，1987；Eroglu，Machleit，1990；Hui，Bateson，1991；Machliet，Eroglu and Mantel，2000）之外，服务场景中的社交因素仅仅在贝尔克（1975）、贝克（1987）、比特纳（1992）与特里和明曼（2000）的概念性文章中被摘要性地提及。从比特纳提出服务场景的概念到图姆斯和麦克-肯尼迪对服务场景社交化观点的提出，再到罗森鲍姆和他的同事对社交服务场景的深化，这个过程逐渐凸显出了“社交”因素在服务场景研究中的重要性。事实上，这个过去被长时间忽视的维度是至关重要的，许多服务聚焦于关注服务传递中顾客的体验，而当实施服务时，其他顾客通常都在场。

整体来讲，现有研究支持在服务场景中作为环境刺激的顾客概念中包含社交维度，且它会显著影响其他顾客的趋避决定以及社交互动。顾客作为一种环境刺激，常常代表着与环境中出现的其他顾客之间相互维系的“黏合剂”。顾客体验会受到社交环境的影响，在一个店铺中同时出现的多个顾客，彼此之间的体验会相互影响，且社交服务场景（其中，包含其他顾客）对消费者服务满意评价、忠诚意图、顾客自愿行为、在场花费、口碑传播都具有重要影响（Gwinner et al.，1998；Harris，Baron，2004；Hennig - Thurau et al.，2002；Martin，1996；McAlexander et al.，2002）。然而，除了前文提到的少数研究之外，服务场景中的社交因素并未得到很好的认识，尤其在零售环境中和享乐服务消费中更是如此。可以说，尽管服务环境中的人类要素（human elements）十分重要，我们却无法对现有文献中该问题的研究准确定位。因此，从服务场景的视角来关注社交因素（包含其中的其他顾客），是亟待解决的研究问题。

2.2.2　关系营销范式下的“其他顾客”线索研究：顾客间互动

阿伯特和科瓦（Aubert－Gamet，Cova，1999）认为，营销观念经历了从交易营销到关系营销再到部落营销的过程。交易营销聚焦于关注经济交换，顾客从商品中寻求其本质上的使用价值。关系营销着重强调社会经济学上的交换，顾客主要寻求的是使用价值和与员工互动中所产生的关联价值。部落营销主要关注于社会交换（societal exchanges），根据顾客与其他顾客形成联结的需求，来创造他们满意的社区感（sense of community），在此过程中服务员工仅仅是一个中介者。这种将市场看作“后现代共同场所”（post-modern common places）的观点和奥登伯格和布里塞特（Oldenburg，Brissett's，1982）提出的除了家庭（第一地）和工作场所（第二地）之外的“第三地”（third places）的观点颇为相似。

在服务营销中，顾客被认为是在参与服务传递中、获得人们期望产出过程中的资源产品及部分员工的扮演者（Harris，Baron，2004）。服务主导逻辑（Vargo，Lusch，2004）认为，所有产品和实物都是服务的附属品，实物商品的衍生价值往往只能借助服务来实现。在这样的逻辑主导下，越来越多的研究者开始关注发生在服务的生产、传递、消费中的各种关系，而这个趋势的产生就源于关系营销范式的兴起。关系范式为市场管理者的买卖关系的理解及其他关系的建立，创造了深厚的理论基础，而顾客与其他顾客之间的互动也是这样一种关系。

正如前文所述，兰吉尔德等（1981）通过在首阶段模型中介绍“顾客 B”，而将顾客间互动整合入“服务产出模型”中。马丁（1989）在总结了前期文献中所涉及的四种关系（顾客与企业实体、顾客与服务人员、顾客与产品或服务的关系及企业雇员之间的关系）基础上，以关系营销的角度总结了“关系营销中的连接”，进一步提出了顾客与顾客的关系。在服务营销中，另外一个由洛夫洛克

(1994) 提出的结构模型中将服务传递系统称为服务营销系统，在此模型中，除了与服务所接触的员工和服务设施的互动外，顾客的体验还受到此系统中与其他顾客互动的明显影响。在这三类互动中，前两类互动对服务企业满意、企业忠诚以及企业的口碑传播的效应，已经得到了广泛的研究和论证（e. g. , Beatty et al. , 1996; Bitner, 1990, 1992; Donovan, Rossiter, 1982; Kotler, 1973; Parasuraman et al. , 1985; Reynolds, Beatty, 1999)，而对第三类互动的研究关注相对较少。此外，服务营销组合中的 7Ps（Zeithaml, Bitner and Gremler, 2006）也明确认识到，同伴顾客是服务过程中的一个重要因素，然而现存的文献倾向于将顾客满意与其商业实体、产品和服务、员工等部分联结在一起，而对同伴顾客的影响知之甚少（Parker, Ward, 2000)。

概括来说，马丁和普兰特（Martin, Pranter, 1989）先陈述了服务环境中的顾客间互动的重要性，在这篇标志性研究之后，顾客间互动成了一支十分蓬勃发展的文献流。然而，不同研究背景下顾客间互动的含义不尽相同，有部分学者把它理解为交谈（Cowen et al. , 1979; Davies et al. , 1999; Martin, Pranter, 1989)，或交谈发生的频率（Harris, Baron, 2000)、口头参与（Harris, Baron, 2004)，总体上，这一文献倾向于将顾客间互动理解为顾客与顾客间口头的交谈和沟通。比如，梅耶尔和巴克利（Meyer, Barkey, 1994）将顾客间互动按照内容形式划分为客观的（physical)、智识的（intellectual）和情绪的（emotional）三种。马丁和克拉克(Martin, Clark, 1996）则将顾客与顾客的关系定义为“个人和组织的互动，以及顾客在获取和消费产品和服务时在接触中彼此之间的表达”。此外，马丁和克拉克（1994）以背景构成形式进行了划分，并认为大部分顾客间互动都具有较强的目的性，对产品和服务购买过程具有较强的参考价值。在理想情形下，顾客甚至能与员工扮演同样的“部分员工”职能，相似的观点包含，“客户扮演部分员工”（Mills, Moberg, 1982)、“顾客成为人力资源的一部分”（Bowen，1986）、“和员工一样的顾客”（Johnston，2007）。另外，在线虚拟服务环境也越来越成为学者们关注的领域。顾客们通过对虚拟社区的关注（包含博客、聊天室）来了解服务组织也被视为是组织的一种有效资产，且对传递正面顾客价值有重大意义（Verhoef et al.，2010）。基于在客观和虚拟服务环境中顾客与顾客间互动都有潜在有利影响，尼古拉斯（Nicholls，2010）和利白等（Libai et al.，2010）敦促营销管理者更好地管理顾客间互动的创造和维持，而不是将它作为一种群体顾客间自然发生的状况。

2.2.2.1　顾客间互动的类型

在顾客间互动类型的识别上，也出现了一些初步研究成果。比如，马丁（1996）通过对 554 位成年人的调查，研究了公共商业环境中其他顾客参与其中影响顾客满意的 32 种行为，此研究报告了更宽泛的言语化的和非言语化的其他顾客行为。作者通过主成分分析法分析这些顾客感知的维度，认为其中包含群体性（gregarious）、低劣的（grungy）、不顾他人的（inconsiderate）、粗俗的（crude）、暴力的（violent）、表示不满的（malcontented）、懒散的（leisurely）七个维度。这七个维度被概括为公共商业环境中顾客间互动最常出现的行为。这为辨别他人行为如何潜在地影响其他顾客体验的满意度提供了一个备查清单。麦克格拉斯和奥特奈斯（McGrath，Otnes，1995）按顾客互动态度将互动中的顾客分为寻求帮忙者（the help seekers）、反应型帮忙者（the reactive helpers）、积极帮忙者（the proactive helpers）和抱怨者四类，其中，反应型帮忙者在提供建议时最能提供有效信息（Harris et al.，1999）。格鲁夫和菲斯克（Grove，Fisk，1997）使用了关键事件技术法从 486 位顾客中收集到 330 个由于其他顾客而引发的对服务企业满意或不满意的事件，并将这些事件划分为积极事件和消极事件两大类和 6 个可识别的二级子归类：第 1 组——排队时的客观事件（physical incidents），排队时的语言事件（verbal incidents in line），其他排队时的事件及其他的礼仪事件（protocol incidents）。第 2 组——友好和不友好的事件及空间事件。

2.2.2.2 负面的顾客间互动

顾客有时会以诋毁企业的形式对其他顾客造成负向影响（Harris, Reynolds, 2003; 2004）。这些破坏性的和失调的行为，在文献中被用“来自地狱的顾客”（jaycustomer behavior）（Lovelock, 1994）、不正常的顾客行为（deviant customer behavior）、反常的顾客行为（aberrant customer behavior）来称呼。比如，2008 年《华尔街时报》的一篇文章就描述了在航空旅行环境中，其他顾客的不正确行为（存放湿纸巾时把座椅后的口袋当垃圾袋，保留飞机上剩下的食物）如何毁坏了顾客的服务体验，最终导致顾客的低满意度和低忠诚度的现象。

其中，洛夫洛克（1994）构建了最为宽泛的“不受欢迎顾客”（jaycustomers）紊乱行为的归类。安德森和泽克（Anderson, Zemke, 1990）还提出了一种观点来描述 5 种来自地狱的顾客（customers from hell），其中，包括权利滥用的利己主义者、询问和抱怨者、歇斯底里的叫嚷者、独裁者、自由放任者，出现在各种层次的服务环境中，这些顾客用一种十分紊乱的方式来使用和看待顾客接触。

比特纳、布姆斯和摩尔（Bitner, Booms and Mohr, 1994）使用关键事件技术法对 774 个服务接触中的关键事件进行了研究，归纳出醉酒、语言和身体上的辱骂、不遵守商业规则、缺少合作精神是不适当行为。格鲁夫和菲斯克（1997）发现，在商业环境中，由于其他顾客排队时的插队行为所导致的顾客不满意的关键事件相当普遍。个人在排队时的体验本可以是十分愉快的服务体验，但有时候人们也会被排队时其他顾客的行为激怒。除了对企业会产生直接负面影响之外（破坏公司财产、降低员工斗志、增加员工流失），还会破坏其他顾客的体验。

总体来说，先前研究主要集中于顾客间互动（customer interaction）对顾客服务体验（service experience）的负面影响和对顾客紊乱失序行为（dysfunctional customers）的归类和前因分析上（Bitner et al.，1994；Grove，Fisk，1997；Harris，Reynolds，2003；Martin，1996）。在一个相同的服务传递过程中，使所有顾客都满意显然是不可能的事，这类对其他顾客不当行为进行探索的研究具有显著的积极贡献。

2.2.2.3 服务营销中顾客间互动的影响效应

尽管现存的大量研究关注于企业与企业之间、员工与顾客之间的互动（Tsiros，Parasuraman，2006），营销者和研究者同样意识到顾客与顾客之间的互动会影响到顾客的服务体验（Baron，Harris and Davies，1996；Martin，1996；Martin，Pranter，1989），甚至有研究者开始意识到，建立顾客之间强联结的重要性（如，结伴购物的影响，Woodside，Sims，1976）。当然，顾客也会以每一个顾客所假定的角色受到其他顾客的直接影响。比如，有些顾客具有很强的干扰性（disruptive），（如，在电影院电影放映期间大声交谈），此时，有些顾客在此过程中扮演劝告者的角色，而有些顾客扮演的角色是倾听者。企业能从知识型顾客帮助其他顾客的行为中获得收益，促进更多类似的交易行为会为企业获得奖赏。这种将顾客作为部分员工的行为，不仅有利于企业更好地创造产出和服务体验，而且寻求帮助者和对帮助者有用的顾客知识的传播和扩散也能更好地影响顾客的服务体验。其中，马丁和普兰特（1989）采用顾客细分和兼容性的思路，揭示了积极的顾客间互动会影响顾客对服务体验的满意、未来的光顾及对服务的整体评价。这篇开创性研究着重强调了在服务环境中顾客与顾客之间互动可控性的重要性，并提出“与其他顾客之间的满意接触会积极反映在顾客对服务的整体评价中”的观点。在此基础上，马丁（1996）进一步提出，顾客与顾客关系的质量会影响顾客对商业组织的整体评价的观点。哈里斯等（1997）与麦克格拉斯和奥特奈斯（1995）发现，在购物中不熟识顾客间的交流会增进他们的购物满意。此外，格鲁夫和菲斯克（1997）通过对弗罗里达主题公园顾客体验的调研发现，超过半数被访顾客认为其他顾客的行为（无论好坏）都会对他们体验的整体评价带来影响。帕克和菲利帕（Parker，Philippa，2000）在分析顾客在顾客间互动中所扮演的角色时，也发现顾客与同一服务环境中的其他顾客进行正面或负面的互动，将会决定其再次惠顾的意愿。

概括来说，负面顾客间互动是顾客产生不满的主要根源之一（Grove，Fisk，1997；Wu，2007），积极的顾客间互动的影响结果包含“满意”（e. g.，Pranter，Martin，1991；Harris et al.，1997；Wu，2007；Nicholls，2010）和享受（e. g.，Harris et al.，1999；2000）。此外，顾客间互动还被认为能在影响“忠诚”基础上影响口碑传播（word of mouth）（Moore et al.，2005），重返意图（Gruen et al.，2007）和光顾频率（Guenzi，Pelloni，2004）。

总之，自马丁和普兰特（1989）首次明确提出顾客间互动的重要性之后，顾客间互动逐渐被视为影响服务体验乃至后续顾客满意及忠诚的重要因素。在此之前，许多研究表明人际行为和他们的主观理解及如何被他人评价，会成为顾客与顾客间关系的基础。但是，上述研究都还停留在对顾客间互动及进行基本认识的定性研究层面，我们所能找到的实证研究目前还十分稀少。

比如，哈里斯等（1997）实证研究发现，与他人的互动会导致服务过程中满意的增强，来自其他顾客的服务评价被认为比销售人员的更值得信赖。此外，在研究顾客排队等候时的互动行为中，均发现顾客间的互动确实会影响其对服务经验的评价和满意度。通过田野实验设计，哈里斯、戴维斯和拜伦（1997）发现，同伴顾客之间的交谈会为他们带来更强的顾客满意。人们甚至对这种交谈比与销售人员的交谈更为信赖，哈里斯和拜伦（2004）通过对乘坐火车的顾客研究发现，与不认识旅客之间的交谈会通过减缓顾客焦虑（consumer anxiety reduction）、部分员工角色的扮演（enactment of the partial employee role）、社交互动的提供，对顾客产生积极愉悦的服务体验具有稳定的影响效应。摩尔和卡帕莱（2005）通过问答响应的方式，研究了美发沙龙氛围对光顾者造成的影响，探索了顾客间互动对顾客组织满意、忠诚和口碑传播的影响。研究发现，顾客与顾客互动对公司的忠诚、正向的口碑传播之间都存在显著关系，而与顾客满意之间并不存在显著关系，作者认为这与样本和研究背景之间存在关联，美发沙龙的存在与它们自身的类型十分相关，而与其他顾客对服务体验的影响关联不大。黄（2008）采用实证研究探索了在服务企业中其他顾客的不正确行为如何影响顾客满意。结果发现，当人们感知到其他顾客的失误是在企业的意志控制（volitional control）范围内时，就会将其归因为企业的责任（controllability attribution），这种可控归因又导致顾客对不满意服务产生补偿的期望。其次，对其他顾客失误的稳定性归因（stability attributions）未被发现与企业责任之间有显著关系。再次，其他顾客失误体验的严重性与顾客的服务补救期望之间无显著关系，但是它会负向影响顾客满意。最后，顾客的服务评价不仅会受到其他顾客不正确行为的影响，同时也会受到当其他顾客无理的和潜在干扰情形出现时，服务员工做出的反应的影响。利维（2010）检验了管理促进的顾客与顾客间互动对亚洲人和西方人在消费评价和服务产出上的差异。在跨文化的旅游行业进行田野调查发现，亚洲人受到管理促进而进行社会互动的收益高于西方人。黄和许（2010）实证研究探索了塑造服务体验过程中，顾客间互动所扮演的角色。通过对漂流旅行的在线调研发现，顾客与顾客互动的质量（quality of C2C interaction）直接正向影响顾客的漂流体验，并受到漂流体验（cruise experience）的中介，间接影响旅行满意（vacation satisfaction）。此外，顾客间互动的质量对顾客间互动的数量（quantity of C2C interaction）具有抑制效应。研究呼吁，将顾客间互动整合入关系营销理论之中，成为其中的一部分。阮（2011）通过对 270 个厨房用品展示陈列光顾者和 320 个音乐会听众调查发现，在零售服务环境中，产出维度对服务环境中的顾客将产生较大影响，而在享乐环境中，互动和环境质量维度将对享乐服务消费产生更大的作用。该研究指出，在零售和享乐两种不同服务环境中，管理者应该采取不同的服务方式，尤其是在零售服务环境中应该更注重增强服务便利来提升服务质量，而在享乐服务环境中，管理者应该更注重营造更好的顾客间互动关系。

2.2.2.4 小结

关系营销范式为研究者和实践者在书面上提供了一种"超越传统的顾客与供应者相互关系之外的理论基础，并形成了其他关系，而顾客与顾客之间的关系就是这样一类关系"。尼古拉斯（2010）与克拉克和马丁（1994）甚至将其称为"关系营销中被遗忘的关系"。由此可见，顾客与顾客间互动是顾客关系中的核心部分。

西方学者20多年研究历程的重点，从将顾客间互动视为偶然事件进行报道逐渐转向对顾客间互动行为进行分类研究，此时研究方法集中在定性研究上。而在2000年后，研究重点才开始转向顾客间互动在服务质量评价中的角色和效用研究，研究方法则开始逐渐采用定量手段，这个领域十分缺乏关于顾客与顾客间互动对于顾客对服务评价效应角色的实证研究。

20多年来，顾客间互动对服务体验及顺次而来的对服务企业的满意和忠诚的影响，一直是营销文献关注的重要方面（Bitner et al.，1990；Langeard et al.，1981；Prahalad，Ramaswamy，2000）。但在此期间，仅有少量研究采用关键事件法来研究顾客与顾客间互动的类型（Bitner et al.，1990；Grove，Fisk，1997；McGrath，Otnes，1995）。整体来说，大部分研究顾客间互动的文献都将其作为顾客服务体验的一种，人际间的接触可以起到增强或削弱顾客对公司评价和进行光顾决定的作用。现有文献识别了顾客间接触和互动的类型，比如，服务接触过程中交谈过的人数以及互动的次数等对个人感觉的影响，进而推断顾客间互动会影响整体服务产出的评价（比如，满意、购买决定等），见表2-4。

表2-4　关系营销范式下的“其他顾客”线索研究：顾客间互动

文献	自变量	中介、调节变量	因变量	研究情境和理论视角	研究结论
阮（Nguyen，2011）	（1）互动质量；（2）服务环境质量；（3）产出质量	（1）服务便利；（2）感知社交服务场景	感知服务质量	对270个厨房用品展示陈列光顾者和320个音乐会听众的调查	在零售和享乐两个环境下影响服务质量的调节效应
利维（Levy，2010）	管理促进的顾客间互动	文化背景（亚洲人和西方人）	（1）顾客服务评价；（2）行为意向（口碑、重复购买和支付意愿）	跨文化（亚洲人和西方人）、旅游行业（享乐服务环境中）、田野实验法获得的156个样本	检验了管理促进的顾客与顾客间互动对亚洲人和西方人在消费评价和服务产出上的差异；亚洲人受到管理促进而进行的社会互动的收益高于西方人
黄和许（Huang and Hsu，2010）	游客间互动包含顾客间互动的数量和质量	中介变量：漂流体验	旅行满意	对旅游行业（漂流）通过在线调查获得613个样本实证研究	实证研究探索了在塑造服务体验过程中，顾客与顾客间互动所扮演的角色
黄（Huang，2008）	其他顾客失误的严重性	（1）可控归因；（2）稳定性归因；（3）感知员工努力；（4）企业责任	顾客满意	使用归因理论对中国台湾地区北部的一个大型购物商场，采用内容分析法和SEM结合使用	人们感知到的其他顾客失误依赖多种归因影响

续表

文献	自变量	中介、调节变量	因变量	研究情境和理论视角	研究结论
吴（Wu，2007）	(1) 感知顾客间互动事件；(2) 顾客同质性	对同伴顾客的评价	顾客满意	在环境心理学理论基础上调研到外地旅游的来自中国台湾地区的游客	游客管理中顾客兼容性的重要性
摩尔等（Moore et al.，2005）	感知服务氛围	顾客间互动质量	满意、忠诚、口碑	关系范式基础上调研美发沙龙（177 个样本）	顾客与顾客互动与（对公司的忠诚和正向的口碑传播）之间都存在显著关系，而与顾客满意之间并不存在显著关系

2.2.3　社会影响视角下的“其他顾客”线索：“社交在场”效应

服务情境因素对消费者行为的塑造，对于发展服务理论和战略至关重要（De Canniere et al.，2009），而服务接触通常由共享特定服务环境的多个顾客在场而发生（Bitner，1990）。正如，Yang 和 Allenby（2003）阐述的那样，“人们居住在一个彼此联通的世界，信息相互分享，可以互相推荐、社交上的接受（social acceptance）十分重要。在一个有限的空间中（比如，零售商店或音乐剧场），其他顾客的在场（the presence of other customers）连同物理服务环境（physical servicescape）会导致消费者负面的生理反应和心理反应（Babin，Darden，1995；Bitner，1992；Kelley et al.，1993；Swan，Oliver，1989；Ward et al.，1992）。这种社交在场会通过社交影响的形式潜在地影响人们的消费行为。

2.2.3.1　“社交在场”效应研究分类

除了物理环境的影响效应之外，他人在场（presence of others）会对顾客的体验产生戏剧性的影响（Dahl et al.，2001），尤其是在餐厅就餐、零售商店购物或乘坐航班旅行这样的服务消费体验中更是如此。现有研究在不同的营销背景下（包含广告、定价、决策制订）检验了社交在场效应（Argo et al.，2005；Dahl et al.，2001；Fortin，Dholakia，2005；Puntoni，Tavassoli，2007；Wakefield，Inman，2003；Zhou，Soman，2003），有关社交在场的研究主要包含两大类：

（1）其他顾客在场数量及拥挤问题。

共同出现在零售服务环境中的其他顾客的数量，是其他顾客在场的一个重要因素。共享服务环境的其他顾客的数量对于人类来说是一个基础评价维度，尤其是对于陌生人来说更是如此。在一个临时形成的零售环境中，当只有顾客一个人在零售环境中时（totally alone）（没有其他顾客在场），这种情形会对顾客对于服务的整体评价产生负面作用。因为这似乎意味着其他顾客不喜欢这家零售商，由此显示出不太正面的信号，也有可能存在的情况是：独自置身于原本可接待大量顾客的零售环境中会令人感到孤单的心理状态，而这往往又是一种令人感到低落的体验（McWhirter，1990）。相反，当零售场所中出现的其他顾客数量较多时，往往暗示这家零售商比较受欢迎——通常意味着对零售商的评价会更加正面，两者所呈现出来的都与社会确认（social validation）的概念相一致，也就是说，我们常常使用社会活动中其他参与者的数量来测量它的受欢迎程度（Cialdini，Goldstein，2002）。有关社会在场（social presence）的相关研究也得出了这样的结论，当个人是单独出席或有特定数量的其他人在场似乎都会为个人增加愉悦和产生对零售商的积极态度，这些观点意味着在零售环境中，其他顾客的数量和顾客对零售商的评价之间存在积极的线性关系。

另外一些研究表明，在场顾客的数量与顾客评价间的关系，有时又呈现出非线性结果。比如，阿尔戈等（Argo et al.，2005）通过在零售环境中进行田野调查，对店铺中购买者的数量进行操控实验研究发现，当社交容量（social size）增加（从 0 ~ 1）时，消费者负性情绪降低（积极情绪提高），而社交容量进一步增加时（从 1 ~ 3）时，消费者情绪状态发生了逆转，在场其他顾客的数量和消费者情绪之间呈现倒“U”形曲线。作者认为，这种情况可以解释为，人类行为具有最基本的归属（belong）动机（比如，人们希望获得人际间的依恋）。人际间单纯的联系会创造初级层次的社交依恋（social attachment），这种感知归属感（perceived belongingness）的变化会带来积极情绪反应（Festinger，Schachter and Back，1950）。因此，在购物环境中其他人的社交在场能满足参与者与他人关联（association）在一起的需求，进而导致（在无人到有人的情况下）负性情绪的降低。与社会影响理论（SIT）一致的是，当社交容量超过 1 时，消费者所体验到的负向情绪将会增加。在此基础上，阿尔戈等（2006）验证了不互动社交在场（no interactivesocial presence）的容量（social size）和接近性（proximity）的影响作用，并发现社会影响理论所阐释的对情绪和行为的影响均存在理论无法解释的边界。首先，社交影响理论无法预示消费者情绪所呈现的倒“U”形曲线结果。作者认为，在单独和有人在场两种情境下，导致人们情绪产生正向变化的是由于人际间具有相互关联（interpersonal association）的基本需求。然而，当社交规模的数量超出了人们感知的舒适之外后，顾客的情绪反应开始由于环境的拥挤而向负向逆转。这篇研究开创性地探索了消费环境下不互动社交在场的影响作用，而对于其他顾客对人们情绪和行为影响的理论机制并未进行深入的阐释和实证检验。作者建议，可以将现存的一些社会学理论，比如，扎伊翁茨（Zajone's，1965）的社交助长模型（social facilitation model）整合入这类研究中。

此外，“人群”（crowd）被发现对顾客整体体验具有显著影响（Berry，Carbone and Haeckel，2002；Donthu，Rust，1989；Hui，Bateson，1991）。比如，在安静的环境制造噪音（交谈、大声地笑和其他人交谈或争论来表达情绪，用不合适的言语评论服务人员，儿童在公共场合的不当行为）。大部分在零售环境中对“拥挤”的研究都发现：其他顾客在场被认为对顾客的氛围感知（atmospheric perceptions）具有负面影响（Turley，Milliman，2000）。然而，也存在这样一些情形，尤其是在医疗行业、旅游和活动管理中，“拥挤”被认为是人们的热望，也会促进积极的氛围感知，比如说，有许多观众的体育赛事（Lovelock，1996）、酒吧、咖啡馆、音乐会、街头市场、夜场俱乐部等场所，正如特里和明曼（2000）所建议的那样，需要更多这方面的工作来弄清楚在服务环境管理中，顾客的在场或缺席是如何以及何时被需要。

当其他顾客的数量过多时就会出现拥挤（crowding）（Machleit et al.，2000）和等待时间（waiting time）（Bielen，Demoulin，2007；

Larson, 1987），而且，这两种情况都会使人产生负面情绪状态。这揭示了顾客数量的非线性影响，也就是说，存在一个拐点，越过拐点之后，其他顾客数量的负面影响将超过积极影响。在某些享乐服务环境中，情况将更为复杂（比如，酒吧、俱乐部、足球赛场），这些环境更为需要的是相当大量的人群同时出现以丰富服务体验——这些情况下实质性的人群在场被需求用来产生积极效应（Minor et al.，2004）。在任何一种情况下，其他顾客数量对于个体顾客对零售服务提供商的评价都存在一定影响，但目前学界对这个问题的现有理论研究依然十分有限。

（2）其他顾客的仅仅在场问题。

行为学者研究了其他顾客的各种社交特征带来的影响。梅耶尔、比尔登和蒂尔（Netemeyer, Bearden and Teel, 1992）指出，在购买和使用产品时，人类是一种社交因素（social actors），他们的行为会开放地被其他人所观察到。阿什利和勒瓦夫（Ariely, Levav, 2000）发现，在群体背景（group contexts）下人们所进行的消费决策从系统整体上是与私人情况下有区别的，比如，人们在家庭和朋友面前比在陌生人面前倾向于更不容易尴尬（Costa et al.，2001；Lewis et al.，1991；MacDonald, Davies, 1983）。也就是说，当其他顾客在消费场所被看作一种被动在场的可观察特征时也会影响到同时在场的顾客，本书将这个问题看成是“仅仅在场”现象。

服务营销中也有不少学者探讨这个问题，吉姆和李（Kim, Lee, 2011）通过现象访谈（phenomenological interviews）和实验法（scenario-based experiment）识别餐饮服务中其他顾客的仅仅在场，是如何影响顾客的餐饮评价的。作者发现，其他顾客是一个包含数量、年龄、性别、外表、着装和公共行为的多维构念。每一个维度的重要性，会随着像情景阶段（服务接触前或服务接触后）、访问背景（任务导向型或娱乐导向型）、质量相关风险（低或高）这样变量的变化而变化。这篇文献为服务企业战略性地管理顾客提供了理性依据，也为如何对顾客进行指引提供了方向。此项研究是第一篇集中于服务接触中其他顾客作为被动角色（仅仅在场）的实证研究，研究所揭示的其他顾客的维度以及调节效应将为此领域的未来研究提供重要的借鉴。瑟德隆德（Söderlund，2011）提出了“作为陌生人的其他顾客效应”，并检验了其他顾客的数量、其他顾客可视的购买行为或消费行为会对顾客的零售服务评价产生影响，部分研究者集中研究其他顾客社交在场（social presence）的影响效应。这篇文献突出了即使是个人与在场的其他顾客并无直接互动时，其他顾客的在场对于个体对零售商的评价所带来的影响。布罗卡托等（Brocato et al.，2012）以社会影响理论为基础来构建模型的基本框架，作者发现在商业社会交换环境中，在场其他顾客是可以被观察到的。研究将其他顾客定义为那些与我们同时共享服务设施的消费者，而且与中心顾客素不相识，中心顾客与其他顾客不需要产生语言交流，人们可以在商业环境中同时出现，但不用彼此之间相互涉入（Argo，Dahl and Manchanda，2005；McGrath，Otnes，1995）。该研究首次提出了OCP的概念，通过探索研究开发了反映在场其他顾客线索的三个维度（包含相似性、外表特征、适当的行为）的量表，是第一次对其他顾客影响概念体系进行了框架性的整合并进行实证研究的文献。吉姆和李（Kim，Lee，2012）通过深度访谈开发出了反映其他顾客特征的多维构念（数量、年龄、性别、外表、着装、公众行为），较全面地反映了其他顾客的行为特征和表现。但整体来说，现有研究仍然未对“其他顾客”线索作出较为层次化和结构化的框架整理，见表2－5。

2.2.3.2　小结

社会影响（social influence）在对消费者的情感、认知和行为的塑造上具有无处不在的作用（e.g.，Argo，Dahl and Manchanda，2005；Dahl，Manchanda and Argo，2001）。社交影响视角的相关研究发现，社会环境可以进行塑造，有时人们为了更高程度上的社会

表 2-5　社会影响视角下的“其他顾客”线索：“社会在场”效应

文献	自变量	中介、调节变量	因变量	研究情境和理论视角	研究结论
布罗卡托等（Brocato et al.，2012）	其他顾客感知（OCP）（1）相似性；（2）客观外表；（3）合适的行为	（1）感知服务质量；（2）趋避意图	积极口碑传播	社会认同理论、推断和可供性理论、角色理论和行为场所理论零售环境中的年龄分群研究	对 OCP 量表的开发，拓展了社会影响理论，首次明确了其他顾客感知概念的实证研究
何等（He et al.，2012）	社交在场（无人在场、团体内在场、团体外在场）	（1）服务体验的效应；（2）自我建构	服务满意	实验研究：（1）自我建构理论；（2）基于身份动机理论	验证了服务体验效应和顾客自我建构类型对服务满意影响的调节效应
吉姆和李（Kim，Lee，2011）	其他顾客特征（年龄/性别/外表/着装/公共场所行为/数量	（1）服务评价阶段；（2）光顾背景状况；（3）与质量相关的风险	服务评价	现象观察、深度访谈及实验法	第一篇将其他顾客作为被动角色的实证研究
库尔特等（Kurt et al.，2011）	社交在场（Social presence）单独/朋友陪伴	（1）消费者意图；（2）自我监控	（1）花费行为；（2）花费目的（自我花费/捐赠）	实验研究	有朋友陪伴的社会在场能增进顾客的花费行为，但花费目的不同影响会有偏差

续表

文献	自变量	中介、调节变量	因变量	研究情境和理论视角	研究结论
瑟德隆德（Söderlund，2011）	（1）其他顾客的数量（高/低）；（2）其他顾客可视消费及购物行为；（3）与其他顾客简短互动	（1）渴望群体或避免群体；（2）社交规范	对零售商满意的整体评价	对餐馆、便利店、电影院采用情境联想的实验	出现在同一个零售环境中的陌生顾客会影响中心顾客的整体评价
麦克费林等（Mcferran et al.，2009）	（1）其他人的社交影响；（2）其他人的体型类型	（1）外表自尊；（2）认知载荷	食品选择	自尊、认知载荷理论视角下的实验研究	其他在场顾客的体型影响顾客的食物选择行为
阿尔戈等（Argo et al.，2006a）	其他顾客污染线索（接近性、次数、数量）	中介变量：感知厌恶	产品评价和购买意图	消费污染理论和社会影响理论的实验研究	其他顾客作为心理上的污染源会影响到顾客的产品评价
阿尔戈等（Argo et al.，2006b）	社交在场（真实/想象）	调节变量：购买熟悉度	尴尬行为	社会影响理论（SIT）实验研究	其他顾客（真实的或想象的）社交在场影响顾客尴尬，购买熟悉度具有正向调节效应
阿尔戈等（Argo et al.，2005）	仅仅社交在场：（1）size（0，1，3）；（2）接近性（远或近）		（1）顾客情绪；（2）自我展示行为	社会影响理论实验研究	通过两个实验识别了社会影响理论的边界

接受甚至能左右消费者自身观念、偏好和选择行为（e. g. ，Argo，Dahl and Manchanda，2005；Dahl，Manchanda and Argo，2001）。但我们发现，从社会影响视角来看待“其他顾客”线索问题研究仍存在两方面问题：

（1）社交在场类型及含义概念体系尚不明确。个人将使用产品作为印象管理（impression management）的一种形式，来影响其他人对自己的判定和归类。现有绝大多数对社交影响效应的研究，整体来说不易归类且归属杂乱。服务环境中的社交在场，常常包含组内（in-group）顾客（比如，朋友、家庭）和组外（out-group）顾客（比如，陌生人），然而服务环境中不同类型社交在场的研究仍旧十分零散和缺乏，而在其他背景框架下的研究也提供了不一致的研究结果。

（2）“社交在场”与“服务绩效”间的关系尚不明确。研究者们尚未将社交在场整合入服务框架之中。在零售环境中，社交在场与服务绩效之间的关系尚未明确。目前，对社交在场的一些研究主要集中于中立或不愉快的消费体验（e. g. ，Argo et al. ，2005；Dahl et al. ，2001；Zhou，Soman，2003），而对社会在场引致的积极社交体验并未有太多探索。此外，现有研究并未发现在哪些边界条件下，社交在场的效应会发生变化，研究需要更多地去寻求社交在场与服务绩效之间存在的调节效应。

2.3 文献总结

2.3.1 “其他顾客”线索在服务营销中的重要性

巴克（1987）最早对服务环境中其他顾客的角色产生兴趣并进行研究，他认为在服务环境中，社会线索应该是固有环境的一部分。自此之后，对顾客之间如何相互影响的概念性的、管理上的、学术性的研究逐步出现并蓬勃发展（Grove，Fisk，1997；Martin，1996；McGrath，Otnes，1995）。零售服务体验大部分都是社会活动，由于服务传递的不可分离性，人在服务中所占的成分也变得越来越重要。从这一点来看，如果不去探测服务中发生的社会影响，商业环境中的个人行为将无法被充分理解和解释（Tombs，McColl - Kennedy，2003）。从以上意义来说，其他顾客在服务接触中的角色也变得越来越重要。

（1）服务环境中顾客与其他顾客间的关联性极强。在服务接触中，服务企业的顾客常常与其他顾客共享同一服务空间，顾客的满意与不满意就经常源于作为服务体验环境一部分的其他顾客的特征和行为（Pranter，Martin，1991；Martin，1996）。顾客之间可能会通过作为服务环境中的一部分而间接地彼此影响，或者通过特定的人际接触而直接产生影响（Baker，1987；Bitner，1992）。服务环境中的顾客间具有极强的关联性，从更广阔的顾客体验视角来看，他们“戏剧性地”影响了顾客满意程度（Martin，Pranter，1989）。

（2）服务环境中其他顾客的影响形式多样。马丁（1996）认为，在商业环境中顾客之间的相互影响，既可以是直接地通过人际交流，也可以作为存在于服务环境中的一部分而间接发挥作用。中心顾客往往会通过观察作为服务环境之中一部分的其他顾客特征，从中所显示的社会线索来对服务产品进行判断。当其他顾客被认为是环境中的一部分时，来自他们的影响会通过中心顾客基于他们的观察性特征的感知而得以增强。在服务环境中，对其他顾客（通常是陌生人）的感知，通常会潜在地扩大或压低中心顾客对服务本身的评价以及对服务提供方的满意程度（Mourali，2003）。

（3）“其他顾客”的研究，为企业改善管理措施提供启发。现有研究对其他顾客的持续关注，并涌现出关注于顾客档案管理的文献为服务顾客市场细分的管理尝试提供了学术支持（Martin，

Pranter, 1989)。比如，洛夫洛克和沃茨（2007）讨论了通过观察顾客的可观察特征（包含外表、行为、年龄）来管理顾客档案的重要性。由于在服务交易环境中固有的不可分离性，管理者需要通过主动地管理客户数据库来提升顾客的服务体验。事实上，古梅森（Gummesson，1993）认为，招募正确的顾客与招募正确的员工一样重要。现实管理活动中也存在这样的例子：许多娱乐中心通过精细地管理顾客的外表特征来反映他们目标市场的形象。这些做法看起来是凭直觉做出的，从理论研究的层面来说，现有的营销文献目前并未提供给营销者或管理者一个完整的框架或方式来测量现有或潜在消费者对其他顾客的感知。

（4）对“其他顾客”线索的关注在促进管理沟通上具有深意。对其他在场顾客的感知，可以促进顾客间的互动和沟通。顾客会更愿意与那些他们感觉比较正面的或与自己颇为相似的顾客进行沟通。菲斯克等（Fisk et al.，1985）认为，招募正确的顾客能够提升服务的舒适度，也会影响消费者对服务过程参与的意愿。想要鼓励和促进顾客间互动的管理者，假如能了解顾客之间如何看待对方，将会非常有助于维系顾客关系。其他顾客对个体顾客的影响，揭示了其作为一个领域在管理中的重要性。正如现有研究所述，对于零售商来说，对顾客的管理要比管理员工和客观环境困难得多。在服务营销文献中，有观点认为，可以将顾客视为“部分员工”（partial employee）来进行管理。现有研究中关注顾客与顾客间互动的较多（customer to customer interaction）（着重强调这方面可以揭示从市场细分的角度为企业获得更多同质性的顾客，以避免由于顾客相似性过低而带来的顾客间冲突）。还有一些研究着重关注那些没有发生直接互动的其他顾客行为的影响（indirect interaction），认为服务企业在管理“氛围”和“体验”相关的因素上，除了声音、商品陈列、灯光等传统要素之外，使其他顾客要素得到更大重视。

2.3.2 现状、存在的问题和不足之处

许多营销学者（e. g.，Fournier，Mick，1999）呼吁，应该更多地从社会背景来拓宽服务营销的框架体系。社会心理学家长久以来也认识到，消费者的行为和判断有一部分是由实际的、想象的或者暗示的他人在场而决定的。相对电子购物来说，传统购物渠道所表现出的社交方面（social aspect）将为它区别于其他渠道创造竞争优势，与其他顾客一起（being with）、与之交谈（talking with）、被其他顾客看到（seen by other customer），这些作为同伴顾客的陌生人都会对顾客的消费体验评价产生积极影响。而且，从社交社区（social community）的角度来说，顾客在零售和服务环境所要求的是关联性价值要大于功能性价值（Aubert - Gamet，Cova，1999）。许多研究都发现，顾客会间接地作为环境中的一部分而相互影响，或通过特定的互动事件相互之间直接发生影响（Baker，1987；Bitner，1992；Grove，Fisk，1997；Harris，Reynolds，2003；Martin，1996；Parker，Ward，2000）。综合这三个研究流派的研究现状我们认为，市场营销领域“其他顾客”线索对消费行为的研究，仍然呈现出以下问题：

（1）“其他顾客”线索的概念和维度，目前尚不清晰。现有研究存在的一个普遍问题是，在贝克（1986）定义基础上的研究，目前为止还未对其他顾客的维度划分作出一致性的定义。其中，社交服务场景只是提了一个整体概念，在以社交服务场景为研究对象的研究中涵盖了其他顾客问题，而未将其作为单独的研究对象。“顾客间互动”则侧重于关注顾客间关系的维系，多注重直接互动、交谈性互动。且对于顾客之间互动的形式是直接的言语交流还是观察性的间接互动，未有较多深入的研究。事实上，顾客间互动的形式（直接还是间接）对消费行为的影响方式和结果差异甚远。此外，以社会影响理论为基本出发点的“社交在场”的研究较为笼统，其

本身的含义和类型概念体系尚不明确。这类研究较为注重研究“在场”与“不在场”“在场数量”等问题，而对什么样的“社交在场”的研究则十分稀缺。比如，海托华等（2002）将其他顾客的友好和着装风格作为一个维度，布雷迪和克罗宁（2001）通过几个状态的表述测试了其他顾客维度的影响（“我发现XYZ的其他顾客一直给我好印象”“XYZ的其他顾客不会影响我对其提供给我的良好的服务”），而图姆斯和麦克－肯尼迪（2003）则提出，社交服务场景应包含社交密度和其他顾客的情绪两个维度。因此，本书认为，对服务场景中“其他顾客”线索问题不一致的概念定义和维度的划分为我们提供了研究机会，能够划分出一个完整的定义和维度对于未来的研究将十分有意义，现有研究中涉及的“其他顾客”线索维度构成，见表2－6。

表2－6　“其他顾客”线索的维度构成归纳

文献	“其他顾客”线索的维度
海托华等（Hightower et al.，2002）	其他顾客的友好和着装风格
布雷迪和克罗宁（Brady，Cronin，2001）	印象；是否影响到服务
图姆斯和麦克－肯尼迪（Tombs，Mc-Coll Kennedy，2003a，2003b）	社交密度和其他顾客的情绪；其他顾客的空间位置
阿尔戈等（Argo et al.，2005，2006）	其他顾客的数量、接近性和次数
麦克费林等（Mcferran et al.，2009）	其他顾客的体型和外表
瑟德隆德（Söderlund，2011）	其他顾客的数量、其他顾客可视购买或消费行为
吉姆和李（Kim，Lee，2011）	数量、年龄、性别、外表、着装和公共行为
于里克和贝肯斯坦（Uhrich，Benken-stein，2012）	密度、外表和行为（享乐环境下）
布罗卡托等（Brocato et al.，2012）	其他顾客的相似性、客观外表和行为适当性
库尔特等（Kurt et al.，2011）；何等（He et al.，2012）	数量及陪伴类型

另外，在关系范式为主要基础的顾客间互动研究中，间接非交谈式的互动行为并未得到较多关注，但是这个现象确实又值得进行探究。即使它所产生的效应比直接互动微弱，在顾客进行每一次服务体验或活动当中，其他顾客必定扮演一定的角色并发挥作用。比如，格鲁夫和菲斯克（1997）发现，56.8%的旅客报告自己在参加旅游活动时会显著受到他人在场的影响。这与哈里斯等（1995）的研究数据形成了鲜明的对照，在 1101 个被调查者中只有 11.63%的顾客报告自己会在购物时与其他顾客进行过直接的互动。而以环境心理学为主要研究视角的服务场景“顾客—环境”的研究（社交服务场景）中所包含的社交变量主要是员工的外表和行为（e. g. Baker，Parasuraman，Grewal and Voss，2002；Harris，Ezeh，2008），相比起来，社交服务场景的研究中，对其他顾客这一社交维度的关注仍旧十分稀少。其中，零星出现的部分将顾客作为商业环境中的组成部分来进行的研究，主要集中在空间上的其他顾客的社交密度和情绪问题上。

（2）“其他顾客”线索与消费行为形成影响的内在机制目前尚未进行深入剖析

在零售店铺中发生的社会影响，既有可能是互动的（比如，销售人员的问候），也有可能是非互动的（比如，与其他购物者同处于购物通道中）。其中，对此问题的探讨，相关的研究验证了其他顾客的在场、社交线索的存在（社交形象展示）以及顾客的态度、情绪（Argo et al.，2005；Dickson，MacLachlan，1990；Hu，Jasper，2006）带来的影响。

从整体来看，“其他顾客”线索所表现的人际因素的因变量，主要分为认知、情绪和行为反应三类。其中，认知反应包含归因（Huang，2008），服务评价（argo et al.，2006；Kim，Lee，2011），忠诚（Moore et al.，2005），满意评价（Söderlund，2011；He et al.，2012；Wu，2007；Huang，Hsu，2010；Huang，2008），价值（e. g. Eroglu et al.，2005b），服务质量（Nguyen，2011）。情绪反

应包含与多纳文和罗斯特（Donavan，Rossiter's，1982）PAD 模型一致的愉悦、唤起、支配，和建立在伊泽德（Izard's，1977）不同情绪模型基础之上的积极和消极的情绪（Argo et al.，2005）。行为反应包含趋避行为（e. g. Kim，Runyan，2011；Brocato et al.，2012）、购买意图（Argo et al.，2006）、抱怨和口碑传播（Brocato et al.，2012）、花费（Kurt et al.，2011；Levy，2010）等方面，其中，顾客受到“其他顾客”线索影响而带来的情绪变化和服务满意评价及趋避行为，是相对关注较多的内容（Lovelock，1996；Martin，1996；Martin，Pranter，1989；Zeithaml，1981）。

目前来讲，在许多零售服务环境中，与中心顾客同时占用服务设施的其他顾客所发挥的影响作用是存在的，而且非常重要，但又长期被忽视（Bracato et al.，2012）。长期以来，服务环境中中心顾客对共享服务环境或设施的“其他顾客”线索的感知构成仅仅停留在概念性质的尝试性研究上，中心顾客对共享服务环境的背景顾客线索会产生什么样的感知，这些感知进而会以何种形式和程度作用于中心顾客对服务本身的评价，目前的文献并未给出完善的解答。学界尚未有统一的、整合性的概念框架让学者们去研究“其他顾客”线索怎样影响顾客的服务评价（Gummesson，1993；Rewley，1995；Grove，Fisk，1997；Mcgrath，Otnes，1995；Lehtinen，Lehtinen，1991；Argo et al.，2005；Bracato et al.，2012；He et al.，2012）。整体来说，当前研究只有极少部分文献讨论了服务体验中其他顾客的行为，布里卡多（2012）开发了描述服务现场其他顾客特征的 OCP 量表，第一次对服务环境中中心顾客对背景顾客的观察行为进行了系统的描述。但中心顾客通过对“背景顾客”线索的观察，会对中心顾客的消费行为产生影响吗？如产生影响，存在怎样的机理，先前的研究并未做相关探讨。

（3）中国环境下，“其他顾客”线索问题的研究十分缺乏，研究处于起步阶段。从文献搜索的结果来看，仅仅出现了为数不多的几篇研究在关注“其他顾客”问题，且各自局限在像“兼容性”

管理、顾客“不当”行为等研究问题上，且基本都处于在中国情境下的探索性研究阶段。比如，蒋婷（2012）在服务体验视角下关注了顾客间互动对顾客再惠顾意愿的影响问题；银成钺，杨雪和王影（2010）对其他顾客的外观、行为、言语交流对于顾客体验的影响，进行了探索性研究；在马丁（1989）基础上，黎建新和甘碧群（2006）；黎建新（2007，2009）持续对顾客兼容性问题进行了关注；此外，赵晓煜，曹忠鹏和张昊（2012）探索了顾客的感知相容性对其消费行为的影响；在顾客的不适当行为上，刘汝萍，马钦海和赵晓煜（2010）开展了服务消费中顾客不当行为的研究，费显政和肖胜男（2013）使用关键事件法和扎根理论来探索同属顾客对顾客不当行为的反应模式。整体来说，在中国文化情境下，其他顾客问题的研究可以说处于起步阶段，鉴于在中国文化情境下“集体主义”和“个人主义”人群特质与国外研究仍存在很大的差异，我们将在接下来的研究环节中开展对此问题的探讨。

综上所述，通过文献整理，从现有的其他顾客问题的研究丛林中，我们基本了解了现有研究中其他顾客问题的重要性及其研究现状。但由于现有研究对其他顾客问题的研究十分零散且概括性较弱，本书并未从其中弄清楚其他顾客的明确构成及其对消费行为的影响过程和影响结果。因此，本书将在第 3 章借鉴服务营销领域的传统研究方法（关键事件技术法）对“其他顾客”线索问题及其对消费行为的影响机制进行进一步探索。

第3章

基于关键事件法的“其他顾客”线索研究

本章为以关键事件技术法为基础的定性研究部分。本书通过访谈和引导被访者“讲故事”的形式探索在不同类型的服务环境中，顾客所感受到的涉及“其他顾客”线索的影响类型，以及来自“其他顾客”的线索如何对“中心顾客”产生影响，影响的结果如何。通过这部分的探索性调研将使我们进一步明确在服务场景中其他顾客对中心顾客的影响线索的构成形式，以及“其他顾客”线索对中心顾客产生影响的路径及影响结果的表现形式，为下一步的实证研究理清思路。

3.1 关键事件技术法的介绍

关键事件技术法（the critical incident technique）是常用于服务营销研究中的一类分析方法，近些年来，这类方法在服务营销中应用越来越频繁。在营销文献中出现“关键事件技术法”早在1975年（Swan，Rao，1975），而此方法在营销领域得到重视源于比特纳、布姆斯和特里尔特（1990）的研究。自这篇开创性研究之后，营销领域出现的使用 CIT 的文章多达 140 篇，总体来说，关键事件技术是非常适用于服务营销研究的定性分析方法。

1954 年，弗拉纳根（Flanagan）将关键事件技术法介绍入社会科学研究中。切尔（Chell，1998）认为，关键事件技术法能从回答者的口中对发生的一些重要（事件、问题、过程）的管理方式、效用产出的形式进行识别，以从个人的视角了解他们的认知、情感以及行为因素。比特纳、布姆斯和特里尔特（Bitner，Booms and Tetreault，1990）将关键事件法定义为一种可观察的人类活动，它能够完全被用来推断和预测个人行为。收集关键事件的形式有很多种，但在服务营销中 CIT 事件收集的主要方法是，让回答问题者讲述一个他所经历的小故事。根据弗拉纳根（1954）的原始研究，当这些小故事所表现的关键事件收集起来之后，组织者需要进行内容分析。在数据分析中需要完成两个任务：（1）确定描述事件的整体参考框架；（2）对事件主分类和子分类范畴的归纳和发展。事件中包含的信息应该被仔细解读，以用来对关键事件进行整理和归纳（Grove，Fisk，1997）。主类别的划分，既可以从已有的理论模型中演绎得来，也可以在归纳理解的基础上得来（Stauss，1993）。整体来说，内容分析的目标是对影响现象的频次（frequency）和类型（patterns）的因子进行归纳，以得到对研究现象的系统分类。

3.1.1　关键事件法在研究方法上的优势

（1）数据收集出自回答者口中，用他们自己的话语描述（Edvardsson，1992），回答者对调查者所要调研的现象能以最为合适的方式进行语言组织。因此，回答者在对问题框架体系的描述上拥有极其宽泛的视角（Gabbott，Hogg，1996），同时，对于回答者来说，问题的回答没有预设性，它能够更常规地反映回答者所想，而未被强迫使用一个预想好的框架中。

（2）关键事件法实质是一种归纳法（Edvardsson，1992）。它通常适用于：（a）研究讨论较少的话题（Grove，Fisk，1997）；（b）对一种目前信息了解有限的现象进行知识上的探索；（c）描述或解释的知识或现象需要进行全盘了解时（Bitner，Booms and Tetreault，1990）。关键事件技术法，在随后的研究中需要发展概念结构，来使用和测试时十分有效（Walker，Truly，1992）。关键事件法并不包含一套完备的方法体系，但它被认为具有一系列根据研究主题所设的灵活规则（Burns，Williams and Maxham，2000；Hopkinson，Hogarth－Scott，2001）。关键事件法在对一些先前尚未得到很有效研究变量的现象研究上，被认为十分有效（de Ruyter，Kasper and Wetzels，1995）。总体来说，关键事件法是一种无须假设的归纳方法，对变量描述的类型从回答者的应答得出，研究者由此而生成概念和理论（Olsen，Thomasson，1992）。

（3）关键事件法可被用来生成对事件的准确和深度的记录（Grove，Fisk 1997）。它为实证研究提供起点，为现象研究提供新的证据，鉴于它被频繁用于内容分析方法中，它也经常在使用多种方法的研究中得以应用。使用关键事件法能够提供一系列丰富的研究数据（Gabbott，Hogg，1996）。这种方法对于获得具有丰富细节的一手经验数据尤为有效（Bitner，Booms and Mohr，1994）。CIT在寻求被调查者所接触到的经验理解上十分容易（Burns，Williams and Maxham，2000），尤其是在服务背景下，逐字逐句描绘的故事将为现象的了解提供强有力的、栩栩如生的研究证据（Zeithaml，Bitner，2003），当与管理组织分享时，能创造一种强记忆的印象深刻的感觉，因而对于组织管理提升和信息整合都具有极大地贡献力（Stauss，1993；Odekerken－Schröder et al.，2000）。同样地，使用所获得的“关键事件”，在管理者与那些和顾客一线接触的员工进行交流时也会变得更为容易，尤其是为了获得更大程度的顾客满意，哪些行为可以做，哪些行为要避免，都是十分有效的。

3.1.2　关键事件法在服务营销中的角色

服务研究者发现，关键事件法在现象分析和信息的提供上，是一种比许多定性分析法都有效的研究方法。关键事件法能够通过定义研究中的“特定目标”来使得研究者更专注于特定的现象并帮助他们识别特定的和主题相关的细节，通过一些“栩栩如生”的例证来支持他们的结果。比如，比特纳、布姆斯和特里尔特（1990）对服务接触的研究和凯维尼（Keaveney，1995）对服务转换的研究都揭示了 CIT 方法在服务研究中的重要性。

比特纳、布姆斯和特里尔特（1990）关注于“服务接触”的研究，为关键事件法在服务接触中的价值提供了很好的例证。他们通过对三个行业的几百个关键事件进行分析，发现从顾客的视角来看，三类员工行为（最终被标签为“恢复性”“自发性”“适应性”）是导致服务接触满意或不满意的根源。他们的研究是识别“特定的员工行为”与“顾客满意”及“不满意”之间关系的最早的研究之一。在他们之前的研究，大部分学者对这样的评价缺乏整体评估，而是停留在一些模糊的概念上（如，服务质量）。关键事件法使得研究者能更容易地捕捉到栩栩如生的细节，以便于捕捉到文献研究中的重要主题。而当学者在对某一领域缺乏具体了解时，定量研究或深度访谈都无法提供这样的帮助。

从 1990 年研究获取的相关知识让比特纳及她的同事得以发展出一类服务接触的纲领性研究流派，他们创造性地将关键事件法以丰富多彩的形式应用于服务营销研究中。格兰姆勒和比特纳（Gremler，Bitner，1992）在 1990 年研究的基础上又将研究扩大到更为广阔的领域，并发现之前研究中所识别的一系列导致顾客满意或不满意的员工行为在其他的一些背景下的普适性。随后，比特纳、布姆斯和莫尔（Bitner，Boorns and Mohr，1994）使用关键事件法从企业视角对服务接触中顾客与员工间的接触进行了研究，并发现了员工与顾客接触中的第四类行为，即员工对问题顾客处理的行为（coping）。在随后的一个研究中，他们还对服务接触中“自服务”（self service）（即，在服务传递过程中无服务员工）问题使用关键事件法进行了研究（Meuter et al.，2000）。研究发现，当服务传递过程依赖技术为基础的方式时，有一组不同的因素会影响顾客的满意或不满意。上述研究表明，关键事件法在对多种类型的服务接触研究时具有足够的灵活性。

在比特纳的纲领性研究基础上，其他学者也发展出一系列的类似研究。比如，比特纳的研究主要关注于顾客的认知反应会影响对服务接触的评价，而范·多连等（Van Dolen et al.，2001）则扩展了服务接触的研究，而将关注重点放在以情绪内容叙述为主的关键事件上来了解顾客的情感反应。凯利，霍夫曼和戴维斯（Kelley，Hoffman and Davis，1993）的研究，也使用 CIT 发展了一个零售失误和补救的类型象征，对比特纳、布姆斯和特里尔特（1990）在服务补救领域的研究进行了扩展。凯维尼（1995）专注于“服务转换”的相关研究，也对关键事件法应用于服务营销领域做出了贡献。凯维尼使用关键事件技术法来探求顾客对服务提供者的转换行为。并识别出 8 类顾客转换服务提供者原因的明确分类。在她的关键事件法研究之前，许多研究倾向于将顾客转换行为的原因归于对服务不满意，尽管凯维尼也发现与不满相关的一些因素（比如，核心服务失误、服务接触失败、补救失败），同时也发现了在满意—不满意范式之外的其他因素（比如，顾客感到满意，但他们仍然会转换）。凯维尼发现，便利、竞争、非自愿转换、价格四项与“服务不满意”无关的因素，并把它们整合入一项研究中。从这个意义上来说，凯维尼使用的 CIT 方法为展开更为开阔和全面的“转换”行为研究范式开启了一扇门。

如上所述，关键事件研究方法为服务研究者提供了一种有价值的研究方法来考察一个现象，并找出那些先前研究中未被发现的影响因素。正因为如此，关键事件法近年来在服务营销中越来越受欢迎，它对服务营销研究的影响价值也越来越大。另外，由现有的研究来看，“关键事件”数据的使用方法主要分为三种：（a）研究中所获得的数据不被直接分析，而是与其他方法一起合并使用（比如，实验法或调研法）；（b）用初步解读的（interpretive fashion）的方式来解读关键事件法的数据；（c）使用内容分析方法（content analytic）进行关键事件研究。

3.2 关键事件法与“其他顾客”线索研究的关系

由第 2 章的文献综述可知，在服务接触中与人们分享服务环境的其他顾客会影响到个人的服务体验（e. g. ，Martin，Pranter，1989；Grove，Fisk，1997）。在服务接触中“顾客与顾客”间的互动，会提升或损坏顾客们的服务体验。更为重要的是，前文还提到这样的观点：在现代社会，服务环境有时能作为“第三地”（third places）的角色存在，抛开传统社会人们只能从家庭和工作环境中获得“社会支持”（social support）的说法，生活在现代社会中的人们可以通过光顾服务场所（比如，逛街、去酒吧、在咖啡馆闲坐）来获得人际间的社会支持，这种方式被认为不仅能更有益于个人的身心健康，同时对企业的财务盈利也十分具有促进作用（Rosenbaum，2006；Rosenbaum et al. ，2007）。尽管如上所述，服务环境中的其他顾客具有重要的实践价值（Martin，Pranter，1989；Rosenbaum，Massiah，2007），然而，事实上，在实践及学术研究中来自其他顾客的影响却长期被忽略。过去的许多研究主要关注于服务员工与顾客之间的互动关系，同时，尽管顾客间互动在一些特定的背景下获得了学者的关注，比如，零售商店（e. g. ，McGrath，Otnes，1995）、游乐场（Grove，Fisk，1997），火车（Harris，Baron，2004），然而，特定场合和行业下的研究却限制了研究结果的整体概括性。

本节将使用关键事件法来探索在不同类型的服务环境中，顾客所感受到的涉及“其他顾客”线索的影响类型，以及来自其他顾客的线索如何对“中心顾客”产生影响，影响的结果如何。正如3.1节所述，“关键事件法”是一种在研究中对于过去较少关注的现象具有强有力的数据分析能力的研究方法（Bitner et al.，1990；Gremler，2004）。克拉克和马丁（1994）、马丁（1996）、普兰特和马丁（1991）（Clark，Martin，1994；Martin，1996；Pranter，Martin，1991）在顾客兼容性的问题上进行了概念性及探索性研究，他们的研究表明，在服务接触中的“顾客满意”确实受到顾客与其他顾客之间的兼容性（compatibility）的影响，同时，这些顾客的行为也会最终影响到顾客满意。

自马丁（1989）提出服务环境中的其他顾客问题以来，出现了一系列针对特定零售/服务环境的相关研究。到目前为止，除少部分实证研究之外，这个领域出现的大部分研究都使用了探索性的研究方法。比如，使用一种观察、访谈、与被调查者一同购物相结合的探索性研究方法。麦克格拉斯和奥特奈斯（1995）探索了在不相识顾客间的相互影响的现象。通过研究调查者发现了许多公开的、不公开的影响类型，并将它们进行了归类。比如，他们将公开的影响归为寻求帮助者（help-seeker），反应型帮助者（reactive helper），前瞻型帮助者（proactive helper），管理者（admirer），竞争者（competitor），抱怨者（complainer）6类；将不公开的影响划分为追随者（follower），观察者（observer），决断者（judge），控诉者（accused）以及破坏者（spoiler）5类。哈里斯等（1995）还专门研究了可以观察到的顾客之间的口头互动，发现35岁以上的女性更喜欢与其他顾客交谈。格鲁夫和菲斯克（1997）使用关键事件法探讨了主题公园中顾客如何与其他顾客相处的问题，并发现对于服务情境下什么样的行为才是合适的行为人们并没有形成统一的意见，由于被调查者年龄国籍等基本信息的不同，人们对其他顾客的合适行为的评价不一，在不同的文化和年龄群体中，人们对不满意事件的描述标准也不尽相同。年纪较大的顾客常常认为，年轻人的行为过于嘈杂和粗鲁，而年轻人则对在排队行为中年长者表现出的侵略性十分敏感。帕克和沃德（Parker，Ward，2000）使用访谈法在伦敦公园中研究了顾客互动的频率，成功区分了互动人群中的人物角色。哈里斯和拜伦（Harris，Baron，2004）研究了乘坐火车的陌生人交谈行为，使用一种市场导向的人种志研究法，发现陌生人之间的交谈对顾客对于服务体验的期望和感知具有稳定的影响，最终会降低顾客的不满意程度。他们发现了影响稳定效应的三类因素分别是：顾客风险/焦虑的降低、部分员工角色的执行、社会互动的提供。尼古拉斯（Nicholls，2005）也使用关键事件法调查了顾客之间的互动，并将收集到的190个关键事件分为6个大类和10个子类别。除此之外，罗森鲍姆（2006，2008）；罗森鲍姆和玛西(2007)；罗森鲍姆等（2007）探索了在服务环境中或在所谓的“第三地”（third places）之中，顾客所获得的社会支持（social support），作者发现在服务环境中确实能获得来自其他顾客的社会支持，这些不仅能提升他们自身的健康还能使得顾客更愿意展现他们的自愿行为（customer voluntary performance），同时，对服务组织表现得更为忠诚，企业最终也能从中赢得更高的财务盈利。

从上面的文献解读可以看到，在服务行业中，研究者开始对“其他顾客”线索呈现出很大的研究兴趣，但现有的研究仍然存在一些问题。首先，大部分现有关键事件研究都关注于某一特定的研究背景来研究某一类特定现象（比如，排队行为、嘈杂问题、拥挤问题、交谈问题、负面信息传播问题），而且缺乏对服务环境中的其他顾客现象进行全盘了解，不具备较强普适性。本书将尝试从更为综合的视角探讨服务环境下，“其他顾客”线索对中心顾客的影响。这样的研究将有利于外部效度的提高，也为下一步理论构建和该领域的知识体系完善打好基础。此外，使用关键事件法对“其他顾客”线索及整个影响过程进行解读的文献目前在整个服务营销领域还十分稀少，国内相关研究就更是鲜见。为数不多的相关研究（比如，银成钺等，2010；蒋婷，2012）主要的探讨对象在于，对

"顾客间互动"类型和划分以及特定类型的其他顾客，比如，不良顾客对同属顾客的影响（费显政，肖胜男，2013），而并未出现相关研究对整个影响过程进行分类整理。在这个基础上，下面提出本章的主要研究问题：

（1）在服务场景中，"中心顾客"会受到其他顾客哪些线索的影响？

（2）"其他顾客"线索以何种方式和过程对顾客产生影响呢？会产生哪些影响结果？

3.3 研究方法

从 3. 1 节相关内容的介绍我们了解到，关键事件法在服务营销中是一种常被采用的研究方法。CIT 方法所倡导的"讲故事"（story telling）的方式，将使研究者能从被调查者口中得到丰富的描述性研究数据。作为一种探索性的方法，当调查者对现象的研究十分有限时，它的归纳性本质将尤为有用。殷（Yin，1994）提出，案例研究的证据来源有 6 种：文件、档案记录、访谈、直接观察、参与性观察和实物证据即物证，而且不同资料最好能在相互验证之下做出相同结论，这有利于研究者全方位地考察问题——历史的、态度的、行为的，这些资料相互印证，其结果更为准确，更具有说服力和解释力。一般来说，资料来源越广泛，研究效度就越高（Roos，2002）。

3. 3. 1 数据的收集和样本选取

遵从上文提到的一系列使用关键事件法的研究（Bitner et al.，1990；Arnold，Reynolds，2003；Gwinner et al.，1998；Grove，Fisk，1997；Kelley et al.，1993），本书沿用先前采用关键事件研究方法

的文献，并创新性地采用在线收集的办法来获取访谈数据，数据收集的内容包括封闭式的问题和开放式的问题，本书的主要目标是收集应答者所描述的一段在享受服务时所遇到的小故事，在应答者描述的小故事中，涉及服务场景中的其他顾客的行为或特征对顾客产生了积极的或不愉快影响的内在心理过程，以及这些影响产生的结果。

本书的初步调研过程分为两个部分：(1) 让被调查者主观感知不同类型服务环境中其他顾客可能带来的影响程度，因此，在访问中提出了一个封闭式问题：我们在日常生活中曾光顾过各式各样的服务场所。试想一下，当你置身这些服务环境中，同时在场享受服务的其他顾客的特征、表现和行为，会潜在地对你的服务满意程度造成多大影响，请按（不重要—非常重要）从1～7在括号中打分。（备注：每个括号都是一个7级量表，不是排序）飞机/火车/公共汽车（ ）游乐场（ ）银行（ ）酒吧（ ）音乐会（ ）医院（ ）美发沙龙（ ）旅馆（ ）健身房（ ）电影院（ ）零售商店（ ）餐馆（ ）观看体育赛事（ ）。(2) 通过开放问答的方式让应答者描述自己的一段经历（即“关键事件法”的核心部分“讲故事”）。在故事描述上本书并未限定服务行业，而是让应答者选取自己印象较为深刻的故事来进行叙述。开放问答的问题如下：回忆并写下两个你所经历过的在服务场所中被其他顾客影响到的小故事或具体事件（正面、负面的都可），最好能写下当时的细节（何时、何地、发生了什么、你的感受），字数不限，多多益善。

本书设定的调研方式借鉴了张（Zhang，2010）的研究方法，与先前研究（e. g.，Grove，Fisk's，1997）普遍采用的方法（在进行服务接触后马上收集数据或事件）有所不同，而是让应答者通过回忆的方式来叙述一些过去发生的有深刻印象的经历。如前文所述，在研究问题第一部分，先列举了一些服务行业选项（包括13类），这样设计是能从这个封闭式问题的填写获得顾客感知到的其他顾客影响在不同行业的强烈程度，也为第二部分应答者的“故事叙述”环节的联想背景进行一些铺垫和提示。

本书事件收集和访谈的完整调查时间持续了2个月（2013年3月~2013年5月），共回收来自北京、上海、天津、河南、湖北、浙江、江苏、四川、湖南、广东等多个省市的90位应答者所描写的166个关键事件。从先前研究（Zhang，2010；Bitner's，1990；Grove，Fisk's，1997）对获得数据的要求标准可知，在对数据进行删选前，关键事件的描述必须满足以下标准：（1）所描述的事件中，其他顾客应答者必须受到了其他顾客的影响；（2）所描述的事件必须是在服务接触中发生的，而不是通过别人的口碑传播得来的；（3）事件的描述必须能提供容易识别的有关场景、时间、地点等具体细节，以便研究者进行识别和归类。

通过对所获得的90位应答者描述的166个关键事件进行仔细筛选，我们发现其中有16个事件不符合上述要求（应答者的描述对象是同属于服务环境中社交刺激的服务员工，而非其他顾客，比如来自广东的廖先生描述了一段在某航空公司乘坐飞机的经历，但关键事件描述的对象确是某航的空姐“2013年3月坐成都飞南宁客机的一名空姐令我大有改观，我坐的飞机是经停类型，也就是中途在桂林停留……当我重新上机时，发现一名空组早早就站在我附近的一个座位旁，手里还拿着一个钱包……令我有好感的是，空姐是提前站在座位上等，而不是等客人来了再上去接洽，服务细致，尊重客户”。来自河南的某顾客描述了类似的事件，“中国银行的服务态度挺好的。这是学校统一发的银行卡，第一次用到这张卡的时候，有很多不清楚的业务步骤。但是在中国银行工作的站岗叔叔热心而耐心，也很负责，给我留下了不错的印象”。本书将上述同类的16项事件删除，剩下来自79位应答者叙述的150项关键事件。在这79位应答者之中，男性35位，占总数的45%；女性44位，占总数的55%。年龄层次水平较为集中，22岁以下的26位（33%），22~30岁的36位（46%），30~40岁的16位（20%），40岁以上的1位（1%）。

3.3.2　数据分析

根据关键事件法的数据分析步骤（Flanagan，1954），以及相关领域的类似研究（e.g.，Grove，Fisk，1997）所推荐的方法获知，为了建立稳定且具有可信度的编码，以发现应答者叙述中的共同主题和潜在类别，应答者的故事叙述应该得到细致地重复、多次地检查。事件的编码分两步，第一，必须由两个研究者来进行判断（一个是作者，另一个必须是未参与研究的其他人），接着采用QSRNvivo 10.0软件，应用扎根理论思维对所收集的数据进行逐级编码。类目分析法必须强调两类关联的可靠性，类目的可靠性必须具备"建立的类目详尽互斥"和"编码者具有相应的胜任能力"。Nvivo 10.0软件的分析功能较为完善，能有效地提高编码的效率和质量（Bazeley，2013）。本书的编码过程由两名研究者（除了作者之外，另一位编码者为具有本领域相当知识基础的研究者）独立完成，出现不一致的情况最终协商确定分类。整个编码过程中涉及的分群和归类，两位编码者的分类相似度达到较高水平。根据佩罗和李（Peneault，Leigh's，1989）对内部编码可靠性（inter-coder reliability）的界定，可靠性的计算方式是"编码者之间一致"的事件数目与"事件总数目"的比值，通常情况下，两者之间的比值超过0.8，就认为可以接受（Gremler，2004）。本书所报告的四类分类分别获得的内部编码可靠性比值为：0.86（"其他顾客"线索）；0.81（影响方式）；0.89（影响结果）；0.93（服务员工与"其他顾客"线索交互）。在分类过程中，本书将这四个层面标记为树状节点（tree node），10个方面标记为树状节点下的母节点（parent node），26个已确定的分类定义为子节点（child node）。数据表明，以下研究分类具备足够的内部编码可靠性。接下来，我们将逐步对定性研究的四部分相关内容进行解释和阐述。第一部分主要考察的是，在不同的服务环境下"其他顾客"线索带来的影响差异，应答者提供的数据将为我们的分析提供依据。第二部分探讨的是在服务环境中，对“其他顾客”线索进行分类的情况。第三部分主要对“其他顾客”线索的影响方式进行分类和概括。第四部分考察了获得的关键事件中“其他顾客”线索影响结果的分类和整理。

为进一步比较不同研究人员编码分析的一致性程度，本书采用 Cohen's kappa 系数进行判断（Cohen，1960）。Cohen's kappa 系数用来测量不同主体对同一客体判断的一致性程度，由于综合考虑了一致和不一致的发生概率，因此要比单纯的一致性比率更有效（Uebersax，1987；毛基业，李晓燕，2010；于春玲等，2012）。从 Kappa 系数的检验结果来看（见表 3 - 1），编码过程的一致性较为理想，仅有“行为接触”条目的 Kappa 系数略低为 0.542，但其 p 值仍然小于 0.05，说明整体来说两位编码研究人员的意见较为一致。

表 3 - 1　　编码一致性与 cohen's Kappa 系数检验

编码	Kappa 系数	P 值	编码	Kappa 系数	P 值	编码	Kappa 系数	P 值
直接线索	0.895	***	外表呈现	0.638	**	顾客参与	1	***
间接线索	0.781	***	拥挤及其他	0.896	***	满意程度	0.883	***
行为接触	0.542	*	融合	0.566	*	印象形成	0.638	**
社交接触	0.899	***	消极情绪唤起	0.783	***	服务体验	0.757	***
消费接触	0.789	***	积极情绪唤起	0.864	***	服务终止	1	***
言语交谈	0.545	**	情绪传染	0.655	**	再惠顾	1	***
社交交谈	0.673	**	刺激认知	0.543	*	当场花费	1	***
消费交谈	0.783	***	生理现象唤起	0.699	**	消费转换	1	***
行为观察	0.895	***	服务评价	0.957	***	参与程度	0.732	***
社交观察	0.845	***	消费决策	0.853	***	参与方式	0.655	**
消费观察	0.703	***						

备注：其中，“ *** ”表示 P 小于 0.001，“ ** ”表示 P 值小于 0.01，“ * ”表示 P 值小于 0.05。

(1) 不同服务环境下的“其他顾客”线索。

要考察“其他顾客”线索在不同服务环境下影响的显著性分类，本书从两方面对相关数据进行探索。研究的第一部分让被访者填写了在 13 类服务环境中其他顾客影响程度的预判结果，通过数据汇总和均值的比较（见表 3 - 2）。本书发现，在调查中所罗列的 13 类服务环境中，人们根据过往经验认为，在服务场景中，“其他顾客”线索在音乐会和餐馆这两类环境中对人们的影响最大，被访者评价的均值（标准差）分别达到了 5.27（1.80）和 5.24（1.48），而人们认为“其他顾客”线索在零售商店和游乐场两类环境中的影响将是最小的，评分均值分别是 3.48（1.75）和 3.10（1.75）。虽然，对这些服务环境中“其他顾客”线索的影响程度的解读只是被访者的一种预判或记忆提取的方式，数据呈现仍然可以说明部分问题，也为下一步的研究选取更为适当的样本提取环境提供一些提示。

表 3 - 2　不同服务环境下其他顾客影响程度评价比较

服务环境	音乐会	餐馆	飞机/火车/公交	银行	游乐场	酒吧	医院	美发沙龙	旅馆	体育赛事	健身房	零售商店	电影院
均值	5.27	5.24	4.28	4.20	3.10	3.87	4.88	4.16	4.43	4.12	3.95	3.48	4.84
标准差	1.80	1.48	1.97	1.85	1.75	1.94	1.84	1.70	1.80	2.00	1.64	1.75	1.76

此外，本书还按照被访者事件描述涉及的服务环境，将关键事件访谈的第二部分文字内容提取出的 150 项关键事件进行了分类，并得到一些类似启示。表 3 - 3 列出了关键事件中所提及的服务环境类型的分类，在来自 79 位被访者的 150 项有效事件中，涉及餐饮环境描述的高达 32 项，占所获取的关键事件样本的 21%，而在电影院、乘坐火车也在关键事件描述中占据较高比例，分别达到 15% 和 14%。而被访者提及较少的服务环境包含音乐会（2%）、

美发沙龙（1.3%）、飞机（1.3%）、健身房（0.7%）、培训中心（0.7%）等几类服务环境。

表 3-3　　关键事件在不同服务环境下出现频次及频率

事件环境	餐饮	电影院	火车	零售店铺	火车	银行	医院	游乐场
事件频次（频率）	3（21%）	22（15%）	21（14%）	18（12%）	13（8.7%）	13（8.7%）	9（6%）	7（4.7%）
事件环境	旅馆	音乐会	体育赛事	美发沙龙	飞机	健身房	培训中心	
事件频次（频率）	4（2.7%）	3（2%）	2（1.3%）	2（1.3%）	2（1.3%）	1（0.7%）	1（0.7%）	

现有定性研究广泛采用两种编码过程：一是完全开放式编码；二是严格按照已有理论设定编码变量。由于针对本书所探讨的问题，现有理论并不具备十分明确的研究框架，因此本书在编码过程中主要采用第一类编码方式。通过上述两类数据的整理和综合判断，本书发现与在餐饮相关的服务环境中，其他顾客作为环境线索对中心顾客的影响可能是进行实证研究较为适宜的服务环境，也为下阶段实证研究背景的选择提供了相应依据。此外，使用 RSQ Nvivo 10.0 软件，本书对采集到的 150 项有效关键事件中的语句进行了逐级编码，初步编码在两位编码人员的协商及修正之后，最终确定下 3 个大的编码类属，分别是“其他顾客”线索、“影响方式”“影响结果”。表 3-4 呈现的是，“其他顾客”线索类属的汇总和阐释。图 3-1 是由 RSQNvivo 10.0 软件生成的“其他顾客”线索类属编码参考矩形树状结构图。表 3-5 呈现的是，对影响方式类属的分类和相关阐释。表 3-6 所呈现的是，影响结果类属的分类和相关阐释。图 3-1 是由软件生成的影响结果类属编码参考矩形树状结构图（注：由于影响方式类属的是单层分类较为直观，编码参考矩形树状结构图在此部分省略）。

（2）对服务环境中“其他顾客”线索的分类。

由表 3－4 和图 3－1 可知，“其他顾客”线索类属分为直接线索和间接线索两大类（A 直接线索和 B 间接线索）。在获得的 150 个关键事件描述中，间接线索有 121 项之多，占有较大比重（80.7%）。可见，服务环境中来自其他顾客的间接线索对中心顾客的影响事件较为常见。事实上，服务营销研究对来自其他顾客的间接线索的关注一直十分稀少，而对于直接线索的关注却相对较多（eg.，McGrath，Otnes，1995；Grove，Fisk，199；Harris，Baron，2004），但在本书考察的关键事件描述中却占有极高比重，因此，对其他顾客间接线索的进一步关注是十分必要和必需的。

表 3－4　“其他顾客”线索类属

组别和类别	总频次（频率）	频次及每级子分组内频率		说明和例证
*A 直接线索	29（19.3%）			“直接线索”指描述的事件情节中被访者明确写出与特定的其他顾客发生了直接接触。
** A1 行为接触	16	55.2%		“行为接触”指，描述的事件中其他顾客在行为上直接与被访者发生接触行为，其中，接触中涉及的主要是人与人之间的社交行为，属于 A1a 类线索，接触中涉及的主要行为和服务消费有重大关联的属于 A1b 类线索
A1a 社交接触		11	68.8%	比如，浙江李女士（21 岁）讲述了旅行中的经历：“2012 年 11 月初，在桂林阳朔玩，和同学在一家简单干净的小旅馆落脚。遇到一个独自来阳朔旅行的人，就邀请他和我们一起骑自行车游‘十里画廊’。后来这个人请我们吃了晚饭，回到旅馆后他还专门送了我一本……”
A1b 消费接触		5	31.2%	比如，江西刘女士（32 岁）讲述的商场购物的经历：“浙北大厦买鞋，试穿时，旁边另一顾客一直称赞好看，而且我付完钱准备要走时，她还试了我的鞋子，但刚好的尺码只有我手里一双，对方很是惋惜……”

续表

组别和类别	总频次（频率）	频次及每级子分组内频率		说明和例证
** A2 言语交谈	13	54.8%		“言语交谈”指，在描述的事件中倾向于讲述其他顾客与中心顾客进行口头的和言语上的对话以及信息的交流。“消费交谈”一般指，描述交谈的内容与服务消费对象有关；“社交交谈”主要指，双方多进行礼节性的和人际上的言谈
A2a 社交交谈		7	53.8%	比如，湖北宋女士（19 岁）讲述了在餐厅吃饭的经历：“在餐馆吃饭时，因为人多原因，特别是在自助餐厅，我在端饭时间不小心把饭弄到其他顾客身上，他只是对我微微一笑说：没事洗洗就好了……”
A2b 消费交谈		6	46.2%	比如，陕西王女士（25 岁）讲述了一段购物经历：“春节和表妹逛无印良品，无意中看到一款灰蓝色的护颈枕，是我喜欢的蓝色条纹，摸起来手感舒适，瞟了眼标签注明的是：100%棉，里面填充的是发泡粒子；戴在脖子上试了下：轻轻的，没有对颈椎造成压迫感，并且看电视时也可以用，看着蛮喜欢的，再看下价格 178 元貌似有点贵，刚放下，表妹过来说道：你在看这个呀，那边付款的好多人都买了这个呢，也是你看的这个灰蓝条纹的……”
* B 间接线索	121（80.7%）			“间接线索”指的是，其他顾客在服务环境中只是与中心顾客共享环境，而并未发生真实意义上的言语以及肢体上的接触
** B1 行为观察	101	83.5%		“行为观察”指的是，在间接线索中中心顾客对共享服务环境的其他顾客表现的行为观察。其中，消费观察是指，中心顾客观察到的其他顾客的行为与服务消费有强烈关系；“社交观察”是指，中心顾客观察到的是一些社交礼节、公共行为等相关现象

续表

组别和类别	总频次（频率）	频次及每级子分组内频率		说明和例证
B1a 社交观察		63	63.4%	消极事件举例：来自安徽的张先生（24 岁）讲述的就餐经历：“去年上半年去杭州，顺便去了一下西湖边上的某街，那里有一条小吃街，东西很多，而且都是各地的特色小吃，于是就去逛逛买点吃的。其实，看着那些小吃很有胃口，但是那里有一个事情严重影响着我的食欲，就是逛小吃街的那些游客很不注意环境，吃剩下的残羹冷炙就直接丢在坐的桌椅上……”
				积极事件举例：来自温州的叶先生（21 岁）讲述的医院就医的经历：“在浙江温州某医院，没有组织，没有协调，大家都自觉排队，你也会自觉跟着大家排队……”
	其中，包括消极事件 53 项：吵闹 29 项；插队 5 项；粗鲁 12 项；吸烟 4 项；其他 3 项；积极事件 10 项			
B1b 消费观察		38	37.6%	比如，四川王先生（25 岁）讲述的在餐馆用餐的经历：“2012 年秋季，在南昌市的某火锅店，我们正在享受火锅，突然有服务员来为顾客唱歌跳舞，并邀请顾客一起加入，其他顾客很高兴，所有我们自己也很开心，其他顾客排队等候吃火锅并且很高兴地看服务员跳舞时，我们也很开心，因为整个火锅店其乐融融”
** B2 外表呈现	18	16.5%		“外表呈现”指的是，在所描述的事件中，被访者将其他顾客间接线索视为一个整体的存在，而未描述他们具体的行为。其中，“融合”指的是，被访者观察到的其他顾客在整体上的外在特征与自己相融合的程度；“拥挤”指的是，一群其他顾客是否给被访者带来数量上的压迫感
B2a 拥挤及其他		4	22.2%	比如，湖北胡先生（32 岁）的讲述：“火车上人太多，环境不好还不安全”“就餐环境很嘈杂”等

续表

组别和类别	总频次（频率）	频次及每级子分组内频率		说明和例证
B2b 融合		14	71.8%	比如，广东湛江 coco 先生（35 岁）讲述的餐厅消费经历：“有次去某家西餐厅吃饭，虽然环境优美，食物可口，但由于餐厅开在大学附近，里面的顾客大多数是学生群体，而且多数是聚餐形式，令餐厅非常嘈杂。而我作为一名白领人士，在这么一个环境和女朋友约会，感觉很不适合，就算套餐配有红酒、鲜花等渲染浪漫气氛的物品，但是周围的顾客相对和我不是同一个社会群体……”

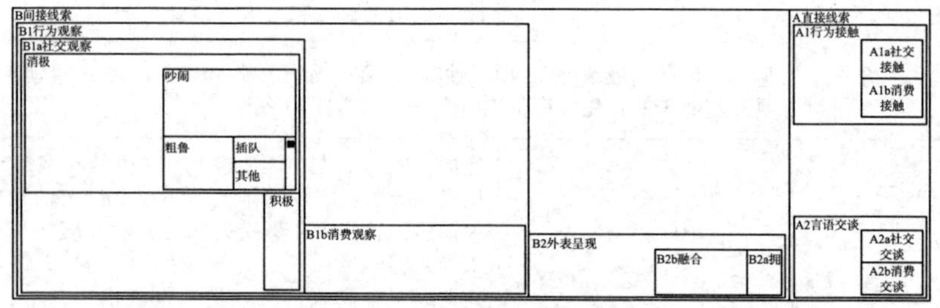

图 3-1 “其他顾客”线索类属编码参考矩形树状结构

首先，本书通过对关键事件的进一步归类，将直接线索划分为行为接触（A1）和言语交谈（A2）两类。其中，行为接触还可具体细化为社交接触（A1a）和消费接触（A1b）两类。对 A1 类关键事件的进一步解读发现，顾客之间发生的行为上的接触中，有一类是与服务消费活动相关的消费接触（31.2%），还有一类则是纯社交接触（68.8%）。顾客与其他顾客接触发生的言语交谈也被具体划分为社交交谈（A2a）和消费交谈（A2b）两类。言语交谈类的事件描述时倾向于讲述其他顾客与中心顾客进行口头的和言语上的对话以及信息的交流。其中，“消费交谈”一般指，描述了交谈的内容与服务消费对象有关的线索（46.2%）；“社交交谈”主要指，双方多进行礼节性的和人际上的言谈（53.8%）。直接线索的这四类划分在先前的研究中也有一定的依据可循，比如，麦克格拉斯和奥特奈斯（1995）对顾客互动角色的研究、哈里斯等（1995）对顾客之间的口头互动和交谈问题的探讨、格鲁夫和菲斯克（1997）对顾客间相处问题的讨论、帕克和沃德（2000）对顾客互动的频率和互动人群中的人物角色的探讨、哈里斯和拜伦（2004）对乘坐火车中的陌生人交谈行为的研究。

其次，根据收集到的关键事件，本书将其他顾客的间接线索进一步划分为行为观察（B1）和外表呈现（B2）两大类。其中，行为观察类事件数有 101 项之多（83.5%），而外表观察类事件则只有 18 项（16.5%）。由此可见，在服务环境的间接线索中，其他顾客的观察性行为是一条重要的影响线索，但服务营销文献中，除了零星研究之外（e. g. , Kim, Lee, 2011; Söderlund, 2011），对这类因素的探索目前还十分缺乏。“行为观察”又被细化划分为“社交观察（B1a）和消费观察（B1b）两个子分类。外表呈现也是一类不容忽视的其他顾客研究线索，在环境心理学和服务场景的研究中，先前研究讨论较多的是其他顾客数量所带来的拥挤问题（e. g. , Hui, Bateson, 1991; Bateson, 1985），对这类线索的探索目前处于争议阶段，学界尚未达成共识。其他顾客的外表特征的相关讨论，也逐渐引起学者们的关注（e. g. , Mcferran et al. , 2009）。对所搜集到的关键事件的提取中本书发现，外表呈现类事件主要可分为拥挤（B2a）和融合（B2b）两个子分类。

（3）“影响方式”类属的分类及相关阐释。

这一部分将对搜集到的 150 个关键事件中提及的“其他顾客”线索的影响方式进行整体概括和细节分类，由于收集到的部分事件对影响过程的描述不是十分明确，故表 3－4 中的归类按照事件材料中明确出现的频次进行计算。通过详细的内容分析，本书得到了“其他顾客”线索影响方式的 5 个分类，分别是“消极情绪唤起”

“积极情绪唤起”“情绪传染”“刺激认知”“生理现象唤起”（Jang，Namkung，2009；Izard's，1977；Averill，1973）。被访者的事件描述中，突出较多（39%）的是像“烦躁”“恐惧”“害怕”“愤怒”这样的“消极情绪”和类似“难受”“恶心”“注意分散”这样的生理现象的唤起（29.5%）。我们收集到的有关积极情绪的描述出现也较多（19%），事件中出现了类似“欣慰”“愉悦”“兴奋”之类的积极情绪的描述。“情绪传染”描述的是，其他顾客表露的情绪线索传染给中心顾客的现象和过程，在我们收集到的关键事件中也占有一定比例（6.75%）（Tombs，McColl - Kennedy，2002；2003）。

表 3-5　“其他顾客”线索“影响方式”类属

组别和类别	提及频次	说明和举例
*影响方式	105	“影响方式”指的是，在所收集到的关键事件中，“其他顾客”线索以何种形式对中心顾客自身的内在状态产生影响
消极情绪唤起	41（39.0%）	关键事件表述中出现的词汇包括：“烦躁”，10；“恐惧和害怕”，2；“愤怒”，3；“不开心”，4；其他，22。比如，蔡女士的描述：“在电影院看电影的时候，其他人在边上剧透或者大声讲话，感觉非常之不开心”
积极情绪唤起	20（19.0%）	关键事件表述中出现的词汇包括：“欣慰”，1；“愉悦”，7；“兴奋”，2；其他，10。比如，湖南长沙何女士（27岁）讲述的服装店购物经历：“2012 年冬天，我和朋友经过一家小服装店，看着里面很多女孩在挑衣服，好多人都挑了好几件，十分热闹，感觉都不要钱似的，我们顿时觉得十分便宜，所以我们也很开心地挑衣服”
情绪传染	7（6.7%）	其他顾客表露的情绪线索传染给中心顾客，比如，浙江温州王先生（27 岁）讲述的看演唱会的经历：“去年被朋友拉着去看了五月天的演唱会，一开始也不是很喜欢五月天的歌，但是到了现场之后所有的人都很激动，现场气氛很热烈，然后就觉得我也很喜欢听五月天的歌了”
认知刺激	6（5.7%）	关键事件表述中出现的词汇包括：“无奈”，2；“厌恶”，2。湖南的袁先生的描述（25 岁）：“火车上的抽烟人群，小孩子的吵闹让人很无奈”

续表

组别和类别	提及频次	说明和举例
生理现象唤起	31 (29.5%)	“其他顾客”线索唤起的中心顾客生理上的反应。关键事件表述出现的词汇包括：“恶心”，3；“不适加重”，4；“不舒服”，4；“难受”，2；“注意分散”，12；“没有食欲”，6；比如，山东济南陈先生（26岁）讲述的观看电影的经历：“在电影院看电影时，会经常遇到旁边的人小声的说话，很容易分散注意力，感觉很不舒服”

（4）“影响结果”类属的分类及相关阐释。

表3-6　　“其他顾客”线索影响结果类属

组别和类别	总频次	子分组内频次	说明和举例
* 影响结果	112		“影响结果”指的是：在收集到的关键事件中，被访者所提及的对服务消费产生的影响。其中，包含“服务评价”“消费决策”“服务参与”三类。（注：在关键事件描述中，许多被访者提及的服务影响是多个层次的，本书按照提及的次数进行归纳和概括）
** C 服务评价	49 (43.7%)		“服务评价”指的是，被访者描述的“其他顾客”线索引起的中心顾客对服务从整体上的评价状况，事件描述中涉及较多的有“满意程度”“印象形成”“服务体验”3类
C1 满意程度	12	24.5%	关键事件表述中出现的词汇包括：“不满”“满意大打折扣”“满意度极为降低”等。比如，四川成都王先生（25岁）描述的航空旅行经历：“……对该航空公司的服务满意度极为降低”
C2 印象形成	9	18.4%	关键事件表述中出现的词汇包括：“逊色”“印象很差”“印象好评”“印象很好”等。比如，浙江温州叶先生（21岁）描述的就医经历：“……无形之中增加了你对这个医院的印象好评”
C3 服务体验	28	57.1%	对服务体验的描述，一般对整个服务接触的过程进行了细节性的描述，以及自己过程中的感受和收获

续表

组别和类别	总频次	子分组内频次	说明和举例
** D 消费决策	45 (40.2%)		"消费决策"指的是，在描述的关键事件中，中心顾客受"其他顾客"线索的影响，而产生了对消费活动决策的实际影响。事件描述中涉及较多的有"服务终止""再惠顾""当场花费""消费转换"四类
D1 服务终止	16	35.6%	关键事件表述中出现的词汇包括："转身离开""走人""匆匆离开""退场"等。比如，湖北省武汉市龚女士（27 岁）描述的美发沙龙服务经历："一次准备在某理发店做头发……到那个店长那里去的时候，那个店长正在与一名顾客发生争执……顾客对于昨天来做的发型不太满意，想做个改动，看怎么打理为好，结果那个所谓的店长在那儿大声理论，说再怎么做，跟发型书上都是有差别的，而且态度一点也不谦和，我觉得，不论这个店长的手艺与否，这种态度是万万要不得的，所以，果断决定，不做，走人"
D2 再惠顾	11	24.4%	关键事件表述中出现的词汇包括："再也没有去过""不会再选择""不再续办""下次乐意去""还会光顾"等。比如，湖南刘女士（27 岁）描述的健身俱乐部服务消费经历："……一个月结束，俱乐部找我说有没有想继续，我断然拒绝了"
D3 当场花费	9	20%	关键事件表述中出现的词汇包括："直接决定消费""果断购买""当时就买了"等。比如，陕西省西安市王女士（25 岁）描述的购物经历："……不会差到哪里去，买个试试也挺好的，贵点嘛应该用久了不容易变形，一分价钱一分货嘛。于是拿着它排队付款去了"
D4 消费转换	9	20%	关键事件表述中出现的词汇包括："另选别家""宁愿选择""放弃等待，而选…""使用××，而不是××"。比如，河南信阳付女士（19 岁）描述的就餐经历："……今天这里肯定没有平时那么安静。于是向前走到另外一家餐厅，心里想着：还是那家安静点，装修也不错，饭估计也蛮好吃的!"；广东深圳刘小姐（35 岁）描述的自助银行服务经历："……从那以后，我就尽量使用网银转账汇款，少去银行"

续表

组别和类别	总频次	子分组内频次	说明和举例
** E 顾客参与	18（16.1%）		“顾客参与”指的是，在描述的关键事件中，中心顾客受到“其他顾客”线索的影响而对服务消费的投入状态。事件收集中主要涉及的有“参与程度”和“参与方式”两类
E1 参与程度	6	33.3%	关键事件表述中出现的词汇包括：“更加享受”“激动亢奋”“更为投入”等。比如，浙江温州蔡先生（23 岁）讲述的现场观看体育赛事经历：“10 年在杭州黄龙体育馆看中超联赛，杭州绿城对青岛中能。比赛从头到尾，此起彼伏地响起绿城球迷的不文明用语。让我觉得比赛充满了火药味，更有亢奋的心情投入观看比赛……”
E2 参与方式	12	66.7%	“其他顾客”线索对中心顾客服务过程中参与方式的影响，关键事件中出现较多的是“游玩攻略”“服务程序挑选”等行为结果的影响。比如，浙江宁波翁女士（25 岁）描述公园游玩的经历：“2009 年暑假第一次去某地欢乐谷玩，由于对那里有什么好玩的不熟悉，所以进去后就根据排队的人数来判断哪个项目是刺激好玩的，然后决定先玩哪几个。不过，过了好几个小时，由于花在排队上的时间太多，没玩到几个，因此，改变了想法，从人少的地方开始玩，节省时间，争取多玩几个”

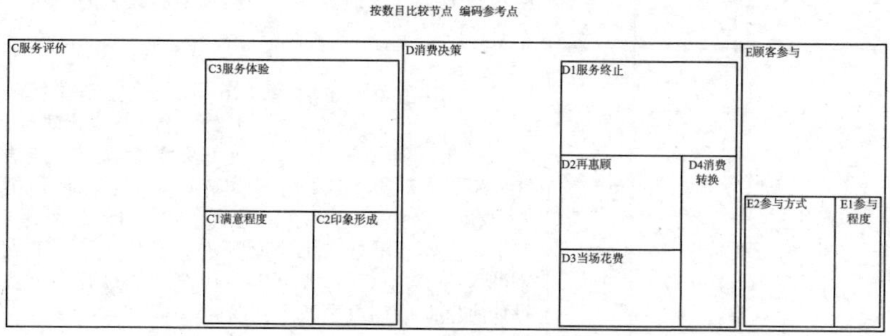

图 3－2　“影响结果”类属编码参考矩形树状结构

3.3.3 讨论与结论

(1)“其他顾客”线索中的服务员工的影响角色。

通过对收集的关键事件的进一步内容分析，本书发现，在未被引导的情况下，有部分应答者（30 位）在描述中提及了“服务员工”的行为和角色。服务员工的表现与“其他顾客”线索的交互并存而对中心顾客的服务造成影响，扮演了不容忽视的角色。表 3 –7 将对此类情况进行单独详细的分类整理。

表 3 –7　　服务员工与其他顾客交互线索

组别和类别	频次（频率）		说明和举例
“服务员工”与“其他顾客”的交互线索	30（20%）	组内频率	“服务员工”与“其他顾客”的交互线索，在收集到的事件中被分为四类。其中，“争吵”指的是其他顾客在服务环境中与服务员工发生争端的线索。“讨价还价”指的是，其他顾客与服务人员之间在购物价格上的商议和出价的线索 “积极干预和补救”指的是，在发生其他顾客的线索时，服务员工采取有效的服务措施和方法来维持服务的有效运行。“漠视和消极干预”指的是，在发生其他顾客的不适当的行为和表现时，服务员工不采取措施或干预不当。这些线索与其他顾客的表现和行为交互出现共同成为影响中心顾客的线索
争吵	9	30%	比如，湖南乔女士的表述（26 岁）：“去年在长沙某医院，一位老人（大概 60 岁以上），排队就医，等了很久，就起身问了下护士还要等多久，可能语气也不是太温柔。那护士小姐就回了句：‘你这个老家伙。急什么？到了你时自然会叫你。’然后，那个老人顺手就抽了那个女护士一个耳光。一下大家都傻眼了。女的也没回击，灰溜溜的离开……我对这家医院的印象更差了，以后……”

续表

组别和类别	频次（频率）		说明和举例
讨价还价	2	6.7%	比如，浙江葛先生的表述（26岁）："2月29日晚上，上海某小镇商业街。连续上班十天后身心俱疲的我铁了心要买点东西犒劳下自己……我进入一家'鞋城'扫视，此时一对民工夫妇拿着一双运动鞋正在与老板讨价还价，我听到老板说，'就是这个价钱啊，你们不要就算了，反正我这里便宜你们知道的……没钱嘛就不要挑三拣四的……'，我转身就离开了……"
积极干预和补救	5	16.7%	比如，湖南刘女士的表述（27岁）："2012年，在长沙中南大学附近建设银行……一位老人带着存折到柜台取钱，办理完取款业务之后无法继续补登存折，余额无法显示，老人很生气……这时大堂经理过来仔细聆听了前因后果后将老人引导到客户等候区，给老人倒了一杯水之后耐心仔细地给老人解释说明，老人听力不怎么好，经过近半小时的耐心讲解，老人面带微笑离去，此后，老人每次到银行办理业务……经常跟别人说这个银行服务态度好，我基本办理业务都在这个银行……"
消极干预和漠视	14	46.7%	比如，湖北毛女士的表述（22岁）："有一次去学校附近的一家农业银行办理业务，身边一个大叔，插我队，然后该农业银行管理人员听到我的抱怨后，也不处理，让那个大叔更猖狂，真的很烦……"

如表3－7所示，在未经引导的情况下，有30项收集到的关键事件提及了"其他顾客"线索对中心顾客的影响过程中服务员工的角色。在此过程中，服务人员有时扮演其他顾客交流的对象，有时候作为处理其他顾客行为的仲裁者。这类情况在本书中被作为一种特定情况列举出来，并进行了详细分类。在这些事件中，其他顾客表现和行为与服务员工的互动成为一种无法剥离开的线索，共同对中心顾客产生影响作用。事实上，营销研究中服务员工所扮演的角色已长期得到研究重视，并且有些研究人员强调了服务人员的情绪传染效应以及与其他顾客的交互过程（Bitner，1992；Tombs，McColl－Kennedy，2002）。

（2）各类属之间关联关系的进一步探索。

为了进一步回答研究问题，需要了解每个研究树节点下的研究条目与顾客消费行为结果之间的因果关系，本书采用苏珊·弗里泽（Susanne Friese，2012）的方法进行分析，根据编码带（coding stripes）之间的关系判断各条目和影响结果之间的因果关系，具体包括以下6种：（1）包含关系（一个条目包含另一条目）；（2）被包含关系（一个条目被另一条目所包含）；（3）重叠关系；（4）被重叠关系；（5）先于关系（条目先于另一条目一行以内）；（6）后于关系（后于一行以内）（Malina，Selto，2001；于春玲，2012；Susanne Friese，2012；Bazeley，2013），通过条目间关联关系的分析本书发现，大多数（被）包含与（被）重叠关系之间显现明确的因果关系，另外，通过显示先于和后于的条目，也发现其中存在着部分因果关系，具体情况如表3-8所示。

表3-8 “其他顾客”线索及影响过程各条目与影响结果之间的关系

条目	被包含	包含	被重叠	重叠	先于	后于	总数
社交接触	7	0	1	0	0	2	9
消费接触	3	2	0	0	0	0	5
社交交谈	4	2	1	0	0	0	7
消费交谈	3	1	1	0	1	0	6
社交观察	45	5	3	0	1	5	63
消费观察	30	2	5	1	1	1	38
拥挤及其他	3	0	0	1	0	0	4
融合	5	3	0	4	2	0	14
消极情绪唤起	22	10	3	4	2	1	41
积极情绪唤起	10	5	3	0	1	1	20
情绪传染	3	1	3	0	0	0	7
认知刺激	4	1	1	0	0	0	6
生理现象唤起	20	5	3	3	0	0	31

3.3.4　一般理论模型的提出

经验主义学派认为，研究一般存有两种逻辑，一类是不设定逻辑框架，先发散性地对访谈材料进行归纳整理，然后形成理论框架。另一类是根据已有的或假设的理论框架来设计访谈材料，然后进行验证、修正以及归纳来完善理论框架（李飞等，2009）。本书在方法上主要采取的是第一思路，但在归纳过程中同时对模型进行修正（金立印，2005；费显政等，2011）。经过上一阶段的关键事件材料收集和逐级编码，对本书的4个主题进行了进一步的理论归纳和总结，首先，在服务环境中“其他顾客”线索的构成可分为4个大块，包括消费相关的直接线索、社交相关的直接线索、消费相关的间接线索以及社交相关的间接线索，事实上，与以往的研究成果相对照（Zhang，2010），“其他顾客”线索不仅有直接和间接之分，同时还有是否与消费相关（或社交）这样的一个新的划分角度。其次，在“其他顾客”线索对消费行为的影响方式上，研究的编码结果和现有的环境心理学理论范式十分契合（M－R）范式，也与环境心理学理论中所提到的几个维度有较强的契合性。对于其他顾客对消费行为的影响这一主题，从编码结果来看，受“其他顾客”线索所产生的消费行为的变化，包含服务评价、消费决策和顾客参与三个大的类别。在逐级编码结果来看，在服务传递过程中，消费者受到“其他顾客”线索的影响有时是伴随着服务员工的应对而发生的，服务员工与“其他顾客”线索的交互会形成一种新的线索（既不是单独只有服务员工的影响，也不是只有其他顾客的影响），而其中我们得到的编码较多的交互线索有讨价还价和服务干预与不干预两类。由此可见，在真实世界的服务环境中，有时服务员工和其他顾客的互动行为会影响到第三方顾客的消费判断和消费决策。因此，图3－3所示是本书推导出的在服务消费过程当中，“其他顾客”线索对顾客消费行为影响的一般理论模型。

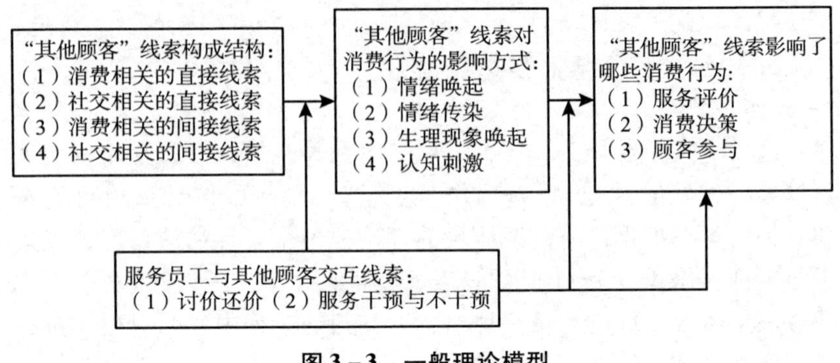

图 3-3　一般理论模型

3.4 研究结果、意义及对下一步研究的启示

3.4.1　研究结果

本书在现有文献基础上，通过对关键事件的解析，对服务营销中“其他顾客”线索问题进行了聚焦式探索，并在这个链条基础上进一步探索了“其他顾客”线索对顾客进一步消费行为的影响(包含影响方式和影响结果)，十分全面地对“其他顾客”线索对消费行为的影响过程和机理进行了剖析。在对关键事件材料进行解读和编码中，我们较全面地了解了“其他顾客”线索的构成结构、“其他顾客”线索的影响方式、“其他顾客”线索的影响结果。与此同时，我们还发现了“其他顾客”线索与服务员工交互而出现的一类新线索。由于本书所采用的样本量还较为有限且样本年龄结构偏年轻，作为一项探索性研究，本书所提出的结论还有待更多实证研究检验，也是继续努力的方向。前文对此次探索性研究的理论和实践意义的阐释，可以为下一步研究提供一些有益的提示。

3.4.2　理论意义和实践意义及对下一步研究的启示

（1）理论意义：本书为厘清服务营销中“其他顾客”线索的概念和分类的关系提供了一个整体框架，也为后续研究提供了可能的思路。现有研究对有关其他顾客的问题也进行了一系列探索，其中，对“其他顾客”线索问题的分类进行了一定的探索，但总体来说，大部分停留在积极线索与消极线索或直接线索与间接线索（e. g. , Zhang，2010；Grove，1997）这样的基础性划分上，并未对该问题进行深入细致地讨论。同时，现有研究对“其他顾客”线索对消费行为的影响过程和影响结果并未进行集中性地探讨，大部分已有实证研究都是建立在图姆斯和麦克 - 肯尼迪（2002；2003）的基础之上，或是借鉴比特纳（1992；1996）的服务场景研究来构建理论框架，到目前为止尚未有研究通过关键事件的编码来对“其他顾客”线索对消费行为影响的一般模型进行整体推导和论证，这是本书一个重要的系统性理论贡献。最后，在研究探索过程中本书发现，在部分情况下其他顾客与服务员工往往同时出现，这种同时出现所伴随的交互线索，有时也成为消费者观察到的一类现象，而这类交互线索会如何影响到消费行为也是十分有趣的研究主题。总体来说，本书对其他顾客研究概念和分类体系提供了一个整体框架，也首次建立了中国情境下“其他顾客”线索对消费行为影响的一般理论模型，也为后续研究提供了很好的研究思路拓展。

（2）实践意义：本书的出发点是从不同消费环境来收集关键事件，然后通过一系列编码得出“其他顾客”线索对消费行为的影响机制和过程。研究发现，在来自 79 位被访者的 150 项有效事件中，对餐饮环境所涉的描述高达 32 项，占所获取的关键事件样本的 21%，而在电影院、乘坐火车也在关键事件描述中占据较高比例，分别达到 15% 和 14%。而被访者提及较少的服务环境，包含音乐会（2%）、美发沙龙（1.3%）、飞机（1.3%）、健身房（0.7%）、培训中心（0.7%）等几类服务环境，说明在餐饮、电影院、乘坐火车这些服务环境中其他顾客所带来的影响是较容易被消费者捕捉到的，在这几类服务环境中更应该重视“其他顾客”线索的管理维护。另外，通过对“其他顾客”线索在不同服务环境下影响的显著性分类，在调查中所罗列的13类服务环境中，“其他顾客”线索在音乐会和餐馆这两类环境中对人们的影响最大，而人们认为“其他顾客”线索在零售商店和游乐场这两类环境中的影响最小。这为实践提供的启示是，在餐饮和音乐会这两类环境中，人们对“其他顾客”线索最为敏感，如果这两类环境的服务经营者和管理者能较为适当地利用“其他顾客”线索的积极作用并采取有效的方式规避“其他顾客”线索给顾客带来的消极作用，将会为服务企业带来确切的管理效果。此外，从研究收集到的关键事件对“其他顾客”线索的分类来看，被访者所报告的其他顾客对自身消费行为产生影响的事件大部分是一些间接的线索，事实上，有高达121项（81.7%）的被报告事件涉及的线索是未与其他顾客进行直接的言语上的交谈或实质接触的，而大部分情况是环境中其他顾客一些行为或特征的观察，事实上仅仅这些可观察的特征就引起了一系列消费行为的变化，其中，有积极效应也有消极效应。

（3）对下一步研究的启示：首先，正如上文所提到的，探索性研究对进行实证研究时服务行业的选择提供了一些有益提示，消费者所报告的事件从数量上和影响强度上来看，餐饮业都是被关注的重点行业。事实上，国外对“其他顾客”线索的相关研究（Brocato et al.，2012；Harris，Ezeh，2008；Kim，Lee，2011；et al.）有相当一部分是以餐饮为主要研究环境来实施研究的。这为下一步实证研究选取研究行业背景的选择作出了提示。其次，此次探索性研究将为下一步明确实证研究的研究问题奠定基础，从关键事件的收集来看，在大部分被访者报告了间接线索所带来的对消费行为的影响，而对现有研究中关注较多的直接线索（比如，口头交谈和交流）（McGrath，Otnes，1995；Grove，Fisk，199；Harris，Baron，2004；

et al.）的影响提及较少，事实上，间接线索有哪些表现，间接线索会影响消费行为吗？间接线索如何影响消费行为，在现有的营销研究中（尤其表现为实证研究）还十分稀缺。因此，在下一步的实证研究中，我们考虑将具体的研究问题聚焦到那些以其他顾客的行为及特征观察为主要表现形式的线索的研究上，进一步探索这些观察性特征的线索如何影响顾客的消费行为。

第4章

理论基础与研究框架

根据第2章对现有文献中涉及“其他顾客”线索相关研究进行深度梳理和归纳，在营销研究中“其他顾客”线索问题的关注主要分为以社交服务场景或服务场景中的社交刺激为主要研究对象的环境心理学研究视角（主要以环境心理学M－R范式为理论基础）、以关系营销为主要探讨范式的关系视角和以社交在场为主要内容的社会影响视角三大研究流派。这三个流派的研究均认为，与中心顾客共享服务环境的其他顾客对中心顾客的消费行为会带来显著影响。但从整体来说，市场营销研究领域中“其他顾客”线索问题的相关研究仍然处于初级起步阶段，“其他顾客”线索的概念和结构维度正在发展中，研究范式待扩展，实证研究也十分缺乏。虽然学者们意识到消费环境中他人的在场、与他人的相处问题是十分重要的，但针对此问题的深度探讨还是将来该领域学者们需要进一步努力的方向。

在本书第3章采取“关键事件法”对文献梳理得出的疑问进行了探索性研究，研究发现大部分消费者对身处同一环境中的“其他顾客”问题确实有深刻体会。从对收集到的关键事件进行归纳和整理本书意识到，消费者对“其他顾客”线索的体会是多种类型

（是属于直接的还是间接的、是与消费相关还仅仅是与社交相关的）的，“其他顾客”线索对消费行为的影响过程也较为复杂，但报告的大部分和“情绪表现”有关，而在“其他顾客”线索对消费行为的影响结果上主要表现在“服务评价”“消费决策”和“服务参与”三方面。因此，本章实证研究部分将明确提出实证部分的研究主题，从前两章（第 2 章和第 3 章）的研究来看，虽然“其他顾客”线索的概念目前正在发展中，共享环境的其他顾客所间接表现出的影响线索（超过 80% 的被访者提到的影响线索都是间接的）是十分重要的实证研究主题。从研究范式上来说，环境心理学视角所代表的 M－R 范式是对其他顾客间接线索研究的重要基本范式，而目前将 M－R 范式使用于“其他顾客”线索问题的研究还是处于简单的、基础性的、对该研究范式的基本变量进行验证的阶段，而缺乏针对研究内容对范式的创新性扩展。因此，本章考虑将实证研究部分的研究思路确定在环境心理学视角。那么，进一步明确实证研究部分的研究主题、从范式扩展的思路提出研究框架和研究假设的具体内容是本章的主要任务。

4.1 本书的基本范式

梅拉比安和拉塞尔（Mehrabian，Russell，1974）认为，环境刺激会影响个人的情绪状态，最终影响到人们的趋避反应。在这个研究模型中，刺激往往是来自外界的并包含客观氛围的不同因素。有机体往往包含内在过程和结构，处于外在刺激和人们的最终行为与反应的中间发生作用（Bagozzi，1986）。这个研究模型表明，外在环境氛围对消费行为的影响是受到消费者的情绪状态中介作用影响的。在此基础上，梅拉比安和拉塞尔（1974）认为，情绪状态往往包含愉悦、唤起和支配三个大的类别，当然，此后有许多研究又发现支配对行为无法产生显著性影响（Donovan，Rossiter，1982；

Donovan et al. , 1994; Russell, Pratt, 1980)。整体来说，M－R模型建立在刺激－有机体－反应（S－O－R）范式的基础上，表达的是环境特征（features of the environment）（S）与对环境的趋避行为（approach-avoidance behaviours）之间的关联。事实上，这个模型的提出有两个基本假设：（1）人们的感觉和情绪最终决定他们做什么和如何做；（2）人们对不同类型的环境所反应的情绪有所不同，最终导致了他们对环境的趋避行为。人们对环境的反应包含趋向和回避两类行为，趋向行为包含继续停留的意愿、对环境的探索、与环境中的其他人进行沟通等行为，回避行为则表现为相反的现象（Mehrabian, Russell, 1974）。

M－R模型框架在许多不同类型的环境中得以应用，在营销研究中，零售环境和服务主导的环境应用居多（Machleit, Mantel, 2001）。比如，巴戈齐等（1999）检验了M－R模型中的S－O联结机制，并发现与消费相关联的情绪与顾客对消费做出的特定评价密切相关。巴克等（1992）报告了店铺环境与顾客情绪状态中的愉悦（pleasure）和唤起（arousal）之间存在的关联。韦克菲尔德和巴克（Wakefield, Baker, 1998）发现，整体建筑设计和店铺的气味是导致顾客兴奋情绪的重要影响因素。在此基础上，多诺万和罗斯特（Donovan, Rossiter, 1982）以及多诺万等（Donovan et al. , 1994）检验了M－R模型中的O－R联结，并发现愉悦情绪水平是店铺中顾客趋避行为（比如，超预期花费）的有力决定因素。这两项研究发现，愉悦水平影响顾客的趋向意图和实际趋向行为，此外，唤起水平与愉悦水平会交互起来对顾客的趋避行为产生影响。巴克等（1992）发现，愉悦和唤起都对顾客的购买意愿产生积极影响。杜布等（Dubé et al. , 1995）在银行服务环境中进行调研，发现顾客产生的愉悦和唤起情绪与对银行的服务员工的亲近感之间具有密切联系。可以说，M－R模型自提出以来就被广泛使用于服务场景（氛围）的研究之中，其中，“情绪”和“趋避行为”是构成服务场景（氛围）研究的核心变量。该模型在解释服务（场景）

氛围对个体消费行为中具有重要作用，且也在已有的服务营销氛围研究领域得到广泛认可。从这个意义上来说，利用 M－R 模型来解释服务氛围对消费行为的影响机制，具有较强的可行性和适用性。

综上所述，现已存在大量研究证实了“氛围刺激－情绪－趋避行为”路径的存在，然而本书认为，该研究路径虽可以解释氛围对消费行为影响的基本机制，但是由于现有研究中鲜有专门针对社交场景（氛围）中的“其他顾客”线索对顾客消费行为影响的解释框架，所以这个基本框架能否很好地解释“其他顾客”线索这一特定问题还有待进一步理论推导和实证检验，这也是本书采用此经典研究框架的一个基本出发点。

4.2 环境应激理论及扩展模型的提出

正如前文不断强调的那样，经典的 M－R 模型虽然可以为解释场景（氛围）中的刺激因素对服务消费者的影响机制提供理论支持，但是该框架是否适应解释服务氛围中的“其他顾客”线索问题目前在营销研究中处于探索阶段，而对这类问题进行阐释还鲜有研究进行专门的理论论述。故本书需要探索一个新理论框架去扩展原有 M－R 模型，以提高其现实解释力。因此，基于上述阐述，本书的第二个出发点就是从理论上扩展现存的 M－R 范式，以进一步阐释“其他顾客”线索对顾客消费行为的影响机制。

通过理论挖掘我们发现，服务场景（氛围）研究主要聚焦于环境线索对情绪和趋避行为的影响效应。事实上，由于先前的服务场景（氛围）文献中很少出现将情绪变量和认知变量都作为中介机制来探索氛围对消费行为影响的研究。那么，在此过程中人们对环境线索的加工过程所遵循的路径究竟是情绪（emotion）—认知（cognition），还是认知（cognition）—情绪（emotion）目前现有研究尚不能清晰解答。因此，在环境线索研究中了解认知和情绪的相互作用以及等级层次就显得颇为重要（Chebat，Michon，2003）。

在零售和服务环境研究中，有两支流派的理论能为我们了解两者关系提供帮助。首先，有部分研究者持有的是“情绪—认知”的观点，比如，经典的服务场景模型（Bitner，1992）就是根据“情绪—认知”路径构建的。扎伊翁茨和马库斯（Zajone，Markus，1984）认为，不经历认知过程（cognitive processes）的前提下情绪也可以产生。他们认为，一些生理的、感官的或认知事件等也能激发情绪，唤起和驱动行为是情绪最强有力的代表，而需要认知体验而产生的情绪则是情感中较为微弱的一部分代表，只有唤起才是情绪产生时不可或缺的影响力。这意味着，认知体验并不需要成为情绪过程的一部分。此外，伊泽德等（1984）认为，认知并不足以产生情绪，“关键问题是，认知是否是一个必要的构成原因并不明确”。而一个理论流派则持有的是“认知—情绪”的观念（Lazarus，1991），他们所主张的情绪认知理论（cognitive theory of emotion）是心理学中主张情绪产生于对刺激情境或对事物评价的理论。情绪认知理论认为，认知是产生情绪的必要条件而非充分条件。外在和内在的线索，会依据个人的经验和目标不同而被评估。情绪的产生受到环境事件、生理状况和认知过程三种因素的影响，其中认知过程是决定情绪性质的关键因素。“人与环境之间的关系的评估被认为是非常重要的，没有个人的评估（比如，是有利还是有害）将不会有情绪产生，而当这样的评估发生之后，情绪的产生则不可避免”。从上述分析来看，仅仅按照 M－R 模型的基本框架来解释服务氛围中的环境刺激（在本书中细化为服务氛围中的“其他顾客”线索）对消费行为的影响可能无法完整准确地呈现消费者的心路历程。M－R 范式并未考虑“认知”过程在氛围刺激对人们趋避行为影响过程中的作用。因此，本书采用情绪认知理论的观点，认为在“情绪”产生之前要经历“认知”环节，从而尝试从环境心理学的具体理论来进一步解释“其他顾客”线索对顾客消费行为影响机制中先前研究中未被纳入考虑的认知部分，而其中我们发现环境应激理论较为适合该情境下本问题的研究。

环境应激理论认为，应激是个体面临或察觉（认知、评价）到环境变化（应激源）对机体有威胁或挑战时做出的适应和应对的过程。通常所说的“应激”（stress）主要包括，造成生理、心理功能紊乱的紧张性刺激物；刺激物所导致的适应不良反应；介于两者之间的一种状态的三种含义。人们常用应激源表示第一种含义，用应激反应表示第二种含义。现代环境应激理论认为，应激是有机体对应激源（stress）应答反应的一种综合表现，是机体在环境适应过程中实际上或认识到的要求，与适应或应付能力间的不平衡所引起的心身紧张状态。应激的结果可以有适应和适应不良两种情况，人在长期持续性应激或强度较高的应激情况下所表现出的不良适应称为应激效应。而应激源常被划分为环境应激源、职业性应激源和心理性应激源三类。其中，环境应激源（environmental stressor）包括自然环境应激源和社会文化性应激源，而社会文化性应激源则包括个人生活中的重要事件、日常琐事、重大社会变故、文化冲突等因素。本书将顾客在服务场景中遭遇到的“其他顾客”线索看作一种社会文化性的环境应激源，从这个角度来说，该理论适用于本书问题的探索。

应激的认知—现象学—相互作用理论认为，思维、经验以及个体所体验到事件的意义是决定应激反应的直接动因；该理论强调与应激有关的时间、地点、事件、环境以及人物的具体性，认为应激是通过个体与环境之间存在的特定关系而产生的，如果个体认为自身无法对付环境的需求则会产生应激体验，个体可以通过有效的应对努力来解决面临的困境，从而消除应激或降低应激水平。可以说，应激是一个典型的动态适应过程。

现代应激理论先驱者塞莉娅（Selye，1956）将应激划分为良性应激和不良应激两类。良性应激（Eustress）是指，积极的、令人满意的、挑战性的应激，这种应激是符合人们期望的，它在一定程度上对个体加以唤醒，提醒个体动用各种心理资源，应对来自身体内外环境的挑战。不良应激（Distress）是指，使人不愉快的、坏的、破坏性的应激，这种应激常为人们力图避免。长期研究中，人们还形成了应激巨砾和应激细砾的归类。应激巨砾模式认为，应激是由一些巨大刺激所引起的现象，虽不经常发生，但是一旦发生，就会由于其影响巨大而难以应对（Holmes，Rahe，1967）。与应激巨砾研究模式相对应，拉扎勒斯等（Lazarus et al.，1984）提出，应激是许多小的、琐碎的生活事件的累积的应激细砾模式。应激细砾模式认为，负性事件会消耗个体的精力和体力，长期积累，达到某一程度就会导致个体健康问题的出现，与之相反，正性事件带给个体的是积极的情绪体验，有益于保持和提高个体的身心健康水平。而本书尝试从这个层面出发来对服务场景中出现的社交刺激中的一类——“其他顾客”线索对身处服务场景中的顾客情绪及趋避行为的影响进行理论解释。

一直以来，应激反应被认为是一个适应性机制，是机体对真实或潜在的威胁有效的反应能力。应激可以看作是由刺激和情境唤起，生理和行为反应强度由个体对刺激的控制和评估强度所决定。当人们认识到个体面对外部刺激引起的紧张状态时，是以一种有意识的积极主动的活动方式来达到内心平衡和内外部协调。当然，并不意味着人们能够为所欲为地掌握或控制外部环境，它必然包含着调整个体认识和需求以期与外部环境相适应的特征。根据环境应激理论，在心理应激过程中，应激源往往作为自变量，应对方式是一种中介变量，而情绪反应和问题解决是结果变量。那么，我们该如何在理论模型中引入应对的认知过程适应机制呢？

首先，应对（coping）的原意，是有能力或成功对付环境挑战或处理问题。如果某种心理活动是一种适应过程，则这种心理活动可以被视为应对行为（coping behavior）（Murphy，1962）。弗里德曼和汉堡（Friedman，Hamburg，1964）将对应激的适应过程中与这一适应直接有关的心理活动定义为应对策略（coping strategies）。

乔夫和巴斯特（Joff，Bast，1978）认为，应对反映了人对现实环境有意识的、灵活的、有目的的调整行为。比林斯（Billings，1983）则认为，应对是评价应激源的意义，控制或改变应激环境，缓解由应激引起的情绪反应的认知活动和行为。马西尼（Matheny，1986）指出，应对是从应激到适应的中介心理机制，指个体处于应激环境或遭受应激事件时，为平衡自身精神状态所做出的认知行为上的努力，是任何预防、消除、减弱应激源或以最小的痛苦方式忍受应激影响的努力。就其本质来讲，应对可被理解为个体面对应激情境或事件时，调动自身内部或社会资源对该情境或事件做出认知调节和行为努力的动态过程。此外，从拉扎勒斯等（1984）的理论来看，个体因素和情境因素以及它们之间的交互作用都会对应对过程产生影响。而根据应激方式人格功能理论，个体应对方式风格由其人格特质所决定，为本书进一步在模型中引入代表个体特质的调节变量提供了思路。是否存在一些解释人对环境认识差异的合适的个人特质变量，来进一步探索在应对适应过程中的动态效应呢？基于这个考虑，反映作为个体的人对环境中其他人行为、行动方式作出不同反应的“自我建构方式”变量，被本书引入模型中来探讨“人格特质”在应对适应过程中的动态调节机制。

其次，一方面，有些研究以将应对方式当作一种人格特质为基础，在人格特质的某一维度进行分类，来探讨应对方式的作用；另一方面，还有研究则主张从应对功能角度对应对过程进行分类，其前提是假设个体应对方式存在一般功能维度，个体主要从这些一般维度出发，结合自身的应对资源、情境特点等因素来建立自己的应对方式。一般来说，个体在心理上应对外在压力的方式有两种。一种是重新评价应激源自身的性质，另一种是重新组织对应激反应的认知结构。其中，较为典型的分类是拉扎勒斯（1966）将应对方式划分为问题指向应对（problem-focused coping）和情绪指向应对（emotion-focused coping）两大类。前者强调个体通过改变自己的行为或改变环境来改善个人和环境的关系，比如，寻找解决问题的方法，搜集信息和寻求帮助，等等。后者是通过调节由应激引起的情感上的不适，包括认知、心理和行为的努力。其中，问题指向应对，往往在人们感受到强烈支持感时占优势（Lazarus，Folkman，1980）。情绪指向应对是指，不去改变应激源而是改变自己对应激源的想法和感觉，它往往与控制感息息相关。

心理学系统有利于我们处理来自内部世界和外部世界的信息，并回应这些需求。也就是说，目前被学术界广泛认同的应激相互作用理论认为，心理应激不是单一刺激物的结果。其中，个体的心身特征、对情境或刺激物认知评价和社会环境中的支持因素，是影响应激反应类别和强度的重要因素。此外，社会认知领域的研究者也认识到，人们具有一种要掌控环境中诸方面因素的先天需求，而控制感是人类的一个基本的内在动机。这种动机表现在人类希望能够通过自己的行为预知和改变环境，在与外界环境互动时，这种动机如果得到满足，个体将体验到控制感的存在。相反，个体将感到对外界没有控制，从而产生焦虑恐惧。

如前所述，应对是一个复杂的、涉及多方面的过程，既对环境敏感，也与个体的需求和资源以及个性气质有关，而这些都影响对应激和资源的评价。应对是在某种情境中展现的一个适应性过程，涉及对个人意义和应对资源的评价。基于个人对重要目标的评价启动应对过程，如带来的伤害、损失或受到的威胁等。学者们还发现，应对与情绪的调节有着密切的关系，应对的纵向研究中最重要的一个变量就是情境因素。因此，本书在引入环境应激理论的同时，尝试将应对和环境刺激要素放入一个综合的理论框架内进行研究，并进一步提出个人、环境和适应之间的关系模型。本书通过将“感知控制”和“感知社会支持”两个变量所反映的情绪指向应对和问题指向应对两种方式来将应对方式所揭示的人们的适应性认知过程加入 M－R 研究范式中，来从更深层次意义上解释人们在面对环境中的“其他顾客”线索这类社交刺激时的心理过程和作用机制。本书将环境应激理论所阐释的适应性过程所带来的研究概念模型演进图展示如图 4－1 所示。

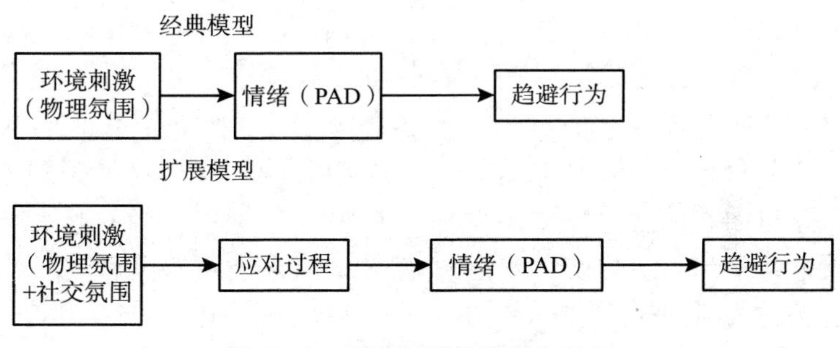

图 4－1　理论模型的演进与扩展

图 4－1 表述了从经典的 M－R 模型到针对现有研究问题进行的模型扩展思路。而具体到实证研究部分需要解释的具体问题，本书将服务场景中的社交刺激具体明确表述为"其他顾客"线索，应对过程用环境应激理论阐释为"感知控制"和"感知社会支持"两类，情绪部分则是通过愉悦水平和唤起水平来进行表述，另外，本书使用顾客服务满意来表述图 4－1 中的趋避行为。因此，提出图 4－2 作为概念模型来对研究思路进行具体阐释。

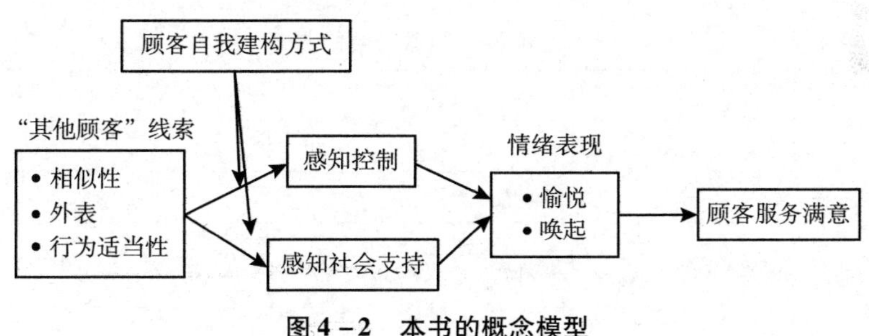

图 4－2　本书的概念模型

4.3 研究相关概念的界定

（1）"其他顾客"线索。本书的基本背景，是在商业交换地点中的那些其他顾客能被中心顾客所观察到的情况，因此，本书中的"其他顾客"线索被定义为，与中心顾客同时身处于服务设施中但与中心顾客之间并不熟识，在整个过程中，中心顾客与其他顾客并不相互直接交流和互动所展示出来的可观察性特征。这个定义与先前研究（Argo，Dahl and Manchanda，2005；McGrath，Otnes，1995；Brocato et al.，2012）较为近似（详见表4－1）。本书对"其他顾客"线索问题采用布罗卡托等（2012）的"其他顾客"线索（OCP）三维度定义和衡量方式，第一个维度将其中相似性（similarity）定义为，在服务环境中顾客感觉到自己与其他顾客相似或能够被识别出来的程度（比如，在属性上）。第二个维度外表特征（Physical appearance）被定义为服务环境中其他顾客的客观属性和整体外观呈现。第三个维度是其他顾客行为的适当性。行为适当性（Suitable behavior）被定义为个体消费者感觉到消费背景下在服务环境中的其他顾客行为表现适当的程度。

表4－1　"其他顾客"线索内容的界定

<table>
<tr><td rowspan="5">服务场景中包含的要素</td><td>物理环境</td><td colspan="4">×</td></tr>
<tr><td></td><td>服务员工</td><td colspan="3">×</td></tr>
<tr><td></td><td></td><td>群体内（熟人）</td><td colspan="2">×</td></tr>
<tr><td>社交环境</td><td>其他在场顾客</td><td>群体外（陌生人）</td><td>口头参与和交流</td><td>×</td></tr>
<tr><td></td><td></td><td></td><td>可观察特征和行为（称为"其他顾客"线索）</td><td>√</td></tr>
</table>

（2）感知控制：指的是个人在环境中的竞争力、优越度和掌控力的一种展示，是个人能决定其自身内在状态和行为的信念（belief），它能影响个人在环境中的状态和希望的产出结果（White，1959；Hui，Bateson，1991）。

（3）感知社会支持：指的是个人所感受到的来自社区、社交网络和隐性的伙伴提供的支持，它是个人感知能获得的或实际上别人提供给他们的社交资源。这种资源既可以在正式的支持群体中获得，也可以通过非正式的帮助性关系而获得，整体来说，是一种被接纳、归属、被喜爱、被需要的主观感觉（Moss，1973；Caplan，1976；Albrecht，Adelman，1987）。

（4）情绪表现：情绪被认为是多构面的，在不同的被激起的体验状态中人们体验到的情绪状态有所不同（James，1890）。其中，沙克特和辛格（Schachter，Singer，1962）认为，情绪是一种经过认知评价过程后整体上被唤醒的状态。加德纳（Gardner's，1985）将情绪状态定义为，容易被激发的适度的情感状态（affective states）（Schwarz，Clore，1983）。情绪常常以一种自发的状态出现，情绪的出现常常偏误我们的记忆和思考过程（Bower，1981；Clark，Isen，1982；Luomala，Laaksonen，2000）。巴戈齐等（1999）将情绪定义为从对事件或想法的认知评价上升而来的一种就绪的精神状态。本书倾向于采用巴戈齐等（1999）的定义，并在情绪表现的衡量上将其分为愉悦情绪水平和唤起情绪水平两类。

（5）服务满意：从传统上来看，顾客满意通常被看作是一个认知构念——消费者将感知到的服务表现与（期望的）评价标准之间的认知比较（Westbrook，Oliver，1991），奥利弗（Oliver，1997）对“期望-差异理论”的定义进行了修正，指出消费者的满意感是消费者对以往消费经历的认知和情绪反应的综合评价，它是一种对需要的满足过程的判断，本书倾向于采用这个定义。

（6）自我建构方式：在经典文献中，自我建构（Self-construal）被定义为，“考虑到自我与他人相关和自我与他人区分的一种思想、感觉和行动的集群”（Singelis et al.，1999）。自我建构常常被认为是一个二维的构念，它被用来表述自我的两个完全不同的方面，分别是关联自我（interdependent self）和独立（independent self）（Singelis，1994；Bearden et al.，2006）。马库斯和北山（1991）认为，拥有独立自我建构的个人相信个人与其他个人之间具有明确的固有区分。拥有独立自我关联建构的个体，倾向于更为自治、自我依赖和自我管控。本书对自我建构方式的定义，主要借鉴和采纳马库斯和北山（Markus，Kitayama，1991）和森格里斯等（Singelis et al.，1994；1999）的观点，并将顾客的自我建构方式划分为独立建构为主和关联建构为主两类。

4.4 概念模型所涉及的相关变量的研究综述

4.4.1 感知控制的相关研究

4.4.1.1 感知控制的概念及内涵

“控制”是一个十分重要的心理构建的概念。来自不同领域和视角的理论对“控制”问题进行了探讨，其中，马林诺夫斯基（Malinowski，1955）认为，人生来就具有掌控世界（master the world）的需求。阿德勒（Adler，1956）将“控制”描述为一种固有的“生活需求”（necessity of life）。控制被广泛认为是人类行为的一类驱动力，有些学者将它定义为“个人在环境中的竞争力、优越度和掌控力的一种展示”（White，1959）。戴查姆斯（Dechams，1968）则论证道，人类具有的最原始的本能动机就是掌控环境。早期研究对“控制”的定义局限在反感情形和后果影响方式的可能术语概括上（e. g.，Pervin，1963；Weiss，1968）。近年来，研究者们开始对控制概念进行扩宽，包含控制的内在状态（比如，情绪、想法、生理反应等）（Thompson，Nanni and Levine，1994；Schwankovsky，Cruzen，1993）。这个思路反映在沃林斯顿，史密斯和多宾斯（Wallston，Smith and Dobbins，1987）对“感知控制”的定义上，他们认为“感知控制”是个人能决定其自身内在状态和行为的信念，它影响个人的环境状态和希望的产出结果。

此外，心理学文献对“控制”的一个重要的发展，就是进一步认识到“控制”是个多维概念的本质。汤普森等（Thompson et al.，1993）在对癌症患者的感知控制相关研究中对事件控制（event control）和结果控制（control over the consequences）进行了明确区分。此外，诺伊费尔德和帕特森（Neufeld，Paterson，1989）还将控制划分为刺激导向的控制（stimulus-directed control）和反应导向的控制（response-directed control）两类。埃弗里尔（Averill）的研究中，控制可以被优化为 3 个不同方面，即行为控制、认知控制和决策控制。行为控制指的是，对威胁性事件的反应直接影响和修正的可获得性。在这种控制下，人们试图通过限制他们自身的行为以便控制那些引起高兴和痛苦的刺激物；认知控制，即人们试图获取有关信息并据此分析其周围环境，以达到控制的目的；是指一种对潜在威胁事件的理解和内化。决策控制是指，改变消费者自身目标就成为一个控制量，或者是实际的，或者是假想的。它指对产出或目标选择的决策行为控制，依据埃弗里尔对控制的定义，行为控制包括影响事件的真实或知觉的能力，认知控制需要个体能够预测事件的结果及了解这些事件对自身的暗示，决策控制包括改变事态目标的真实或知觉的能力。阿杰恩（Ajzen，2002）在他提出的计划行为理论（TPB，Ajzen，1991）中，将感知行为控制定义为感知到的实施一项行为的难易程度，该理论突出了“感知行为控制”对行为意图和实际行为的影响作用。法兰达（Faranda，1997）在发展知觉认知控制量表时，也提出感知控制的 3 种形式，即行为、决策与认知控制。实证结果表明，感知控制的增加，会对人们的生理和心理变化产生积极的影响。

与上述这些说法不同的是，罗特鲍姆，薇兹和斯奈德（Rothbaum，Weisz and Synder，1982）认为，“控制”是一个两阶段（two-process）的过程，而非只是单独的一个阶段，罗特鲍姆和薇兹指出，在第一阶段，控制所代表的是人们尝试改变世界来匹配自己需求的过程，可用初步控制（primary control）来形容这个阶段。在此基础上，“控制”还包含第二阶段（secondary control）。初步控制更倾向于解释改变产生阻力（resistance）的事物，从而产生满意（satisfying）或失落（disappointing）的过程。而尝试对面临的阻力作出调整（adjust）的过程则属于第二阶段，这两个并不存在实际的形式，且往往伴随着人们协商和妥协的过程，而相互缠合和联结在一起（Lazarus，1981），且常常在这两个过程之间游移不定（Silver，Wortman，1980）。因此，“控制”两阶段的不同在于着重点的不同。这两者的关系可用皮亚杰（1970）所描述的认知发展理论（cognitive development theory）中的同化和适应（assimilation and accommodation）的完整过程来解释。同化指的是，人们以自己现有认知结构一致的方式来对环境进行感知，而适应是指，人们通过修正自己现有的认知结构来尝试与现实状态进行更好的匹配（fit with reality）（Lazarus，Launier，1978）。埃弗里尔（Averill，1973）着重强调了“控制”中“适应”的重要性，与此相似的是，皮亚杰和其他认知发展理论家认为，“发展”的目标是均衡，只有达到同化和适应的有效协同，才能实现个人与环境适应的最佳值。罗特鲍姆，薇兹和斯奈德（1982）由此推论，适应的最佳状态是控制的两个阶段（初步控制和第二阶段控制）的协同过程。

在以往的研究中，“控制”的第二个过程常常被忽略，而罗特鲍姆，薇兹和斯奈德（1982）所提出的控制的两阶段模型，使得个体对环境的控制过程有了更为深刻的解读。当自我较为强有力时，此时的“控制”就属于第一阶段（初步控制），当环境中出现更为强有力的个体时（比如，出现了个体能力难以克服的任务、偶然和更有权力的其他个人），个体的控制属于控制的第二阶段。控制的第二阶段，常常在初步控制失效后发生。“控制”两阶段的影响揭示，在控制的初始阶段，人们常常以愤怒和抗议来表达（Rothbaum，1980；Wortman，Brehm，1975）。而控制第二阶段的行为结果，往往以被动、撤销、投降等消极表现来表达压力。事实上，“控制”两阶段的关系，到目前依然没有定论。罗特鲍姆等（Rothbaum et al.，1982）提出，控制的两阶段模型的核心主旨是：人们都具有强烈的维持控制感的动机，而实现维持动机的方式却是多样的。控制的两阶段是一个完整过程，当人们无法通过初步控制（primary control）来改变环境时，可以通过其他能改变环境的方式（second control）（比如，使用认知策略来接受现有情形）。控制的对象是个人本身，他们的认知、感知、理解、价值观以及他们置身环境中的方式（Rothbaum et al.，1982）。

从前因上来说，人类对感知控制的驱动相关研究被发现出现在相当多的研究领域，其中，包含：（1）无助和内外控；（2）固有驱动；（3）儿童和成人的自服务偏见（Weisz，1980，1981，Snyder，Stephan and Rosenfield，1978；Zuckerman，1979）；（4）不同类型感知控制的吸引力和适应价值（Averill，1973；Burger，Arkin，1980）。其中，无助（Helplessness）和内外控（locus of control）理论研究者着重强调了“偶发性”在行动和产出之间的关系，但在所有情形下，“控制”都代表着个人试图改变环境来与自身需求相匹配的重要性（e. g.，Lefcourt，1976；Rotter，1966）。

从结果上来看，几十年来，社会学和心理学的研究都揭示了“控制感”对个人物理及精神状态的强预测性。大量对儿童和成人进行系统性观察的文献发现，人类常常会出现一些看似不太相关的问题行为（包含被动、撤回、顺服）等，习得性无助理论（Abramson，Seligman and Teasdale，1978；Seligman，1975）认为，这些适应较差的行为（maladaptive behaviors）有一个频繁出现的影响因素就是感知不可控性（perceptions of uncontrollability）。在这个观点基础上，出现了大量研究论证了感知不可控性对人类体验的影响（包含学习减少、耐性降低、情感失落等方面）。比如，舒茨（Schutz，1966）就指出，人类社交行为是由3类人际需求所驱动，其中就包含控制。这说明，控制感对人与他人互动的满意度具有重要影响。大量的实证研究表明，感知控制的增加对人类的物理和心理行为都具有重要的积极影响（Hui，Bateson，1991）。其中，包括心理反应、任务表现、痛苦和沮丧的承受、自我报告的焦虑和悲痛等反应（e. g. ，Staub et al. ，1971；Szpiler，Epstein，1976）。普罗夏斯基等（Proshansky et al. ，1974）认为，当人们感知到环境中具有更高的可控性时，他们会倾向于有更加积极的感觉和行为。此外，在环境心理学研究中，行为约束理论认为，过多或不愉快的环境刺激可能唤醒或限制人们的信息加工能力，与此同时，还有一种潜在的影响就是丧失对环境的控制感（perceived loss of control）。例如，慧和贝特森（Hui，Bateson，1991）的研究认为，感知控制对人际的和环境的两类互动质量具有重要的决定作用。

4.4.1.2 “感知控制”和“情绪表现”的关系阐述

感知控制代表着个人影响和预测产出的能力（Rothbaum et al. ，1982；Skinner，1996）在人类适应中扮演着重要角色。在儿童心理学研究中，许多研究者讨论了“焦虑和失落”（anxiety and depression）作为一种情绪被干扰的状态，受到“感知控制”影响的重要性，尽管这些研究所提及的概念是掌管和控制（mastery and controllability）（e. g. ，Barlow，Chorpita and Turovsky，1996）或无助和失望（helplessness and hopelessness）（e. g. ，Alloy et al. ，1990）。大量研究证明，感知控制与焦虑之间存在相关性，人们对情境掌控的有限性（limited control）在焦虑的形成和发展中扮演了重要的角色（Chorpita，1998）。

人们对于控制、掌握的信念，在心理学文献中情绪状态的相关理论解释来说是个重要概念（White，1959）。有些研究者甚至还发现，在某些背景下，感知控制对情绪结果影响甚至比对整体环境的调整要重要得多。一方面，大量实验和自然环境所发生的状况表明，缺乏控制（lack of control）对个人的心理、生理健康、行为和动机都具有重大的负面影响（Thompson，Spacapan，1991）。其中包含，对生活中重大事件的调整（Bulman，Frieze，1983），对压力或痛苦的处理（Miller，1979）和表现（de Charms，1968）。另一方面，高度的感知控制常常与更好的情绪状态联系在一起，预示着对压力状态的更成功地处理，更好的健康和生理状况，更成功地行为决策和表现（Thompson，Spacapan，1991）。

不过，与上述观点不同的是，罗森格等（Ruthig et al.，2008）则认为，"感知控制"与"情绪"共同对人们的行为产出产生影响，在此过程中"情绪"扮演了调节作用。作者认为，这种认知与情感的合并效应对个人的行为表现具有显著影响，而对于感知控制与情绪之间的关系是否存在明确的关系，除了韦纳（Weiner，1985；1995；2006）的因果归因研究和佩尔孔（Perkun，1992；2000；2006）的控制价值理论之外，现有研究并未得出系统的结论，但从上述研究线索中，我们可以初步得出结论，感知控制与情绪之间具有重要关联，感知控制常常表现为情绪的重要前因变量。

4.4.1.3 "感知控制"在市场营销中的相关研究

自贝特森和兰吉尔德（Bateson，Langeard，1982）首次将"感知控制"概念引入服务营销研究中以来，控制感已成为顾客评价服务时的重要依据。在线下研究中部分研究证实，感知控制是顾客对服务接触情感（affective responses）反应和行为反应的一个至关重要的决定因素（Hui，Bateson，1991；Hui，Toffoli，2002）。在先前研究中，感知控制（Perceived control）被定义为在与服务提供者互动过程中，或通过服务人员或通过自服务技术顾客所感受到的控制程度（e.g.，Dabholkar，1990；Hui，Bateson，1991）。贝特森和慧（Bateson，Hui，1992）推论出，在顾客对实体环境构成服务接触的服务人员所传递的情绪性与行为性的反应中，感知控制是一个决定性的变量。感知控制还被认为是影响服务认知评价（包含在线服务和线下服务两类环境）（Dabholkar，1996；Yen，2005）。另外，计划行为理论（theory of planned behavior）（Ajzen，1991）还预测了感知行为控制对相关意图和行为的预测效应。

先前研究探讨了一系列服务环境中“控制”对顾客的影响。比如，兰吉尔德等（1981）调查了银行、加气站、旅馆、航班等6类服务环境，发现时间（time）和控制（control）对这几类服务环境中对于顾客选择服务的决策扮演着重要角色。慧和贝特森（1991）的研究肯定了“感知控制”（perceived control）在顾客密度（customer density）和顾客选择（customer choice）对顾客服务体验的愉悦度（pleasantness）及顾客对服务接触的趋避反应的影响中扮演的中介作用。与此相似的是，罗姆佩等（Rompay et al.，2008）也讨论了感知控制在零售环境中人际间和空间密度对顾客情感和行为反应的重要中介作用。研究表明，零售服务中人际和空间密度对人们的影响，随着个人对控制的需求而发生变化。

此外，内马思瓦（Namasivayam，2004）在旅馆服务及餐饮业两类环境中，验证了“感知控制”和“公平”对顾客服务接触满意及行为意图的共同效应，结果表明，在服务生产和传递过程中，当“直接控制”缺失时，“代理控制”将会发挥重要的作用。而所有上述研究均表明，感知控制的提升有利于顾客获得服务体验中的愉悦感。

在零售环境中，顾客感觉到高控制感时（in control），也被认为是在较为良好的情绪状态中或是更为投入时（Ward，Barnes，2001）。罗纳尔多和姆班格（Lunardo，Mbengue，2009）研究了在零售店铺环境中，顾客的消费动机（实用型或是享乐型）在感知控制与顾客消费行为关系中的调节作用，来自欧洲市场的样本支持了作者的观点，该研究同时证明了，对于实用导向为主的顾客来说，感知控制（perception of control）对其消费行为就有很强的预测性，在特定的在线购物环境中，环境线索所提升的感知控制是解释顾客对环境反应的一个重要因素。在线环境中的“控制”感，对于顾客享受体验来说也是一个重要概念。比如说，能够提升顾客控制感的网站导航设计将为顾客带来心流体验，而心流体验的状态会将使用者带入一种高度涉入活动“心无旁骛”的状态（Csikszentmihalyi，1990）。比如，德比霍尔卡和森（Dabholkar，Sheng，2009）探讨了在线购物以及信息搜索过程中“感知控制”所扮演的中介角色，对于网络购物和信息搜索活动来说，下载延误影响消费者反应时，“感知控制”的角色十分重要（Bobbitt，Dabholkar，2001）。

有部分研究从归因理论的视角，来阐释“感知控制”带来的影响。罗杰和夏尔马（Raajpoot，Sharma，2006）就将感知控制纳入解释服务接触中顾客与顾客间互动中可能感知到不兼容的影响因素之一，并用归因理论进行阐述。此外，慧和托富尔（Hui，Toffol，2002）探讨了服务接触中感知控制与顾客归因之间的关系，并发现顾客归因方式的触发与其感知到的控制（或不可控）体验之间具有明确的相关性。而归因方式的不同，又会直接影响到顾客的购买后行为。慧和托富尔（2002）还使用自我提升理论（self-enhancement theory）解释了这一过程，并发现由于存在自我提升偏误，人们自身对环境控制的愿望会导致人们的归因偏误。

在营销研究中，国内学者对感知控制的相关探索目前尚相对较少。为数不多的研究集中在服务营销领域，探讨感知控制对顾客服务满意影响中扮演的角色，见表4-2。吴江（2010）通过文献总结的形式，对市场营销研究中涉及的“感知控制”进行了总结和整理。周波兰（2011）将涉及图书馆服务中的“感知控制”相关研究进行了初步整理发现，感知控制对读者满意度具有正向影响。感知控制还对图书管理员工作中的情绪反应及绩效存在影响。汪涛和望海军（2008）先将“感知控制”变量引入实证研究中，深入阐释了感知控制与感知社会支持在顾客参与与员工工作满意度之间关系中的中介角色。张辉等（2012）将控

表 4-2 “感知控制”在市场营销中的相关研究

文献	自变量	中介（调节）变量	因变量	研究结论	研究情境和理论视角
德比霍尔卡和森（Dabholkar，Sheng，2009）	感知网站下载速度	感知控制	网站使用态度和意图	解释了“感知控制”变量在顾客网络使用下载延误时的心理中介作用	计划行为理论；旅游网站（学生样本）
努恩（Noone，2008）	顾客感知控制	调节变量：餐馆类型	感知员工表现	就餐体验中顾客感知控制对感知员工表现之间存在正相关，餐馆类型对相关关系存在调节作用，餐馆类型越正式，感知控制的影响越强	风险评估理论视角；餐饮服务
慧和贝特森（Hui，Bateson，1991）	（1）顾客密度；（2）顾客选择	感知控制	（1）服务体验的愉悦度；（2）趋避反应	感知控制在顾客密度和顾客选择对顾客服务体验的愉悦度及顾客对服务接触的趋避反应的影响中扮演的中介作用	环境空间视角；银行和酒吧
贝特森和慧（Bateson，Hui，1992）	（1）顾客密度；（2）顾客选择	（1）感知控制；（2）感知拥挤	（1）愉悦度；（2）趋避反应	使用实验法和田野调查相结合的方式，进一步验证服务接触中“控制感”对营造生态服务环境的重要性	铁路售票中心（伦敦）；环境心理学（拥挤理论）
内马思瓦（Namasivayam，2004）	（1）感知控制；（2）公平		（1）服务接触满意；（2）行为意图	在服务生产和传递过程中，当“直接控制”缺失时，“代理控制”将发挥重要作用	控制理论

续表

文献	自变量	中介（调节）变量	因变量	研究结论	研究情境和理论视角
罗纳尔多和姆班格（Lunardo，bengue，2009）	感知控制	调节变量：购物动机	重购意图	对于实用导向为主的顾客来说，感知控制（perception of control）对其消费行为就有很强的预测性（零售购物环境中）	零售购物中心
罗姆佩等（Rompay et al.，2008）	人际和空间密度	中介变量：感知控制；调节变量：个人的控制需求	情绪和行为反应	零售服务中人际和空间密度对人们的影响随着个人对控制的需求而发生变化	中等规模购物中心；环境心理学空间理论
慧和托富尔（Hui，Toffol，2002）	感知控制	归因方式	情感反应和行为	顾客归因方式的触发与顾客感知到的控制（或不可控）体验间具有明确相关。归因方式的不同，会直接影响顾客购后行为	自我提升理论和认知模型及归因理论；加拿大非学生关键事件访谈和问卷调研
汪涛，望海军（2008）	顾客参与	感知控制、感知社会支持	员工“工作满意度”	“感知控制”与“感知社会支持”在“顾客参与”对员工“工作满意”正相关关系中具有中介作用	餐饮服务业
张辉等（2012）	顾客参与	中介变量：控制错觉；调节变量：期望与结果一致性	顾客满意	控制错觉理论能很好地解释在顾客参与到顾客满意的影响机制中存在的矛盾现象	控制错觉理论；两个实验（蛋糕 DIY 实验和电脑选购实验）

制错觉理论引入服务研究中，分析了在顾客参与到顾客满意的影响机制中的矛盾现象，正是由于在此过程中可能出现的“控制错觉”及“结果与预期一致性”才使得顾客的高参与并不一定能导致服务的高满意度。

4.4.2 感知社会支持的相关研究

4.4.2.1 感知社会支持的概念及内涵

与社会支持相关的研究，始于20世纪70年代中期研究者们对社交联结（social ties）如何作用于个人身心健康的探索。自此以来，许多有关社会支持的定义开始出现（e. g.，Caplan，1976；Gottlieb，1981；House，1981），这些定义都试图阐述社会关系（social relationships）与个人身心健康之间的积极关系。比如，摩斯（Moss，1973）认为，社会支持是一种被接纳、归属、被喜爱、被需要的主观感觉。休梅克和布劳内尔（Shumaker，Brownell，1984）将社会支持描述为至少两个独立个人之间的资源交换。另外，社会支持还被定义为他人给予的（尤其是个人）的帮助（assistance）和保护（protection）（Shumaker，Brownell，1984；Wortman，Dunkel - Schetter，1987），“帮助性关系的可获得性和这些关系的质量”（Leavy，1983），其中帮助往往表现为可触知的财务帮助，或不可触知的情感帮助，保护往往表现为使人们从负面的生活压力下得到庇护（Cassel，1976；Cobb，1976，1979）。另一层面，还有学者认为，社会支持除了能提供帮助和保护之外，也被假定是互惠的（House，1981，Tilden，Weinert，1987），它是一种具有互惠期望的资源（Cohen，Syme，1985）。因此，在社会心理和健康的文献中，社会支持概念被定义为“个人感知能获得的或实际上提供给他们的社交资源”。这种资源既可以在正式的支持群体中获得，也可以通过非正式的帮助性关系而获得。

概括起来，对社会支持定义的划分主要分为三个主题：不确定性的降低和控制、自我接纳（Self-acceptance）和自我整合与归属。比如，阿尔布雷希特和阿德尔曼（1987）将“社会支持”定义为“降低不确定性的交流或提升个人控制感知的功能”，这类支持性交流帮助接收者赢得个人目标和处理压力，尤其是压力导致的不确定性；社会支持还能在个人促进自我接纳（self-acceptance）的提升中扮演重要角色，这类强调社会支持对自尊影响的研究在卡普兰（Caplan，1976）的文献探索中较为常见。卡普兰（Caplan，1976）将社会支持定义为，在环境中发生的为个人对他们自身表现和人们对他人期望的有效性（validations）提供反馈机会。此外，社会支持还能为人们提供一种社会整合和归属感（social integration and belonging），这类观点反映在科布（Cobb，1976）对社会支持的定义中，作者将其定义为那些能使得受众相信他们是被关注、喜爱和尊重，从而归属于某一类交流和共同义务网络的信息。比如，当销售人员能够在商业活动中为顾客提供友好的交流时，他们能为客户营造一种较强的社区感。整体来说，阿尔布雷希特和阿德尔曼（Albrecht，Adelman，1987）认为，上述三个主题中的任意一个都能为人们通过社会支持而获得利益提供解释基础。

4.4.2.2　社会支持感的获得方式和途径

人类获得社会支持的重要资源主要包含三种：陪伴（companionship）、情绪支持（emotional support）和工具支持（instrumental support）。陪伴提供给人们一种活动中的伙伴关系，情感支持为人们的感觉、担忧以及关注的表达提供一种出口；工具性支持为人们提供实际的帮助、世俗活动的辅助或财务的帮助（Fyrand et al.，2002；Helgeson，2003）。而在这三类支持中，陪伴和情感支持，被认为是对人类的健康状态最为至关重要的（Sorkin，Rook and Lu，2002）。

此外，在积极社交氛围的大主题框架下，社会支持属性的现存范式被分为四类，分别是情感性支持（emotional）、工具性支持（instrumental）、信息性支持（informational）、评价性支持（appraisal）（House，1981；Tilden，Weinert，1987）。在这几类社会支持属性的定义下，支持中的交换（exchange）或互惠（reciprocity）才能得以继续下去。情感性支持（Emotional support）涉及关注、爱心和信任的提供（House，1981；Cronenwett，1985a；1985b）。豪斯（House，1981）认为，情感支持是支持感知中传递给他人的最重要的类型。戈特利布（Gottlieb，1978）发现，在支持的传递中，情感所发挥的作用远胜于其他类型。卡恩和安东努斯（Kahn，Antonucci，1980）将社会支持中的情感支持部分描述为感情上的帮助（affective assistance）。科比（Cobb，1976）进一步研究了情感社会支持的特征，并发现社会支持能通过交流获得回报。而这些交流所包含的信息主要有：（a）被关注和喜爱；（b）被尊重或认为有价值；（c）从属于某一个共同责任的社交网络，此时的共同责任则展现了社会支持的互惠本质。

豪斯（1981）与蒂尔登和维纳（Tilden，Weinert，1987）将工具性支持定义为有形的服务和产品的提供或有形的帮助（Cohen，McKay，1984；Barrera，1986；Krause，1986；Cutrona，Russell，1990）。尽管工具支持的提供中，也包含对个人的关心和爱护的层面，它与情感支持间存在差异。有形的帮助被定义为名副其实的帮助，比如，提供给他人财务上的支持或工作任务的分派。克劳斯（Krause，1986）认为，信息性支持是指，在有压力或困难的情况下将信息提供给他人。克罗嫩韦特（Cronenwett，1985a，1985b）则认为，信息支持能帮助他人解决问题。卡特罗纳和拉塞尔（Catrona，Russell，1990）发现，在信息解决过程中信息性支持的使用十分行之有效。评价性支持（appraisal support）更多地涉及与自我评价相关（而非解决问题相关）的信息交流（House，1981）。卡恩和安东努斯（Kahn，Antonucci，1980）将评价性支持称为肯定性支持（affirmational support）。肯定性支持包含肯定他人做出的行为和适当性的表达（Kahn，Antonucci，1980）。社会支持的上述四种属性对于接受支持的个人都十分具有帮助性和保护性，它们使得互惠交换行动得以实现。

4.4.2.3 感知社会支持的理论基础及主要相关变量

从现有文献来看，社会支持这一变量涉及较多的基础理论有社会比较理论（social comparison theory）和社会交换理论（social exchange theory）两类。斯万和布朗（Swann，Brown，1990）认为，人们会通过与他们所选择的参照群体中的其他人进行比较来发展自我概念，这种社会比较是自我概念发展的一个重要过程，它对于个人提升应对能力、情绪调整、自尊和心理状态都具有重要影响（Festinger，1954；Stewart，1993）。在许多对社会支持的关键定义中，都能看到，社会交换的重要性（Cobb，1976；House，1981；Shumaker，Brownell，1984）。蒂尔登和盖伦（Tilden，Gaylen，1987）认为，社会交换理论解释了人类行为作为互惠活动的一种交换，史蒂文斯（Stevens，1992）发现，在人们的生活满意与接受社会支持以及给予社会支持之间具有积极关系。社会比较、社会交换的理论基础能呈现出帮助、保护的积极社交氛围。其中，社交氛围由穆斯和莱姆克（1992）定义为环境的特征（personality）。

（1）社会支持的前因变量：社交网络（social network）文献研究发现，社会支持的提供可以通过社交网络作为通道来实现（Kahn，1979，Kahn，Antonucci 1980，Hogue，1985）。戈特利布（Gottlieb，1983）和伯克曼（Berkman，1984）将社交网络描述为人们之间的互动，通过社交网络人们可以被给予帮助和消除无助感，与社会支持不同的是，社交网络的结构是一种互动过程，大的社交网络的存在并不代表会带来大的社会支持。社交嵌入（social embeddedness）指的是，人们不得不在社交网络中对他人产生重要影响而产生的彼此连接（Barrera，1986）。一定程度的联结或社会嵌入的存在，能帮助人们在环境中获得社会支持。社交氛围（social climate）被定义为环境的特征（Moos，Lemke，1992）。社会氛围的质量会促进社会比较、竞争和社会支持属性的变换，社交网络中个人较好的社会嵌入或链接易于创造更好（具有帮助性和保护性的）的社交氛围，此时社会支持才会发生。社交网络（social network）、社交嵌入（social embeddedness）和社交氛围（social climate）被认为是社会支持的重要前因变量。

（2）社会支持的结果变量：斯图尔特（Stewart，1991）研究发现，社会支持对人们焦虑的产生存在缓冲效应。社会支持的结果变量，基本上都被涵盖在积极的健康状态的概念体系之下。比如：个人的胜任、健康维系行为、有效应对行为、稳定感、自我价值的认识、积极情感和心理状态、焦虑和沮丧感的降低等。比如，斯图尔特（1993）发现，社会支持与人们的健康应对能力和沮丧感的降低相关（Buschmann，Hollinger，1994），在压力状态下个人竞争力的增强（Krause，1987），积极情感、稳定感、自我价值的认知（Cohen，1988），以及生活的满意感或心理状态（Lambert et al.，1989）。

4.4.2.4 市场营销研究中的“感知社会支持”

个人的一些特征，包含吸引力、社会技巧、反应和相似性都对人与人之间良好关系的建立产生贡献（Fehr，1996）。而人与人之间尝试建立的社会联结（social bonding），有时会对人们对核心服务或产品的判断形成有力的影响（Berry，1995；Czepiel，1990；McCallum，Harrison，1985）。社会支持、倾听，以及一些市场交换的相关研究表明，人与人之间自我表露、礼物赠送等象征性行为与人们彼此之间建立起的友谊密切相关（Crosby，Evans and Cowles，1990；Fehr，1996；Price，Arnould and Deibler，1995；Price，Arnould and Tierney，1994）都属于社会支持的范畴。

许多研究者发现，消费者常常愿意在市场环境中寻求来自他人的支持（Adelman，Ahuva，1995；Adelman，Ahuvia and Goodwin，

1994；Goodwin，1997；Goodwin，Gremler，1996；Gremler，Gwinner，2000；Gwinner，Gremler and Bitner，1998）。在营销文献中，社会支持通常发生在人与人之间的口头交流或非口头交流中。这种交流可以发生在员工和顾客之间，在这个过程中所激发出来的资源交换能在某种程度上激发顾客的满足感。在此基础上，心理学家和健康研究者将社会支持看作是一种能提升个人健康和寿命的帮助性资源（Rook，Ituarte，1999）。然而，现有大部分研究的关注重心在于，探讨来自家人和朋友（family and friends）的社会支持，对商业环境中的社会支持问题还欠缺关注和深入探讨。罗森保姆（2006）开创性地将社会心理学和健康理论视角整合入营销研究中，阐明了由商业关系中提供的社会支持能满足消费者陪伴和情绪性社会支持需求的观点，为我们的研究提供了分析思路。

（1）服务环境中获得的社会支持及分类。

服务营销学者阿尔德曼（Adelman，1995）将社会支持定义为服务提供者对客户口头或非口头的交流，从而减少交易中的麻烦。尽管社会支持的对象是人与人之间的交流，然而，来自不同领域的研究者对此概念的诠释却不尽相同。正如前文已经提到的，心理学家将社会支持定义为“对个人喜爱和在意、尊重、认为有价值事物的体验或感知，是个人承担责任和支持的社交网络的一部分”（Taylor et al.，2004）。健康研究者将社会支持定义为“个人感知到的可利用的社会资源，或在正式的支持群体和非正式的帮助关系背景下由职业人员提供给人们的一种关系”（Cohen，Gottlieb and Underwood，2000），比如，在商业环境中遇到的顾客之间的关系。阿尔德曼验证了在服务营销中社会支持的角色和社会支持对顾客服务推荐意愿的影响，研究发现在可观察的主要的服务接触中顾客都能从中获得社会支持和社会心理盈利，而顾客对这些支持的评估也与他们对服务的推荐意愿密切相关，这项研究着重强调了在服务接触中人际间接触质量的重要性，并为商业交换中社会支持探索的延伸做了较多的早期工作。

古德温（Goodwin，1997）认为，在服务环境中顾客与顾客间按照关系的形成分为陌生人、朋友、准家庭成员（quasi-family members）三类。

第一种情况，当顾客之间的关系是陌生人时顾客间的支持不存在，而当顾客间是朋友关系时支持便存在，当顾客间是准家庭成员关系时，他们从彼此之间获得的社会支持类似于从传统的家庭成员那里获得的。当顾客之间的关系是陌生人时，麦克格拉斯和奥特奈斯（McGrath，Otnes，1995）对参与过彼此之间短时的、打招呼式的互动的不熟识顾客产生的影响进行了研究。他们发现，在零售环境中即使经常相互帮助的不熟悉顾客之间存在"两面效应"（Janus effect）。这种效应也出现在哈里斯、拜伦和拉德克利夫（Harris，Baron and Radcliffe's，1995）的实证研究中，他们发现25%的IKEA购物者认为与其他不熟识顾客间的短期交谈会提升他们的购物乐趣，50%的购物者认为正好相反。然而，不熟识顾客投入到长时间交谈的互动中（e. g.，Harris，Baron，2004；Arnould，Price，1993）被发现，他们能通过服务信息交换降低焦虑感而获得满足，通过其他顾客的帮助参与到服务过程中来、扮演部分员工的角色，以及在排队等候时通过"社会互动"（social interaction）来降低厌烦感。

第二种情况，当顾客间是朋友关系时，顾客常常与同伴和朋友一起去购物中心购物和享受服务，人们常常将购物作为一种彼此陪伴的方式（Hayko，Baker，2004）。有些研究认为，这种单纯的陪伴购物虽然能给顾客带来享乐性的乐趣，却不能给商家带来财物价值，因为这样的顾客常常是无需求的顾客（Graham，1991）。还有一些研究发现，与朋友常去购物的年轻女孩会经常带她们的母亲回来购物（Hayko，Baker，2004），购物同伴也会鼓励他们的朋友进行购买（Woodside，Sims，1976）。

第三种情况，当顾客之间是类家庭成员关系时，有些顾客进入市场购物不仅是为了满足消费需求，同时，也需要获得陪伴或情绪上的支持（Rosenbaum，2006）。豪斯（1981）指出，人们常常依赖家庭和朋友获得支持，然而作为现代社会副产品的流动人口的增加、收入的成倍增长、城市亚社区的出现、人口的老龄化加剧，都使得从传统渠道获得社会支持和维系支持性关系变得越来越难。另外，奥登伯格（1999）提出了“第三地”（“third places”）的概念。餐饮场所（Rosenbaum，2006）、美容沙龙（Price，Arnould，1999）、健身房（Unger，Johnson，1995）这些“第三地”将成为人们从其他顾客获得维系支持性关系以及从朋友、家庭、合作者那里得到资源的重要公共场所，这也是本研究的一个重要的着眼点。

（2）地点与社交线索研究中对“社会支持”的阐述。

如第 2 章所述，相比物理环境刺激对消费行为影响的过多研究，社交刺激的相关研究还较为稀少。自比特纳（1992）将消费环境概括为包含物理的、社交的和自然刺激三类刺激因素以来，大部分研究的关注点主要表现在对物理刺激问题的探讨上。在此基础上，图姆斯和麦克-肯尼迪（2003）将社交服务场景归纳为影响顾客趋避行为的五类因素。然而，其他研究者（Baker，Grewal and Parasuraman，1994；Baker，Levy and Grewal（1992）将消费环境中的社交因素理解为包含数量和亲近性的两类社交维度，这些社交维度被认为能影响消费者对消费环境的愉悦评价以及店铺服务质量的判断。营销领域以外的文献，包含环境心理学（environmental psychology）（Gustafson，2001；Manzo，2005）和人文地理学（humanistic geography）（Relph，1976；Tuan，1971）研究认为，地点不仅包含物理属性还包含可观察行为、功能和含义，而这些都会提升人与人之间的社会关系。比如，人文地理学家段义孚（Yi-Fu Tuan，1971）认为，将某个地点变得有意义，是因为人们识别出了超越地点自身的属性。比如，有人会仅仅将理发店作为地点来满足消费需求，其他人则可能将这家理发店当成自己的家。这是因为，在这一个地点消费者在此感受到庇护感（refuge）和与其他人在一起的归属感（belonging）。环境与社区心理学家最早以居民区为背景探讨了家庭的观念（Manzo，2003，2005；Moore，2000），比如，奥登伯格（1999）指出，那些第三地（third-place）的常客，常常将这些消费地点看作是朋友间社交的地点。因此，假如消费者在一个商业环境下维持社交关系，这种社交关系会由单纯的消费关系演变为情感关系。Gustafson（2001）则指出，当人们熟人、亲属、朋友之间的关系在同一个地点得以提升，该地点也变得有意义。然而，顾客如何将商业环境转化为“第三地”的情感关系的过程和原因，目前尚不清晰。

（3）资源交换视角下“社会支持”的相关研究。

福阿（Foa，1971）的资源交换理论提出，人与人之间会彼此交换爱心（love）（比如，对在情感上表达的关心、温暖或舒服），地位（status），信息（information）、金钱（money）、物品（goods）和服务（service）六种资源。这些资源由两种类型构成：具体的资源 VS 象征性资源；特殊性资源 VS 普遍性资源。具体性表达的是资源的无形性（比如，实体的货物或象征性的信息）。特殊性表达的是，所传递资源所代表的个人的价值（比如，与特定的某个人之间爱心的交换 VS 与某个不相识的人之间的金钱交换）。福阿认为，人们彼此之间距离较为接近（proximal）的资源，比距离较大的资源更容易传播。比如，接受了别人爱心的人更愿意以爱心反赠别人，而非金钱上的返还（Foa，Foa，1974）。在服务研究中，有不少研究是采用了资源交换理论来阐述这类现象，见表 4 - 3。比如，罗森鲍姆和马西亚（2007）的相关研究，就在服务研究框架下探索了社会支持对顾客自愿行为的影响关系，特别探索了在某健身服务场所，作为俱乐部成员的顾客从其他顾客那里接收到的社会支持（包含情感支持、陪伴和工具支持）或顾客间的社会支持关系（Adelman，Ahuva and Goodwin，1994）。作者阐述道：“尽管顾客也可以从服务员工那里获得社会支持（Kang，Ridgway，1996），或从一起购物的朋友那里获得社会支持（Hayko，Baker，2004），而这篇文章则着重探索那些在服务场所产生互动而引发的社会支持。而对这一类社会支持（intercustomer support）的研究，先前的文献对

表4-3 服务营销中“感知社会支持”的相关研究

文献	自变量	因变量	研究结论	研究情境和理论视角
罗森鲍姆和马西亚（Rosenbaum，Massiah，2007）	社会支持	顾客自愿行为	在服务环境中，从其他顾客那里获得社会情感支持和较低的工具支持的顾客，会通过向商业组织和商业组织中的顾客展示顾客自愿行为来作为回报	大都市健身场所；资源交换理论
阿德尔曼和阿胡哈（Adelman，Ahuvia，1995）	社会支持	服务推荐意愿；服务满意	探讨了服务营销中社会支持的角色，并发现在服务传递中服务提供者能通过传递社会支持对顾客和服务都起到影响作用	非盈利婚介服务机构；角色期望理论
罗森鲍姆（Rosenbaum，2006）	获得社会支持的频繁程度	服务忠诚	作者使用扎根理论研究方法探讨了在“第三地”这样的服务环境中所接受到的以他人陪伴或情感支持为表现形式。在此基础上，作者通过对老年人群的大规模数据调研，揭示了获得社会支持的频繁程度与人们对服务环境的忠诚度之间具有正向关系	餐饮环境（酒店、咖啡厅、宴会场所）；关系——“第三地”理论
罗森鲍姆和斯莫尔伍德（Rosenbaum，Smallwood，2013）	员工社会支持	病人生活质量	扩展了“第三地”范式（third-place paradigm），探索了在癌症康复中心来自服务人员的社会支持对病人生活质量的影响	医疗服务（癌症康复中心）；“第三地”研究范式
罗森鲍姆等（Rosenbaum et al.，2007）	社会支持缺失得分	地点认同、依赖、承诺和生活方式	社会支持的缺失，会驱动消费者通过建立与商业服务场所中的员工及顾客间的关系来进行补偿和替代。顾客的地点依恋感在社会支持和顾客对“第三地”的认同、依赖、承诺和生活方式的呈现之间具有中介作用	芝加哥餐饮提供商地点；依恋理论；资源交换理论

续表

文献	自变量	因变量	研究结论	研究情境和理论视角
罗森鲍姆（Rosenbaum，2008）	来自其他顾客的社会支持	满意、感知团结、未来行为意图	将服务营销研究中引入“社区回报”的概念。在三类服务环境中（音像店、健身房、女性健身中心）研究了顾客获得的社会支持与其健康回报和财务回报之间存在的相关性	音像店、健身房、女性健身中心三类环境的比较（亚利桑那州）；关系视角
罗森鲍姆和王（Rosenbaum，Wong，2012）	社会支持	健康状态	中国澳门地区和美国的年轻的即时信息服务的使用者，都能从虚拟网络中获得社会支持。然而，这两个样本地区的年轻人同时也体验到较高水平的网络成瘾和 ADHD 症候风险	针对年轻人的即时信息服务（中国澳门地区和美国的样本）；注意短缺理论
格罗夫和帕瑞（Glover，parry，2009）	社会支持	健康问题	俱乐部中的病症患者之间，能建立起物理的、社交的、情感上的社会支持，成为患者康复医疗的一种补充。成员们将俱乐部看成是一种逃离家庭意愿的第三去处，健康上的问题也会减轻	医疗服务（多伦多健康俱乐部）；第三地（third place）理论
罗森鲍姆（Rosenbaum，2009）	社会支持	商业关系的维系/财务盈利	社会支持在服务企业员工和顾客间维持商业关系上扮演着中介的角色。服务员工与消费者之间通过传递各种形式的社会支持来维系商业关系，服务提供者也未获得更高的财务盈利	美国餐饮行业；关系营销视角

此研究十分稀少”（Clark，Martin，1994；Guenzi，Pelloni，2004）。罗森鲍姆和马西亚（2007）使用资源交换理论来解释在服务环境中，有些顾客表现出的以顾客公民行为（customer citizenship）和顾客关注行为（customer care behaviors）为主要形式的顾客自愿表现（customer voluntary performance）。研究发现，在服务环境中，从其他顾客那里获得社会情感支持和较低的工具支持的顾客，会通过向商业组织和商业组织中的顾客展示顾客自愿行为来作为回报。总的来说，服务环境中的社会支持，对顾客的健康状态以及企业的盈利都具有重要影响。

尽管营销研究者在一定程度上探讨了商业社会支持带来的影响（e. g. ，Adelman，Ahuvia，1995；Price，Arnould，1999），但整体上，为数不多的服务营销文献的研究重点都集中在建立朋友之类陪伴关系（companionship）的联结上来发展服务提供商和客户间的关系，或是建立具有共同个性（比如，产品知识的透明、爱心关注、优势共享等）和动态化（布局、社交背景）的产品和品牌社区（Muniz，O’Guinn，2001），而不是着重去探索服务环境中顾客间形成的丰富的社会支持。罗森鲍姆（2006）也提出类似的观点，除了参与品牌/产品社区的满意顾客之间的陪伴关系引起了研究者的探索外，很少有市场研究者关注消费行为中的情感支持。情感支持与个人的健康状况和幸福状态之间的关系，比其他任何类型的社会支持都要联系密切。事实上，服务环境中的社会支持，对于顾客和服务企业来说都代表着一种双赢的境况。通过了解顾客倾向于表现为“部分员工”的原因，所有服务组织都能从了解其原因中获得财务上以及服务质量上的优势。这种解释也与凯利，唐纳利和斯金纳（Kelley，Donnelly and Skinner，1990）所倡导的顾客作为“部分员工”所发挥的“顾客技术质量”（比如，顾客在服务接触中表现的顾客行为）和“顾客功能质量”（比如，顾客对消费环境表现的人文关怀）的观点不谋而合（Rosenbaum，Massiah，2007）。

4.4.3 情绪表现的相关研究

4.4.3.1 环境心理学"M－R"研究范式中的情绪表现

正如前文所提到的，S－O－R模型的基本范式被广泛应用于环境心理学当中，来解释个人的认知、行为和情感反应（Lin，2004；Turley，Milliman，2000）。在此基础上，多诺万和罗斯特（1982）将梅拉比安—拉塞尔的环境心理学模型（M－R）作为服务场景（氛围）研究的基本框架，这个框架显示：顾客的情绪状态是其店铺中消费行为的重要心理中介因素，情绪反应会影响顾客在店铺消费的时间长短和花费金额。自此之后，许多研究者使用M－R模型来进行店铺氛围的相关研究（Gardner，1985；Golden，Zimmer，1986；Babin，Darden，1995）。零售或服务店铺的环境向来是重要的研究内容，店铺环境包含许多会影响店内顾客情绪的线索和信息。情绪状态在影响消费行为时，往往是转瞬即逝的（Markin et al. 1976；Kotler，1973；Dawson et al. 1990；Gardner，1985），它能够影响消费者的多种店内行为，包含时间花费（Donovan，Rossiter，1982）；购买数量（Rook，1987）；未来光顾（Swinyard，1993；Golden，Zimmer，1986）；商店和产品的评价（Gardner，1985）。情绪表现被纳入框架中的一部分，是因为它们会对顾客的目标获得、随之带来的行为反应以及由组织创造或控制的环境刺激直接带来的影响会产生启示。对于那些展示的行为与组织目标一致（服务重购、积极传播口碑推荐）的顾客来说，顾客能够通过购买服务实现其自身的目标就十分重要。在社交服务场景中，顾客所表达的情绪有可能从服务体验、他人的陪伴、环境、环境中创造的氛围中来。

从概念上来看，本质上，情绪是多构面的，在不同的被激起的体验状态中人们体验到的情绪状态有所不同（James，1890），导致了情绪的概念也被学者们进行了多重定义。比如，沙克特和辛格

（Schachter，Singer，1962）认为，情绪是一种经过认知评价过程后整体上被唤醒的状态。在加德纳（Gardner's，1985）对消费行为中情绪反应的综述研究中，情绪状态被定义为，容易被激发的适度的情感状态（affective states）（Schwarz，Clore，1983）。拉塞尔和斯诺德格拉斯（Russell，Snodgrass，1987）发现，情绪（通常是心理学家所说的情感）的定义是十分模糊的。他们认为，情绪反应通常可以是相对长期的倾向，比如，对某些人和事物的爱，也可能仅仅是一种短期的状态。而直接指向环境的情绪，往往聚焦于情感唤醒。巴戈齐等（1999）则将情绪定义为，从对事件或想法的认知评价上升而来的一种就绪的精神状态，它具有现象逻辑学的特点，由心理逻辑过程完成，但常常又是通过物理的、客观的状态表达出来；常常通过特定的行动来肯定和处理这些情绪，由它的本质和情绪出现的个体而决定。

在情绪表现的衡量方面，梅拉比安和拉塞尔（1974）提出了对环境中刺激的情绪反应的两极化（bipolar）测量量表。享受感（Enjoyment）是伊泽德（Izzard，1977）所提出的各种积极情绪中的一个，另外一个是兴趣（interest），情绪状态（emotional state）也可以与梅拉比安和拉塞尔（1974）概念框架中的愉悦（pleasure）进行互换。拉塞尔和普拉特（1980）进一步将愉悦定义为当一个人感觉满足、高兴、满意、喜欢、愉悦时的情绪状态。

此外，情绪文献对正性情绪进行了不同维度的分类，在消费行为研究中伊泽德（Izzard's，1977）、普拉契克（1980）和拉塞尔（1980）的相关研究得到关注和使用较多。其中，伊泽德（Izzard's，1977）的原始差异情绪量表包含 10 种原始情绪：好奇（interest）、喜悦（joy）、惊喜（surprise）、忧伤（sadness）、愤怒（anger）、厌恶（disgust）、蔑视（contempt）、恐惧（fear）、害羞（shame）和内疚（guilt）。原始量表涵盖灵活度和全面性，使得这些情绪标签在各种研究背景下被广泛使用（Holbrook，1986；Westbrook，1987）。伊泽德（Izzard's，1979，1980）在情绪分类的传统范式之下辨别出影响情绪反应的共同因素，并认为情绪的效价（valence）和激活（activation）是最基本的维度。普拉契克（1980）从心理进化框架得出了人类的 8 类基本情绪（包含愉悦、期待、接纳、恐惧、惊喜、悲伤、厌恶、愤怒）的划分，并将这 8 类情绪纳入一个环形模型中，临近情绪之间会相互合并形成初级混合（primary dyads），混合后的情绪合并在一起会形成次级混合（secondary dyads），并依次形成三级混合（tertiary dyads）。比如，爱（love）是由愉悦（joy）和接纳（acceptance）情绪组合在一起的。拉塞尔和拉尼厄斯（1984）应用 40 个情绪的常用概念提出了情绪唤醒模型，发现情绪具有愉悦水平（pleasure）和唤醒水平（arouse）两个独立的描述维度。其中，效价维度由愉悦/不愉悦影响，激活维度由唤起/未唤起影响。在此基础上，沃森和特勒根（1985）对拉塞尔的分类进行了更细地划分，还提出了激活/未激活正性情绪和激活/未激活的负性情绪。

虽然情感体验的主要结构维度被普遍认为是从愉悦（pleasant）到不愉悦（unpleasant）的连续结构（Russell，1983），不过，在消费相关的情绪研究中也发现此类划分具有一定局限。比如，韦斯布鲁克（Westbrook，1987）认为，非两极化的框架更适合于消费体验的研究，在消费情绪体验中会存在较多的模糊不清或愉悦和不悦并存，以及愉悦和不愉悦都未发生的情绪状态。巴宾等（Babin et al.，1998）指出，两极化的情绪测量方式虽然使用起来较为方便，但在捕捉消费者情绪上并不十分恰当。事实上，人们感受到消极情绪并不妨碍积极情绪的产生。个人情绪体验报告的相关研究发现，个人的情绪包含积极情绪和消极情绪两个相互独立的非两极化的维度（Abelson et al.，1982）。按照这种研究思路，扬科和施潘根贝格（Yalch，Spangenberg，2000）将独立开来的“积极情绪”和“消极情绪”模式替代先前的“愉悦”和“唤起”模式，来测量两种情绪与购后行为意图之间的关系。

情绪还被认为是内在的、基于特定的课题和参照物而出现的

（Clore et al.，2001；Frijda，1993）。从这个意义上来说，情绪不仅包含对评价的反应，还包含行动趋势（Frijda，1986；Izard，1991）。在情感文献中，情绪具有改变人们思考过程的重要作用（e. g.，Morris，1989）。情绪常以一种自发的状态出现，也常常偏误我们的记忆和思考过程（Bower 1981；Clark，Isen，1982；Luomala，Laaksonen，2000）。

综上所述，本书发现情绪在研究外界环境的影响刺激到消费者趋避行为的变化过程中扮演着重要角色。随着研究的不断深入，学界对情绪概念和维度分类逐渐呈现出多元化和整体性，在本书中，对情绪反应的衡量仍然沿用被最广泛认可的“愉悦”水平和“唤起”水平两维度的经典情绪衡量方式。

4. 4. 3. 2 服务营销中情绪研究的角色

情绪在服务营销中扮演着重要的角色（Price，Arnould and Tierney，1995），由于服务的体验本质和情绪的本质特征使得传统研究方法对于情绪的研究颇有难度（Grove，Fisk，1992；Shostack，1977）。马蒂纳和恩茨（Mattila，Enz，2002）论证道，消费者在服务接触中所产生的情感会影响顾客对企业服务的整体体验，顾客在服务接触中的情绪表现与其随后对服务接触的整体评价高度相关。

先前研究发现，在服务接触中，顾客与服务提供者之间的人际互动所引发的情绪状态将影响服务接触质量（Gardner，1985；Menon，Dube，2000）。与服务员工的接触，会影响顾客的情绪状态，往往通过服务人员的在场（presence）、信息内容传递（message content）、外表吸引力（attractiveness）、身份（status）、人际关系（interpersonal relationship）来产生作用（Rafaeli，Sutton，1987）。除此之外，有些研究还指出，了解顾客间的人际过程是消费情绪研究的核心环节，对情感的相关研究都表明，事件、个人、客观事物都会引发直接影响人们情感的情绪（e. g.，Schimmack et al.，2000），也就是说，情绪具有社交性，而非孤立存在的个人过程（Domagalski，1999）。积极情绪不仅与愉悦相关，还与高水平唤起发生关联，在行为目标上从个人中心（self-centred）转向他人中心（other-centered）（Bagozzi，Gopinath and Nyer，1999），而呈现他人中心的意图意味着在即时环境中与其他人的交流有所增加，情绪在社交服务场景中的行为模型中扮演着重要的中介角色。

然而，在服务营销研究中，作为社交刺激的另一类因素——“其他顾客”线索对消费者情绪表现带来的影响仅得到了部分研究者的关注（Uhrich，Benkenstein，2012；Tombs，McColl - Kennedy，2002；Argo et al. ，2005；Namasivayam，Mattila，2007；Tai，Fung，2011）。因此，探讨“其他顾客”线索所引发的顾客情绪具有重要的意义。

4.4.4 服务满意的相关研究

4.4.4.1 服务满意的概念及研究概况

对于任何一家企业来说，顾客都是其生命之源，顾客满意对企业持续生存具有关键作用。相对于提供产品，服务传递中顾客的满意就更显得重要。产品提供所引起的顾客满意主要集中于产品本身，而在服务领域却并非如此。服务行业大多提供的是无形产品，而满意是对服务表现的一种感知而不是某种客观实体（Berry，1987）。在服务接触过程中，服务满意取决于顾客对服务提供者行为的体验和反应，同时它还受到服务环境的影响。服务场景被认为在顾客的服务交换和满意产出的关系之间扮演着重要的角色，在先前的研究中它已被证实扮演着重要的前置变量和中介变量的作用（Namasivayam，Lin，2004）。“当服务场景呈现出不充分和负面性时，要想获得顾客一定程度的服务满意，无形或核心服务必须具有更高的水平”（Namasivayam，Lin，pp. 11 – 12）。环境能影响顾客的情感反应（情绪），并由此影响顾客在环境中停留（stop）或逃离（escape）的意愿、与环境中的其他人亲近的意愿以及他们是否愿意花费时间和金钱的意愿（e. g. ，Babin，Hardesty and Suter，2003；Donovan，Rossiter，1982；Dubé，Chebat and Morin，1995；Shaffer，Sherrell，1997；Wakefield，Baker，1998）。

随着服务行业的发展，服务要素得到的关注也越来越深入（Rust，Zahorik and Keiningham，1996）。厂商逐渐意识到，经营的实质目的是服务顾客，实体产品仅仅是服务总体的一部分。消费者对产品和服务反应的相关研究，主要包含两个流派——质量和满意（e. g. ，Oliver，1981；Parasuraman，Zeithaml and Berry，1988），事实上，许多服务行业根本不提供实体产品，对服务传递过程的探讨使得服务质量（Parasuraman，Zeithaml and Berry，1988）的研究和服务过程的识别（Bitner，Booms and Tetreault，1990）得到较早关注。与此同时，有不少学者开始对顾客满意（customer satisfaction）问题进行深入研究（e. g. ，Oliver，1980；Oliver，DeSarbo，1988；Tse，Wilton，1988；Westbrook，1981）。

现已出现大量的理论框架来解释顾客满意的前因。其中，建立在预消费（preconsumption）比较基础上的确定/不确定（confirmation/disconfirmation）范式（比如，期望）已涌现成为最被广为接受的范式。这类顾客满意的研究，主要集中在确定/不确定范式下对期望、感知表现和满意的认识上（Krampf et al. ，2003）。它表达的是，当面对交易接触时，消费者在趋近环境时会带有特定的期望，而一般的期望又会基于先前的体验、与他人交流的经验、营销活动所曝光的形象等方面，在交易过程发生后，消费者会将这些期望与他们实际所体验到的服务表现进行比较（Alford，Sherrell，1996）。期望和感知表现之间会引起顾客的满意（确定或积极的不确定）或不满意（消极的不确定）（Homburg et al. ，2002）。期望是消费者满意的一个重要的决定因素（Punj，Stewart，1983），“期望—不确定性”模型在多类消费背景中得到了实证验证（Oliver，DeSarbo，1988；Spreng，Mackoy，1996；Tse，Wilton，1988）。

“服务满意”的研究者意识到，纯认知方式在构建“满意评价”上是十分不充分的。当我们对评价过程进行讨论时，被广为接受的观点是，认知和情感在导致满意评价的过程中，一部分归于对产品或服务刺激的认知反应，另一部分归于情感反应（Lin，2004；Oliver，1997）。奥利弗（Oliver，1989）认为，在现代消费领域，顾客满意或不满意不能单纯从概念层面来理解。事实上，当商家所传递的产品或服务只满足顾客的基本需求时顾客常常会表现出不满，尤其当顾客的实质需求未得到满足更是如此。比如，餐馆能提供美味的、营养丰富的食物和彬彬有礼的服务，但在这样层次的服务中顾客很难找到额外价值，此时竞争者就可以通过增添一些特殊的娱乐元素来刺激顾客的兴奋程度。赫希曼和霍尔布鲁克（Hirschman，Holbrook，1982）将这种额外的心理利好称为“享乐消费”，并认为在当今的产品和服务环境下只提供实用价值是远远不够的。

此后，学者们开始思索较高程度的积极情绪（比如，愉悦）对满意概念是否会产生补充效应。从早期的“期望－不一致”范式下的顾客满意到情绪基础上的顾客满意文献都认为满意的概念不仅仅包含满足。与此同时，学者们也开始意识到情绪在这个服务满意模型中不容忽视的角色，比如，威斯布鲁克（1987）和奥利弗（1989；1993）就明确指出，在“不确定”效应之外，正面和负面的情感效应也会对消费者满意带来显著影响。不少学者发现，情绪因素也是顾客满意的一类重要影响要素。由此，学者们开始主张满意不仅仅是一个认知的过程，同时也包含着情感因素。随后，奥利弗（Oliver，1997）对“期望－差异理论”的定义进行了修正，指出消费者的满意感是消费者对以往消费经历的认知和情绪反应的综合评价，它是一种对需要的满足过程的判断。

4.4.4.2 情绪表现和顾客满意之间的关系

由于在服务环境中，顾客与其他顾客以及服务员工等人际因素常常发生互动，那么，在服务环境中要对“满意”进行模型构建，了解顾客的“情感反应”将变得至关重要。先前的研究揭示了了解顾客的情感反应，将帮助我们更好地解释服务中的顾客满意（Oliver，1997；Price，Arnould and Deibler，1995；Wirtz et al.，2000；Namasivayam，Mattila，2007）。

首先，心理学文献中长期以来都认为，情绪本身就会影响评价过程（Bless，2001；Gouaux，1971）。在 1980 ~ 1990 年，心理学领域一直都将情绪和社会认知的研究看成最为重要的研究领域，消费者的情绪和他们的评价之间被认为是强烈相关的（Forgas，2000；Guimond et al.，2001）。而且，情绪还被认为能预测消费活动（Allen et al.，1992；Fournier，Mick，1999），大量研究阐述了情绪在产出和事件反应中扮演至关重要的角色。负面情绪往往与更差的表现、健康状况联系在一起（Zeidner，1998）。相反，积极情绪拥有较为清晰的利好（Fredrickson，Losada，2005），预示着卓越的工作表现和评价以及更佳的健康状态（Lyubomirsky et al.，2005）。

然而，从传统上来看，顾客满意通常被看作是一个认知构念——消费者将感知到的服务表现与（期望的）评价标准之间的认知比较（Westbrook，Oliver，1991）。这种以期望理论基础下的认知观为主的顾客满意的认知已在前文中提及（Tolman，1932；Churchill，Sprenant，1982；LaTour，Peat，1979）。然而，认知为基础的这一类对顾客满意的研究却是将情绪基础排除在考虑之外的。事实上，在消费行为中情绪对顾客满意影响的角色又是显而易见的（Havlena，Holbrook，1986；Holbrook，1986；Holbrook，Hirschman，1982）。

研究者发现，在产品决策文献和零售形象文献中，消费表现的评价建立在对整体产品属性或零售设施进行评估的基础上。同时，消费者满意评价还被认为是建立在消费者对环境线索的情绪反应基础上。尽管大部分文献流都将消费者的评价过程看作是理性评价和对目标构成质量权重的客观评估过程。然而，另一研究则认为，消费者的评价过程是受到人们的情感反应（感觉和情绪）的影响形成的（Pham et al.，2001）。其中，威斯布鲁克（1987）的研究表明，情感对服务满意具有显著影响。与之相似的是，利扬德和斯特拉迪维克（Liljander，Strandvik，1997）认为，假如不考虑情感维度的话，满意将不能得到全面的认识，事实上，情感的角色和重要性也得到了实证检验的支持。比如，杜比（Dube，1990）发现，来自消费者的情感报告对满意具有较高的预测性，作者还进一步意识到，相比实体产品来说，来自服务行业消费者的情感报告对消费状况的预测性更强。

奥利弗（1980，1993，1996）指出，情绪在影响顾客满意上具有重要的影响效应。消费行为常常被认为是一种高度社会化的活动，霍尔斯特德等（Halstead et al.，1994）指出，在不同的消费环境状态下，消费者的服务满意形成过程有所不同。以服务为例，服务往往是建立在过程和产出的基础上，因而在服务过程中情绪对服务满意的决定性影响因素就会增强。而在零售环境中，往往所销售的产品是客观实体，情绪所带来的影响就相对较小。比特纳（1992）也同意这样的观点，并指出，在服务行业中，消费者情绪对顾客的服务满意评价带来的影响要更大，这是因为在服务行业中环境往往扮演着更大的角色，由于服务具有的极强不可触知性（Shosack，1977），消费者通过实际的产品来评价服务质量的可能性就更小，因此，消费者极有可能依赖服务环境中所捕捉到的线索来对服务形成评价。在服务消费中，情绪对服务满意评价常常带来重要的影响。总体来说，积极情绪更容易引起更为积极的评价，包含更加积极的顾客满意评价（Mano，Oliver，1993）。

4.4.5 自我建构方式的相关研究

了解人与人之间如何相处往往并非易事。文化特征的属性是极为碎片化和复杂的系统（Andrade，1980），文化所驱动的价值主导效用在许多背景下都能为我们所发现，而以文化为主导的价值观念近年来开始从国家层面逐步转化为个人层面。从最早的国家和文化层面来看，像个人主义—集体主义（individualism-collectivism）这样的解释方式已不再足以对个人层面的文化差异进行较为深入的阐释（Smith，2004）。在个人层面，文化建构较好的解释方式是自我建构（self-construal）理论（Singelis，1994）。

马库斯和北山（Markus，Kitayama，1991）提出了自我建构（self-construal）这一重要概念。自我建构（Self-construal）被定义为，“考虑到自我与他人相关和自我与他人区分的一种思想、感觉和行动的集群”（Singelis et al.，1999）。自我建构常常被认为是一个二维的构念，它被用来表述自我的两个完全不同的方面，分别是关联自我（interdependent self）和独立（independent self）（Singelis，1994；Bearden et al.，2006）。马库斯和北山（1991）认为，拥有独立自我建构的个人相信个人与其他个人之间具有明确的固有区分。正如马库斯和北山（1991）指出的那样，“实现文化上的独立，需要在建构自我时，行为主要参考个人的内部思想、感觉和行为的存储，而不是参考他人的思想、感觉和行为。拥有独立自我关联建构的个体，倾向于更为自治、自我依赖和自我管控。这一类自我属性在不同的背景框架下，都被认为是相对稳定的（Bagozzi et al.，2000；Markus，Kitayama，1991）。相对应的，马库斯和北山（1991）认为，拥有关联自我建构的那些个人与其他人之间具备最基本的联通性（connectedness）。他们将自己看成是不间断的社会关系中的一部分，并认为他们的行为很大程度上取决于关系中的其他人的思想、感觉和行动（Markus，Kitayama，1991）。具有强关联自我建构的个人，相对于那些独立取向的人来说，对公平更感兴趣。他们更倾向于连通性和关系导向，将社交和谐（social harmony）看得更为重要。

自我建构方式的本质，是个体理解和认识自我的方式，是个体关于自我和他人的信念，即个体在多大程度上认为自身与他人相关或是分离。他们认为，自我建构有两种类型，即关联型自我建构（interdependent self-construal）和独立型自我建构（independent self-construal）。关联型自我建构者往往把自己看成是集体或群体中不可分割的一部分，他们更多地受到群体所加的社会规范和责任的驱动，往往优先考虑群体的目标，努力强调与群体的联系。而独立建构者把自我看作是自主和独立的，他们更多受到个人偏好、需要和权利的驱动，优先考虑个人目标。

自我建构经常被用于个体差异方面的测量，然而，现有研究还将它应用于自我不同方面的临时激活，这一类研究认为个人拥有一套完整的相对稳定的自我概念，它们长期存在，但随着社交情境的变化，多样的自我也会被激活（Mandel，2003；Zhang，Mittal，2007）。

在这样观点的指导下，本书也可以认为，相对于独立自我建构者，关联自我建构者对情境中的社交因素（比如，社交在场）将呈现出更高的敏感性，当人们是关联自我建构为主时，社交在场对服务满意产生的影响将高于独立自我建构者。然而，基于身份的动机理论（identity-based motivation theory）认为，当个人是关联自我建构为主时，人们更容易将自己看作是社交群体中的一分子（Triandis，1995），更倾向于认为群体内部的成员关系更为亲密和值得尊敬（Triandis，1989），该模型预测社交背景将使人们更容易实现组织目标并为这些目标的实现而进行自我调节（self-regulation）（Oyserman，2009）。另外，森格里斯（Singelis，1994）的研究表明，独立型自我建构和关联型自我建构是两种相互独立的自我建构类型，但在任何文化背景下，这两种自我建构又同时存在一个个体身上，并能加以测量。因此，本书按照森吉里斯（1994）的划分，将顾客分为关联自我为主和独立自我为主两种类型。

社交在场与自我建构方式之间的关系，一直受到学者的重视。服务环境中的社交在场，常常包含组内（in-group）顾客（比如，朋友、家庭）和组外（out-group）顾客（比如，陌生人），然而，服务环境中不同类型社交在场的研究仍旧十分缺乏，而在其他背景框架下的研究也提供了不一致的研究结果。此外，根据独特性的研究文献，我们发现低独立自我建构的消费者（比如，中东地区的消费者和美国消费者相比）更倾向于遵从和模仿他人的购物选择，在这样的背景下，与他人相似和与群体保持一致被视为是非常重要的文化价值观（e. g. ，Yoon et al. ，2011）。另外，高独立自我建构的消费者更加偏好于喜爱具有独特性的产品（Kim，Markus，1999；Aaker，Schmitt，2001），也就是说，独立自我建构程度的高低与个人的独特性寻求倾向之间密切相关，个人具备较高的独立自我建构程度会使其受到社交在场影响的敏感性减弱。

研究发现，独立自我建构和关联自我建构与不同自我概念（self-concept）的主导有关（Hardin et al. ，2004）。其中，自我概念主导与本书相关的部分是情境独立自我（context-dependent self），情境独立自我表达的是，自我概念中更愿意与情境线索互动，而不是在变化的情境下维持不变的自我概念（Markus，Kitayama，1991；Bagozzi et al. ，2000）。情境独立自我（context-dependent self）被认为是独立自我建构而非关联自我建构的一个重要区分因素（Hardin et al. ，2004）。在这样的解释基础上，本书假定独立自我建构为主的个体，更有可能关注物理环境和社交环境中的线索（Markus，Kitayama，1991；Hardin et al. ，2004）。因此可以推论，独立自我建构为主的人对他人社交在场这样的环境线索具有较低敏感性，而关联自我为主的人对环境中的社交线索则具有较高敏感性（Markus，Kitayama，1991）。

4.5 研究假设的提出和理论推演

环境应激理论认为，良性应激（eustress）是指积极的、令人满意的、挑战性的应激，这种应激是符合人们期望的，它在一定程度上对个体加以唤醒，提醒个体动用各种心理资源，应对来自身体内外环境的挑战。不良应激（distress）是指，使人不愉快的、坏的、破坏性的应激，这种应激常为人们力图避免。当人们认识到个体面对外部刺激引起的紧张状态时，是以一种有意识的积极主动的活动方式来达到内心平衡和内外部协调。应对包含调整个体认识和需求，以期与外部环境相适应的特征。应对过程是个体处于应激环境或遭受应激事件时，为平衡自身精神状态所做出的认知行为上的努力。应对的本质是，个体面对应激情境或事件时，调动自身内部或社会资源对该情境或事件作出认知调节和行为努力的动态过程。

拉扎勒斯（Lazarus，1966）将应对方式划分为问题指向应对（problem-focused coping）和情绪指向应对（emotion-focused coping）两大类。问题指向应对，通过改变自己的行为或改变环境来改善个人和环境的关系。例如，寻找解决问题的方法，搜集信息和寻求帮助，等等。问题指向应对，是一种直接指向应激源的应对方式，而寻求社会支持是一种典型的问题指向应对方式。情绪指向应对，是调节由应激通过认知、心理和行为的努力，改变自己对应激源的想法和感觉，问题指向应对往往在人们感到可控制时占优势（Lazarus，Folkman，1980）。

4.5.1 “其他顾客”线索与感知控制

环境心理学中的行为约束理论认为，过多或不愉快的环境刺激可能唤醒或限制人们的信息加工能力，与此同时，还有一种潜在的影响就是丧失对环境的控制感（perceived control）。

在商业交换中，顾客倾向于被环境中与自己更加兼容（compatible）的其他顾客所吸引（Martin，Pranter，1989）。比如，一个十多岁的年轻女孩会更愿意在其他年轻女孩较多的服装商店购物，而不是都是中年妈妈的购物环境。顾客与他们有较强相似性的其他顾客相处，会更容易获得对环境的控制感。社会认同理论（Tajfel，1981）认为，在社交群体中个人常常需要从他们所处的群体中寻求身份认同和自我认同。人群内的划分，导致了个人愿意加入群体的期望（in group）和与群体外人员区分开来的期望（out group）。在与其他顾客共同分享服务设施的服务环境中，社会认同理论表现为，个人更愿意和那些与他们具有较多相似特征（similar characteristics）的其他顾客身处同样的环境中。中心顾客会比那些自己较容易识别的其他顾客更拥有掌控力，也会因此对服务或零售环境中具有此类特征的其他顾客做出更为正面的评价。

此外，人们常常通过环境中的可利用线索，来分析信息并从中对未知事物进行判断（e. g. ，Huber，McCann，1982）。在商业环境中，其他顾客外表特征常为顾客提供重要的线索（Baker et al. ，2002；Huber，McCann，1982）。提供理论（affordances theory）也表明，人们从物理环境中接受有意义的准入线索，而这样的线索又向人们直接传递信息（Gibson，1979）。在服务消费过程中，消费者会对环境中的社交线索以及设计和空间线索十分关注。这是因为，这些线索能够为顾客对服务组织的评价提供重要的信息（Baker et al. ，2002）。在非商业环境中，人们常常建立在大量的他人视觉特征（比如，外表）的基础上来进行评价和决策（Aronoff，Woitke and Hyman，1992）。正如环境应激理论所指出的那样，人们在日常生活中会对自己周遭的社会文化事件存有一个内在的动态适应机制，其中，情绪应对方式的一个主要表现就是控制感的获得。当服务环境中的其他顾客的外表特征在中心顾客看起来是较为正面的、彬彬有礼时，人们较容易获得对环境的较强控制感。

行为场景理论认为，在特定环境下的个体行为由该环境下的社会系统的自制规范或社会准则来决定（Garling，1998）。而作为对角色理论的一种扩展形式，脚本理论（script theory）揭示了重复性暴露对服务体验的影响过程，也为我们在特定环境中如何实施互动行为提供了指南。脚本描述的是，在某个环境中角色行为的适当次序，当消费者置身一次常规的消费体验中，他们常常会不自觉地得知服务体验应该如何进展（Bitner，Booms and Mohr，1994）。在员工与顾客关系的背景下，脚本理论为背景的相关研究较多（Bitner，Booms and Mohr，1994），但是，在顾客之间关系的内容之下则鲜有提及。而将脚本的角色扩展到服务环境中顾客与其他顾客的可观察性互动中，则应该是理所当然的。比如，在许多服务环境中，顾客从他人那里学习在环境中如何应对，这种集体式的学习将很好地为环境中的合适行为与不合适行为提供示范。假如个人认为环境中其他顾客的行为对适当行为的脚本有所冒犯，他们就极有可能感受到环境中较强的失控感。

最后，本书还发现，尽管在服务环境中，其他顾客的角色并不如服务员工表现得明显，但事实上，在服务环境中顾客所要呈现的角色、遵守的规则以及人们对其行为上的期望则是显而易见的（Grove，Fisk，1997）。人们在特定场合所需要表现的行为是受到一套自我规范的社会系统或社会准则来决定的（Garling，1998），而这些社会准则必将为特定环境背景下人们的行为方式制定出某种期望而服务。比如，一家坐着用餐的餐馆隐含的社会准则是顾客必须等待就座和安排座位。从这个意义上讲，特定服务组织中其他顾客应有的行为表现方式所蕴涵的社会准则或期望，会影响到顾客对服务环境的认知过程。

因此，本书提出以下假设：

H1：“其他顾客”线索（包含相似性、外表、行为适当性）正向影响感知控制程度。

H1a：在服务场景中，其他顾客与中心顾客间的相似性越强，顾客的感知控制程度越强。

H1b：在服务场景中，其他顾客外表特征越正面，顾客的感知控制程度越强。

H1c：在服务场景中，其他顾客的行为适当性越强，顾客感知控制的程度越强。

4.5.2 “其他顾客”线索与感知社会支持

首先，对“第三地”在商业领域（Rosenbaum，2008）和非营利领域的研究（Glover，Parry，2009）还揭示了这样的观点：顾客常常光顾服务场所是由于他们能在这些场所从其他顾客那里获得社会支持的资源。更喜欢到类似“第三地”这样的场所寻求来自其他顾客的社会支持（Rosenbaum et al.，2007）。与此相似的是，那些自身正在经历疾患的人会在“第三地”这样的场所通过与其他顾客待在一起来寻求安慰（Glover，Parry，2009）。值得注意的是，社会支持常常并不是在某个单一资源传递时较有效，而是在“同乘一艘船”的人群那儿更为有效。

进一步来说，有研究发现，个人的一些特征包含吸引力、社会技巧、反应和相似性，都对人与人之间良好关系的建立产生贡献（Fehr，1996）。虽然我们常说的社会支持感来源于家人、朋友和合作伙伴，但来自服务环境中其他顾客（常常表现为陌生人）的可观察性特征（包含与自身的相似性、外表特征、行为相似性）也会影响到人们所获得的社会支持感。人们更容易从那些与自身处于较为接近或相似的群体中，获得价值的认同或支持感。人们也更容易从那些自己认为外表特征较为正面的他人那里，获取到较高的社会支持感。类似地，当他人的行为表现比较适当时，人们也较容易获取社会支持感。因此，本书提出以下假设：

H2：“其他顾客”线索（包含相似性、外表、行为适当性）正向影响顾客的感知社会支持程度。

H2a：在服务场景中，其他顾客与中心顾客间的相似性越强，顾客的感知社会支持程度越强。

H2b：在服务场景中，其他顾客外表特征越正面，顾客的感知社会支持程度越强。

H2c：在服务场景中，其他顾客的行为适当性越强，顾客感知控制的程度越强。

4.5.3 感知控制与情绪表现

控制感被广泛认为是人类活动的重要驱动力，它常常被定义为个人对环境竞争力、优势度和掌控力的需求和状态（Hui，Bateson，1991）。实证研究发现，感知控制的增加，将对个人的生理、心理状态产生积极的作用和影响，这些影响包含心理反应、任务表现、对痛苦和沮丧的承受力、自我报告的痛苦和焦虑等（Sherrod et al.，1977；Staub et al.，1971；Szpiler，Epstein，1976）。

人们对于控制、掌握的信念，在心理学文献中情绪状态的相关理论解释来说是个重要概念（White，1959）。感知控制所代表个人影响和预测产出的能力（Rothbaum et al.，1982；Skinner，1996），在人类适应中扮演着重要角色。在儿童心理学研究中，许多研究者讨论了“焦虑和失落”（anxiety and depression）作为一种情绪被干扰的状态，受到“感知控制”影响的重要性。虽然这些研究所提及的概念是掌管和控制（mastery，controllability）（e. g.，Barlow，Chorpita and Turovsky，1996）或无助和失望（helplessness and hopelessness）（Alloy et al.，1990）。大量研究证明，感知控制与焦虑之间存在相关性，人们对情境掌控的有限性（limited control）在焦虑的形成和发展中扮演了重要的角色（Chorpita，1998）。大量实验和自然环境所发生的状况表明，缺乏控制（lack of control）对个人的心理、生理健康、行为和动机都具有重大的负面影响（Gatchel，1980；Syme，1989；Thompson，Spacapan，1991）。在对生活中重大事件的调整（Bulman，Frieze，1983；Taylor，1983），对压力或痛苦的处理（Miller，1979）和表现（deCharms，1968）中，感知控制都扮演着重要的缓冲作用。过去的相当多研究支持了这样的观点，控制的信念在很多领域都具有重要影响。比如，在很多情况下，较高程度的感知控制与更好的情绪状态联系在一起，预示着对压力状态的更成功地处理，更好的健康状况，更成功地做出行为决策和表现改进（Thompson，Spacapan，1991）。比如，有研究在旅馆服务及餐饮业两类环境中，验证了“感知控制”和“公平”对顾客服务接触满意及情绪表现的共同影响效应，结果表明，在服务生产和传递过程中，当“直接控制”缺失时，“代理控制”将会发挥重要作用（Namasivayam，2004）。在零售环境中，顾客感觉到高控制感时（in control），也被认为是在较为良好的情绪状态中，或是更为投入时（Ward，Barnes，2001）。因此，从上述研究线索中，我们可以得出结论：控制感是情绪表现的重要前因变量，而且，人们在环境中获得的控制感会积极影响人们的情绪状态和表现。

此外，还有研究（Mehrabian，Russell，1974；Russell，1980）表明，情绪的愉悦（pleasure）和唤起（arousal）两个维度都会受到外在环境刺激引发的控制感的影响而发生变化。外在的环境刺激会影响唤起和愉悦程度，比如，紧张或密集的环境会加剧紧张和唤起（Stokols，1972）。我们认为，环境中出现的三类“其他顾客”线索会产生紧张感和削弱人们的问题处理能力，在“其他顾客”线索较为正面的环境中，消费者会体验到较高的愉悦情绪水平（pleasure）和较低的唤醒情绪水平（arousal）。因此，本书做出以下假设：

H3：人们在服务场景中获得的感知控制程度与情绪表现呈正向相关。

H3a：人们在服务场景中获得的感知控制程度与愉悦水平之间呈正相关。

H3b：人们在服务场景中获得的感知控制程度与唤醒水平之间呈负相关。

4.5.4　感知社会支持与情绪表现

消费者常常愿意在市场环境中寻求来自他人的支持（Adelman，

Ahuva，1995；Adelman，Ahuvia and Goodwin，1994；Goodwin，Gremler，1996；Gremler，Gwinner，2000；Gwinner，Gremler and Bitner，1998）。在营销文献中，社会支持通常发生在人与人之间的口头或非口头的交流过程之中。这种交流可以发生在员工和顾客之间，在这个过程中所激发出来的资源的交换能在某种程度上激发顾客的满足感。在此基础上，心理学家和健康研究者将社会支持看作是一种能提升个人健康和寿命的帮助性资源（Giles et al.，2005；Rook，Ituarte，1999；Stroebe，Stroebe，1996）。

正如前文所指出的那样，在环境应激理论中，感知社会支持作为一种应对资源的角色十分重要。感知社会支持时常扮演着压力性生活事件与个人症候之间的缓冲角色（Andrews，Tennant，Hewson and Vaillant，1978；Barrera，1981；Brandt，Weinert，1981；Gore，1978）。现有研究中，有许多证据表明社会支持会产生直接的帮助性影响效用，尽管压力水平或干扰在个人的生活中时有发生（Broadhead et al.，1983）。还有一些研究则表明，社会支持通常扮演的是一种缓冲效应，它能防止压力给个人造成的伤害性影响（Cohere，McKay，1984；Gore，1981）。上述两个观点都表明，社会支持在环境中不仅能扮演直接的帮助性影响效应，还能在产生压力的状况下扮演缓冲（buffer）的角色。大量研究表明，许多竞争过程机制可用来解释社会支持在负担－压力关系中的角色，并发现社会支持能调整两者之间的关系（Cohen，Wills，1985；Osipow，Davis，1988）。因此，本书假定感知社会支持会带来正向的愉悦水平和负向的唤醒水平。

H4：人们在服务场景中获得的感知社会支持正向影响情绪表现。

H4a：人们在服务场景中获得的感知社会支持正向影响愉悦水平。

H4b：人们在服务场景中获得的感知社会支持负向影响唤起水平。

“情绪”在研究外界环境的影响刺激到消费者趋避行为的变化过程中，扮演着重要的角色。先前研究发现，在服务接触中，顾客与服务提供者之间的人际互动。与服务员工的接触会影响顾客的情绪状态，往往通过服务人员的在场（presence）、信息内容传递（message content）、外表吸引力（attractiveness）、身份（status）、人际关系（interpersonal relationship）来产生作用（Rafaeli，Sutton，1987）。了解顾客间的人际过程是消费情绪研究的核心环节，对情感的相关研究都表明，事件、个人、客观事物都会引发直接影响人们情感的情绪（e. g.，Schimmack et al. 2000），也就是说，情绪具有社交性，而非孤立存在的个人过程（Domagalski，1999）。然而，在服务营销研究中，作为社交刺激的另一类因素——“其他顾客”线索给消费者情绪表现带来的影响仅得到了部分研究者的关注（Uhrich，Benkenstein，2012；Tombs，McColl – Kennedy，2002；Argo et al.，2005；Namasivayam，Mattila，2007；Tai，Fung，2011）。

前文提到，有研究（Mehrabian，Russell，1974；Russell，1980）表明，情绪的愉悦（pleasure）和唤起（arousal）两个维度都会受到外在环境刺激引发的控制感的影响而发生变化。外在的环境刺激会影响唤起和愉悦程度，比如，紧张或密集的环境，会加强紧张和唤起（Stokols，1972）。我们认为，环境中出现的三类“其他顾客”线索会产生紧张感和削弱人们的问题处理能力，在“其他顾客”线索较为正面的环境中，消费者会体验到较高的愉悦（pleasure）和较低的唤醒（arousal）。

另外，40 年来，许多心理学家发现，社会支持的充足性与所报告的心理和物理症候的严重性密切相关，社会支持不仅时常扮演压力性生活事件与个人症候之间的缓冲角色（Andrews，Tennant，Hewson and Vaillant，1978；Barrera，1981；Brandt，Weinert，1981；Gore，1978）。社会支持在环境中还常常扮演直接的帮助性影响效应。社会支持能降低人们的压力体验，也能缓和感知负担（Cohen，Wills，1985；Osipow，Davis，1988）。同时，结合环境应激理论，人们在环境中获得的控制感以及社会支持感会积极影响人们的情绪状态和表现。其中，“感知控制”和“感知社会支持”所代表的应对过程在“其他顾客”线索对顾客情绪表现的影响环节中具有中介作用，这个应对过程恰好体现了人们在面对外界环境变化时的动态认知适应过程，因此，本书提出以下假设：

H5：“其他顾客”线索通过感知控制、感知社会支持的中介作用影响顾客情绪表现。

H5a：“其他顾客”线索通过感知控制、感知社会支持的中介作用影响顾客愉悦水平。

H5b：“其他顾客”线索通过感知控制、感知社会支持的中介作用影响顾客唤起水平。

4.5.5 情绪表现与服务满意

消费行为常常被认为是一种高度社会化的活动，哈斯泰德等（Halstead et al.，1994）指出，在不同的消费环境状态下，消费者的服务满意形成过程有所不同。以服务为例，服务往往是建立在过程和产出的基础上，因而在服务过程中情绪对服务满意的决定性影响因素就会增强。进一步来说，心理学文献中长期以来都认为情绪本身就会影响评价过程（Bless，2001；Gouaux，1971）。在1980～1990年间，心理学领域一直都将情绪和社会认知的研究看作最为重要的研究领域，消费者的情绪与其评价之间被认为是强烈相关的（Forgas，2000；Guimond et al.，2001），大量研究阐述了情绪在产出和事件反应中扮演的至关重要的角色。其中，负面情绪往往与更差的表现、更坏的健康状况联系在一起（Zeidner，1998；Chipperfield et al.，2003）。相反，积极情绪拥有较为清晰的利好（Fredrickson，Losada，2005），预示着卓越的工作表现和评价以及更佳的健康状态（Lyubomirsky et al.，2005）。

此外，在营销领域，多诺万和罗斯特（1982）将梅拉比安和拉塞尔的环境心理学模型（M－R）作为服务氛围研究的基本框架，这个框架显示，顾客的情绪状态是其店铺中消费行为的重要心理中介因素，情绪反应会影响到顾客在店铺消费的时间长短和花费金额。而直接指向环境的情绪，往往聚焦于情感唤醒。那么，在消费行为中情绪对顾客满意影响的角色又是显而易见的（Havlena，Holbrook，1986；Holbrook，1986；Holbrook，Hirschman，1982）。情绪还被认为能预测消费活动（Allen et al.，1992；Fournier，Mick，1999）。其中，奥利弗（1980，1993，1996）指出，情绪在影响顾客满意上具有重要的影响效应。因此，我们提出以下假设：

H6：顾客情绪表现正向影响顾客服务满意。

4.5.6　感知控制、感知社会支持、情绪表现的中介作用

比特纳（1992）指出，在服务行业中，消费者情绪对顾客的服务满意评价带来的影响比零售环境大，这是因为在服务行业中环境要素往往扮演着更重要的角色，由于服务具有的极强不可触知性（Shosack，1977），消费者通过实际的产品来评价服务质量的可能性比较小，因此，消费者极有可能依赖服务环境中所捕捉到的线索来对服务形成评价。而在社交服务场景中，顾客所感受到的享乐感有可能从服务体验、他人的陪伴、环境、环境中创造的氛围中来。在服务营销研究中，实证研究发现服务和零售环境中的设计线索（design cues）、空间线索和来自员工的社交线索，会对消费者对服务组织（包括服务质量、服务满意）的评价、时间和努力成本、商品质量和光顾意图等诸多因素产生影响（e. g.，Baker et al.，2002；Bitner，1992；Donovan et al.，1994；Grewal et al.，2003）。

比如，当光顾美发沙龙，当人们观察到在这样的店铺中的其他顾客都打扮得入时得体时（well-dressed customers），人们常常会不自觉地对这家美发沙龙的印象提升一个档次。比如，麦克格拉斯和奥特奈斯（1995）发现，购物者常常通过年龄、性别、外表这样的线索，来对购物环境中的其他顾客进行判断。这个维度可以在推断理论（inference theory）和提供理论（affordances theory）下获得支持。个人的一些特征，包含吸引力、社会技巧、反应和相似性，都

对人与人之间良好关系的建立产生贡献（Fehr，1996）。而人与人之间尝试建立的社会联结（social bonding），有时会对于人们对核心服务或产品的判断形成有力的影响（Berry 1995；Czepiel，1990；McCallum，Harrison，1985）。

日常生活中，我们也不难回忆其他顾客的行为给我们带来负面的消费体验（比如，小孩的哭闹、咒骂、粗鲁等）或积极的消费氛围（友好的光顾者、帮助性行为，等等）。格鲁夫和菲斯克（1997）指出，在服务环境中，其他顾客常常会通过表现出干扰性行为和加强不兼容（incompatible）需求，来减损顾客的服务满意程度。当其他顾客侵犯了服务环境中管理规则的非正式编码时，将会导致更低的服务体验满意度。这种从规则视角看问题的方式，可以从角色理论（role theory）和行为场景理论（behavior setting theory）来溯源。它为我们提供了了解其他顾客可观察特征如何对顾客产生影响的基础。角色理论的基本假设是：人们的学习行为是与其在社会中所处的位置相适应和匹配的（比如，角色、既定环境下的组织行为），这意味着，其他顾客在服务场景中所表现出的“相似性”“外表”“行为适当性”，会影响到中心顾客的服务评价。

自贝特森和兰吉尔德（1982）首次将“感知控制”概念引入服务营销研究中以来，控制感已成为顾客评价服务时的重要依据。感知控制是顾客对服务接触情感（affective responses）反应和行为反应的一个至关重要的决定因素（Hui，Bateson，1991；Hui，Toffoli，2002）。贝特森和慧（1992）推论出，在顾客对实体环境构成服务接触的服务人员所传递的情绪性与行为性的反应中，感知控制是一个决定性的变量。慧和贝特森（1991）的研究肯定了“感知控制”（perceived control）在顾客密度（customer density）为主的环境刺激，对顾客服务体验的愉悦度（pleasantness）及顾客对服务接触的趋避反应的影响中扮演的中介作用。与此相似的是，罗姆佩等（2008）也讨论了感知控制在零售环境中人际间和空间密度对顾客情感和行为反应的多重中介作用。而前文也提到，社会支持在环境中不仅能扮演直接的帮助性影响效应，还能在产生压力的状况下扮演缓冲（buffer）的角色，在这个扩展的 M－R 模型中“感知社会支持”和“感知控制”均具有中介作用。因此，本书认为，环境线索所提升的感知控制和社会支持感及情绪表现，是解释顾客对环境反应的重要影响因素，并提出以下假设：

H7：“其他顾客”线索通过感知控制、感知社会支持以及情绪表现的中介作用对服务满意产生正向影响。

4.5.7　自我建构方式的调节作用

在零售和服务环境中，氛围响应特征中的环境特征会影响消费者的消费产出以及消费决策（Eroglu et al.，2001）。对于那些会对消费接触中的环境质量做出评价的消费者来说，环境质量会影响消费者的情感状态和营销产出，另外，对于那些对周遭环境并不具有较高敏感性的消费者来说，氛围特征所带来的情绪状态和进一步的消费行为的影响可能就没有那么显著。

自我建构方式作为一种衡量人对环境中他人的行为、表现态度的不同反应形式的人格特质，一些研究发现，独立自我建构和关联自我建构与不同自我概念（self-concept）的主导有关（Hardin et al.，2004）。自我概念主导与本书相关的部分，是情境独立自我（context-dependent self）。情境独立自我表达的是，自我概念中更愿意与情境线索互动，而不是在变化的情境下维持不变的自我概念（Markus，Kitayama，1991；Bagozzi et al.，2000）。情境独立自我（context-dependent self）被认为是独立自我建构而非关联自我建构的一个重要区分因素（Hardin et al.，2004）。在这样的解释基础上，本书假定独立自我建构为主的个体，更有可能关注于物理环境和社交环境中的线索（Markus，Kitayama，1991；Hardin et al.，2004）。本书可以推论，独立自我建构为主的人对他人社交在场这样的环境线索具有较低敏感性，而关联自我为主的人对环境中的社交线索则具有较高敏感性（Markus，Kitayama，1991）。本书认为，顾客自我建构方式在“其他顾客”线索与感知控制和感知社会支持间关系中具有调节作用，得出假设以下：

H8：当顾客的自我建构方式是关联建构为主（相比于独立自我建构为主的顾客）时，“其他顾客”线索给顾客带来感知控制程度更强。

H9：当顾客的自我建构方式是关联建构为主（相比于独立自我建构为主的顾客）时，“其他顾客”线索给顾客带来感知社会支持程度更强。

4.6 本章小结

第4章以服务场景（氛围）中的“M－R”模型为首要出发点，分析了在服务场景研究中该基础范式研究上的广泛性和存在的问题。本书认为，传统研究范式对“认知”和“情绪”路径的关系并未清晰解答。究竟是“情绪”到“认知”路径，还是“认知”到“情绪”路径，服务场景研究中很少有将其放在同一模型中来探讨的研究成果。从这个研究出发点上，本书将环境心理学的环境应激理论融入研究模型中作为讨论认知维度的理论基础。事实上，环境应激理论恰好讨论的是，在遇到外界环境刺激时的知觉状态被激起的动态适应过程。在上述理论分析基础上，本章4.1节和4.2节两节确定了实证研究的基本模型，4.3节对研究所涉变量的概念含义进行了清晰界定。4.4节对所涉变量进行了文献整理、概念模型中变量间的关系进行了阐述，由此，进一步为模型中变量间关系的推导提供了理论来源。4.5节对研究模型中涉及的假设关系进行推演并提出了基本假设。接下来的章节，将采用问卷调研法获得数据并对假设进行验证。

第5 章

数据收集与分析

5.1 问卷设计和预调研

本书通过问卷调查的方式获取数据。其中，“其他顾客”线索（包含相似性、外表、行为适当性），我们采用布罗卡托、沃里斯和贝克（Brocato，Voorhees and Baker，2012）开发的量表来进行测量（本章中简写为 OCP）。其中，相似性（similarity）包含 5 个测量条目（本章中简写为 SIM），外表（physical Appearance）包含 4 个测量条目（本章中简写为 APP），行为适当性（Suitable Behavior）包含 4 个测量条目（本章中简写为 BEH）。感知控制变量的测量，采用贝特森和慧（1992）研究中使用的量表，包含 4 个测量条目（本章中简写为 CON）。感知社会支持的测量，采用齐梅特、达勒姆和齐梅特（Zimet，Dahlem and Zimet，1988）的经典量表，共包含 9 个测量条目（本章中简写为 SUP）。本书对情绪表现（本章简写为 EMO）的测量，使用梅拉比安和拉塞尔（1974）的划分方式，将情绪表现划分为愉悦情绪（本章简写为 PE）和唤起情绪（本章简写为 AE）两类，分别包含 4 个测量条目和 3 个测量条目，共 7 项。

对于顾客满意的测量，我们沿用奥利弗（Oliver，1997）的三条目测量方式（本章中简写为 SA），而对自我建构方式的测量本书采用森吉里斯（1994）的划分方法，将人们的自我建构方式划分为独立自我建构为主（本章中简写为 DU）和关联自我建构为主（本章中简写为 GU）两类，每类的测量条目为 12 项，共 24 项。

为了保证本书的科学性，同时保证本书所采用的量表具有足够的信度和效度，在正式调研之前本书进行了预调研。本书的预调研问卷，由多位市场营销专业博士生并行地、双盲地（double-blind）对英文量表进行双向的互译（Brislin，1980）而得出。在此基础上，进一步讨论了与原英文差异较大的译句并进行修正，尤其是对自我建构方式问卷的题项部分由于涉及国内外文化表述的差异，通过商讨和斟酌，同时，还烦请市场营销学、消费行为领域的教授对所选择的译句进行了评价，从而最终确定最合适的中文条目。本书所有测量题项均采用 liket 7 级量表来表述，见表 5－1。通过上述过程，有效地保证了问卷量表的内容效度。

表 5－1　　　　预调研量表信度检验结果

<table>
<tr><th>变量及 Cronbach's α 系数（再测）</th><th>测量题项</th><th>测量来源</th><th>CITC</th><th>删除该项后的 Cronbach's α</th></tr>
<tr><td rowspan="5">相似性（SIM）0.803（0.762）</td><td>SIM1 我很容易就识别出到这家餐馆就餐的其他顾客</td><td rowspan="9">Brocato, Voorhees and Baker（2012）</td><td>0.490</td><td>0.799</td></tr>
<tr><td>SIM2 我与这家餐馆的其他顾客较为相似</td><td>0.562</td><td>0.773</td></tr>
<tr><td>SIM3 这家餐馆就餐的其他顾客看起来和我差不多</td><td>0.785</td><td>0.701</td></tr>
<tr><td>SIM4 这家餐馆就餐的其他顾客与我来自相似的背景</td><td>0.700</td><td>0.730</td></tr>
<tr><td>SIM5 这家餐馆就餐的其他顾客与我彼此适应</td><td>0.427</td><td>0.811</td></tr>
<tr><td rowspan="4">外表（APP）0.690（0.744）</td><td>APP1 这家餐馆就餐的其他顾客的外表是我喜欢的</td><td>0.527</td><td>0.600</td></tr>
<tr><td>APP2 这家餐馆的其他顾客都打扮得十分得体</td><td>0.573</td><td>0.561</td></tr>
<tr><td>APP3 这家餐馆的其他顾客看起来彬彬有礼</td><td>0.680</td><td>0.502</td></tr>
<tr><td>APP4 这家餐馆其他顾客看起来跟我属于一类人</td><td>0.225</td><td>0.813</td></tr>
</table>

续表

变量及 Cronbach's α 系数（再测）	测量题项	测量来源	CITC	删除该项后的 Cronbach's α
行为适当性（BEH）0.817（0.797）	BEH1 这家餐馆其他顾客的行为在当时的环境中看起来是十分适当的	Brocato, Voorhees and Baker（2012）	0.702	0.764
	BEH2 这家餐馆的其他顾客看起来十分有礼貌		0.699	0.750
	BEH3 这家餐馆其他顾客看起来非常得体		0.542	0.812
	BEH4 这家餐馆其他顾客的举止看起来让人舒心		0.699	0.750
感知控制（CON）0.748（0.826）	CON1 在光顾这家餐馆过程中，我感觉自己对服务有很强的掌控力，所有事情都在我的控制之下	Bateson and Hui（1992）	0.499	0.714
	CON2 在光顾这家餐馆的过程中，我感觉自己具有很强的自主性，不是一味被他人引导		0.522	0.706
	CON3 在光顾这家餐馆的过程中，我感觉自己就有较强的影响力，能影响事件发展的方式		0.640	0.646
	CON4 在光顾这家餐馆的过程中，我感觉自己具有很强的支配性，不是事事顺从他人		0.536	0.696
感知社会支持（SUP）0.908（0.882）	SUP1 我感觉在这家餐馆就餐时，如果我需要帮助，我能很容易找到其他顾客为我帮忙	Zimet et al.（1988）	0.583	0.905
	SUP2 我感觉在这家餐馆就餐时，我能很容易就找到其他顾客与我分享喜怒哀乐		0.670	0.898
	SUP3 我感觉在这家餐馆就餐时，其他顾客是真心实意试图给予我帮助		0.748	0.893
	SUP4 我感觉当在这家餐馆就餐出现状况时，我会获得来自其他顾客情感上的帮助和支持		0.638	0.901
	SUP5 我感觉在这家餐馆就餐时，其他顾客是我感到“舒服”来源的一部分		0.668	0.899
	SUP6 我感觉在这家餐馆就餐，如果我有问题问其他顾客，他们的回答将值得信赖		0.611	0.903
	SUP7 我感觉在这家餐馆就餐时，其他顾客较为照顾我的感受		0.812	0.888
	SUP8 我感觉在这家餐馆就餐时，我与其他顾客交流会十分自如		0.764	0.891
	SUP9 我感觉在这家餐馆就餐时，其他顾客会非常愿意为帮我做决策而提供建议		0.679	0.898

续表

变量及 Cronbach's α 系数（再测）	测量题项	测量来源	CITC	删除该项后的 Cronbach's α
愉悦情绪（PE）0.833（0.827）	PE1 在这家餐馆消费，我感觉十分满足（相反的状态是不满）	Mehrabian and Russell,（1974）	0.498	0.858
	PE2 在这家餐馆消费，我感觉十分幸福（相反的状态是不幸）		0.650	0.795
	PE3 在这家餐馆消费，我感觉十分欣喜（相反的状态是被干扰）		0.724	0.761
	PE4 在这家餐馆消费，我感觉十分惬意（相反的状态是忧郁）		0.791	0.729
唤起情绪（AE）0.890（0.860）	AE1 在这家餐馆消费，我感觉非常刺激（相反的状况是放松）		0.669	0.879
	AE2 在这家餐馆消费，我感觉非常兴奋（相反的状况是平静）		0.761	0.859
	AE3 在这家餐馆消费，我感觉非常激动（相反的状态时沉闷）		0.752	0.862
顾客满意（SA）0.856（0.846）	SA1 与其他餐馆相比，我很满意这家餐馆的服务	Oliver（1997）	0.748	0.832
	SA2 基于我对该餐馆就餐的整体体验，我感到很满意		0.728	0.759
	SA3 我对此次选择这家餐馆消费感觉很棒		0.765	0.821
独立自我建构（DU）0.721（0.731）	DU1 我宁愿直接说“不”，也不愿被别人误解	Singelis（1994）	0.093	0.745
	DU2 当众发言和陈述观点对我来说完全不成问题		0.235	0.720
	DU3 对我来说，有丰富而生动的想象力很重要		0.401	0.697
	DU4 在群体中被单独挑选出来获得称赞或表扬让我心里很舒服		0.361	0.703
	DU5 我在家和在外面的表现几乎完全一样		0.322	0.708
	DU6 照顾自己而不依赖他人是我十分看重的品质		0.393	0.699
	DU7 无论和谁在一起，我的行为表现都基本一致		0.520	0.684

续表

变量及 Cronbach's α 系数（再测）	测量题项	测量来源	CITC	删除该项后的 Cronbach's α
	DU8 初次见面不久，即使对方比我年长很多，我也习惯直接称呼对方的姓名	Singelis (1994)	0.571	0.674
	DU9 我比较喜欢开诚布公地与初识不久的人相处		0.241	0.719
	DU10 我喜欢在很多方面都与众不同		0.549	0.678
	DU11 能够特立独行对我来说很重要		0.488	0.685
	DU12 我认为健康比其他任何事情都重要		0.212	0.722
关联自我建构（GU）0.895（0.824）	GU1 我对自己结交的权威人士充满敬意		0.551	0.889
	GU2 团队和谐对我来讲很重要		0.593	0.888
	GU3 周围的人快乐我就快乐		0.634	0.885
	GU4 乘车时我会主动让座		0.765	0.879
	GU5 我尊敬那些温和谦逊的人		0.656	0.885
	GU6 我愿意为了集体利益而牺牲个人利益		0.738	0.879
	GU7 我认为人际关系比个人成就更重要		0.676	0.883
	GU8 做职业规划时我很注重考虑父母的建议		0.475	0.893
	GU9 尊重集体决定对我来讲非常重要		0.833	0.874
	GU10 即使我在一个团队不开心，如果团队需要我，我仍然会留在团队中		0.662	0.884
	GU11 我认为我应该对亲朋好友的失误承担责任		0.372	0.899
	GU12 即使我的观点与团队成员严重分歧，我也会避免争论		0.430	0.897

预调研部分的样本选择，通过街头拦截的形式在北京市和浙江省各随机抽取 30 个，共计 60 个。在问卷填完后，也由专门的研究人员在现场直接回收。最后，将这些配对的问卷进行装订，并

由相关研究人员进行问卷筛选、编号、资料录入及资料分析。这样的数据收集方式，避免了共同方法偏差（common method bias）对结果的影响。如表 5 - 1 所示，本书各变量的相关测量，都是通过文献梳理后而采用了经典问项。在此基础上，同时还通过焦点小组和深度访谈方式在预调研前对问项进行修改，保证了问卷的效度。通过对研究问卷的预调研 60 份问卷进行筛选共获得 52 份有效问卷，从表 5 - 1 显示的数据可以看到，问卷总体的信度得到支持（Nunnally，1994），通过预调研的获取数据进行信度分析可以看到，SIM5、APP4、DU1、DU12 四项的 CITC 较低（小于 0.4）且删除这几项之后的 Cronbach's α 值较高（大于 0.7）。另外，为了保证量表的有效性，对预调研所涉的 60 个样本进行了再测，前测和再测的样本信度基本一致。具体做法是，在前测完成之后的两周，让同一被访群体对问卷进行了再次填写，但由于部分前测被访者缺勤的问题，2 周后的再测获得的有效问卷为 50 份。综合前测和再测的问卷数据信度分析结果，在进行了小范围的预调研之后对原问卷进行修正，删除 SIM5、APP4、DU1、DU12 四项（Helms et al.，2006），得到正式调研问卷（见附录 2），此外，对于预调研中出现的一些问题，比如，被访者反映有些测量条目的表达过于英文式表达和中国情境的表达之间有偏差问题，本书也进行了进一步修改和完善。

另外，使用 SPSS 19.0 分析软件得出了预调研中各主要变量的探索性因子分析的结果，我们可以看到研究模型中各主要变量的 KMO 值均高于 0.7，且 Bartlett's 检验的统计量在小于 0.001 的水平上均显著。表 5 - 2 还显示，各测量构念的数据分析结果均达到以下标准：特征值大于 1；各因子测项的交叉载荷大于 0.5；累计解释变异大于 50%。这些数据表明，从整体上来说，本书的问卷具有良好的信度（Hair et al.，1998）。

表 5 – 2　　　　各主要变量的探索性因子分析结果

测量构念	题项	因子载荷	总体特征值	累计解释变异	KMO 值	Bartlett's 统计量
相似性（SIM）	SIM1	0. 599	2. 153	53. 814%	0. 768	***
	SIM2	0. 807				
	SIM3	0. 785				
	SIM4	0. 725				
	SIM5	0. 645				
外表（APP）	APP1	0. 611	2. 059	68. 632%	0. 785	***
	APP2	0. 719				
	APP3	0. 730				
	APP4	0. 578				
行为适当性（BEH）	BEH1	0. 628	2. 932	73. 304%	0. 819	***
	BEH2	0. 786				
	BEH3	0. 795				
	BEH4	0. 723				
感知控制（CON）	CON1	0. 557	2. 368	59. 189%	0. 797	***
	CON2	0. 608				
	CON3	0. 602				
	CON4	0. 601				
感知社会支持（SUP）	SUP1	0. 649	4. 570	50. 775%	0. 919	***
	SUP2	0. 736				
	SUP3	0. 724				
	SUP4	0. 756				
	SUP5	0. 699				
	SUP6	0. 655				
	SUP7	0. 750				
	SUP8	0. 715				
	SUP9	0. 721				

续表

测量构念	题项	因子载荷	总体特征值	累计解释变异	KMO 值	Bartlett's 统计量
愉悦情绪（PE）	PE1	0.791	2.631	65.769%	0.791	***
	PE2	0.773				
	PE3	0.825				
	PE4	0.853				
唤起情绪（AE）	AE1	0.909	2.567	85.559%	0.730	***
	AE2	0.915				
	AE3	0.950				
服务满意（SA）	SA1	0.895	2.444	81.479%	0.746	***
	SA2	0.911				
	SA3	0.902				

注：表中 *** 表示 $p < 0.001$，** 表示 $p < 0.01$，* 表示 $p < 0.05$。

5.2 正式的问卷调研和问卷收集

本书通过上一阶段的预调研对先期设计问卷结构和条目进行了优化，在数据统计的基础上对预调研的问卷进行删除条目和修正得出了信度效度完备的正式调研问卷。本书正式问卷的调研过程的调查对象为餐饮消费者，调查时间为 2013 年 9 月 ~2013 年 12 月，持续时间 3 个月。在问卷调查的过程中，本书采用的调研途径主要分为 4 种：（1）通过 Qualtrics 和问卷星软件在线发放问卷；（2）在各大高校的图书馆和教室拦截访问；（3）通过亲友、同事等社会关系协助发放问卷，主要采用邮寄和电子邮件发放和回收的方式；（4）通过在人群密集的商业街和零售中心拦截访问的形式。通过这 4 种途径保证了问卷样本抽样的有效性。为保证被调查者整体分布的合理性，在问卷调查过程中十分注意保证被抽取填写问卷者分散于各类人群和地理区域以避免研究调研出现样本偏误问题。在此次调研中，被访者所涉及的区域包含东部的浙江省和江苏省，中部的河南省和湖北省以及西部的陕西省和四川省等几个重要的区域，其中，样本较多的城市包含浙江省杭州市、湖北省武汉市、江苏省南京市和陕西省西安市4个中心城市，从而保证了在调查抽样分布上的地域均衡性。

从表5-3可以看到，通过两个月的调研发放问卷总计2000份，共回收问卷1349份。在问卷整理的基础上，对回收问卷中的无效问卷进行了剔除，被剔除的问卷包含以下情况：第一类被删除问卷是回答信息不完整、问项回答有遗漏的问卷；第二种是被调查者在回答填写上明显看出随意性较强的问卷。在以上两项原则的基础上，本书对收集到的纸质问卷和电子问卷进行了筛选，结果发现，通过软件在线发放问卷的有效率很低只有30%左右，随意填写者较多。而通过在校学生拦截访问获得有效问卷的概率较高，问卷质量较有保障，商圈拦截获得问卷的也较为容易，不过问卷的有效填写率不高。通过上述4个途径的调查资料搜集、筛选和整理过程之后，获得有效调研数据共计954份，接下来，本书采用SPSS 19.0和AMOS 18.0对数据进行统计分析。

表5-3　　　　问卷发放与回收情况一览

问卷发放类型	发放问卷数（份）	回收问卷数（份）	有效问卷数（份）	有效回收比例（%）
在线发放问卷	500	285	167	33.4
在校学生拦截访问	500	330	325	65.0
问卷邮寄	500	420	334	66.8
商圈拦截	500	314	128	25.6
总计	2000	1349	954	47.7

5.3 描述性统计和正态检验

5.3.1 描述性统计

表 5 -4 是样本描述性统计分析。

表 5 -4　　样本描述性统计分析

变量	分类项目	统计数量（人）	百分比（%）
性别	男	423	44.3
	女	531	55.7
教育程度	高中及以下	319	33.4
	大专或本科	421	44.2
	硕士研究生及以上	214	22.4
月收入情况	1000 元以下	144	36.1
	1000 ~4000 元	375	28.8
	4000 ~15000 元	320	23.1
	15000 元以上	115	12.1
年龄群体	20 岁以下	309	32.4
	20 ~30 岁	271	28.4
	31 ~40 岁	128	13.4
	41 ~50 岁	150	15.7
	50 岁以上	96	10.1
就餐频率	仅此一次	212	22.2
	偶尔	496	52.0
	次数较多	195	20.4
	十分频繁	51	5.4

续表

变量	分类项目	统计数量（人）	百分比（%）
餐馆档次	小型外卖店	44	4.6
	小吃店	195	20.4
	中低档餐馆	474	49.7
	中高档餐厅	201	21.1
	高档餐厅	40	4.2

在问卷数据收集过程中，应答者被要求评价最近一段时间内一次在餐馆就餐的经历（不包括外卖消费经历），应答者需要回答对此次消费过程的整体服务评价，以及对服务过程中“其他顾客”线索（包含相似性、外表、行为适当性三方面）的评估。从被访数据来看（见表 5 – 4），本书所访问的在外就餐的女性和男性样本均衡，分别占 44.3% 和 55.7%，男性相对较多但整体均衡。而从被访者的受教育状况来看，高中及以下学历者、大专及本科学历者、研究生及以上学历者所占比例分别为 33.4%、44.2%、22.4%，可以看出被访者中等学历状况者居多，受教育层次偏高者和偏低者相对较为分散。而从收入状况来看，月收入处于中等状况的居多，从某种程度上也反映了本书所抽取样本的普遍性。在年龄群体上，20 岁以下的年轻消费者占 32.4%，而 20 ~ 30 岁年龄段消费者占 28.4%。可以说，30 岁以下的青年群体在本书的样本中占有较高比例。另外，从就餐方面来说，在中低档餐厅就餐的人数居多，这些都和被访群体的年龄、收入特征是相印证的。而从就餐频率来看，“偶尔”就餐的顾客占几乎一半比例，只就餐过一次的顾客占 22.2%，“次数较多”和“十分频繁”的顾客共占 25.8%。从调查的餐馆档次来看，绝大多数样本集中在“小吃店”（20.4%）“中低档餐厅”（49.7%）和“中高档餐厅”（21.1%），而小型外卖店和高档餐厅的样本量则相对较少，分别为 4.6% 和 4.2%。从整体

来说，此次调查的样本分布较为合理。

5.3.2 多元正态性检验

由于本书需要采用此次调研的数据来构建 SEM 模型，而 SEM 常用的估计方法是极大似然估计，这意味着，在数据分析之前，我们需要先对各个主要变量进行多元正态性检验，看数据是否符合多元正态分布条件。但由于本书用于分析的样本量为 954 个，一般来说，样本量过大时会出现非正态被夸大的现象（Waternaux，1976）。一般要求偏度小于 3，峰度小于 8，Z 值需要满足 P > 0.05，但是 P 值在样本大的情况下很难满足，所以基本可以采用偏度和峰度值来进行判断，从表 5 - 5 来看，本次调查样本的偏度值和峰度值完全满足条件，因此，从多元正态性检验的结论来看，此次调研数据适合进行 SEM 分析（吴明隆，2009）。

表 5 - 5　　数据多元正态性检验

变量	题项	均值	标准差	偏度		峰度	
		统计量	统计量	数值	Z 值	数值	Z 值
相似性（SIM）	SIM1	3.14	1.669	0.695	8.797	-0.500	-3.165
	SIM2	3.83	1.648	0.108	1.367	-1.073	-6.791
	SIM3	4.13	1.584	-0.115	-1.456	-0.929	-5.880
	SIM4	3.57	1.584	0.235	2.975	-0.842	-5.329
外表（APP）	APP1	3.62	1.327	0.160	2.025	-0.228	-1.443
	APP2	4.11	1.427	0.036	0.456	-0.570	-3.608
	APP3	3.95	1.374	0.003	0.038	-0.394	-2.494
行为适当性（BEH）	BEH1	4.31	1.417	-0.095	-1.203	-0.491	-3.108
	BEH2	4.05	1.254	0.089	1.126	-0.245	-1.551

续表

变量	题项	均值	标准差	偏度		峰度	
		统计量	统计量	数值	Z 值	数值	Z 值
行为适当性（BEH）	BEH3	4. 05	1. 281	0. 179	2. 266	−0. 220	−1. 392
	BEH4	4. 09	1. 249	0. 120	1. 519	−0. 078	−0. 494
感知控制（CON）	CON1	3. 45	1. 517	0. 204	2. 582	−0. 633	−4. 006
	CON2	4. 38	1. 578	−0. 246	−3. 114	−0. 636	−4. 025
	CON3	3. 42	1. 457	0. 178	2. 253	−0. 513	−3. 247
	CON4	4. 15	1. 521	−0. 129	−1. 633	−0. 701	−4. 437
感知社会支持（SUP）	SUP1	3. 91	1. 474	0. 043	0. 544	−0. 583	−3. 690
	SUP2	3. 28	1. 408	0. 305	3. 861	−0. 369	−2. 335
	SUP3	3. 78	1. 401	0. 121	1. 532	−0. 318	−2. 013
	SUP4	3. 82	1. 376	−0. 030	0. 380	−0. 460	−2. 911
	SUP5	3. 97	1. 428	−0. 052	−0. 658	−0. 463	−2. 930
	SUP6	4. 01	1. 383	−0. 092	−1. 165	−0. 452	−2. 861
	SUP7	3. 54	1. 335	0. 101	1. 278	−0. 240	−1. 519
	SUP8	3. 72	1. 382	0. 081	1. 025	−0. 235	−1. 487
	SUP9	3. 62	1. 332	0. 025	0. 316	−0. 352	−2. 228
愉悦情绪（PE）	PE1	4. 16	1. 450	−0. 120	−1. 519	−0. 359	−2. 272
	PE2	3. 76	1. 427	0. 062	0. 785	−0. 379	−2. 399
	PE3	4. 14	1. 407	−0. 091	−1. 152	−0. 327	−2. 070
	PE4	4. 29	1. 389	−0. 171	−2. 165	−0. 286	−1. 810
唤起情绪（AE）	AE1	2. 81	1. 388	0. 563	7. 126	−0. 264	−1. 671
	AE2	2. 68	1. 424	0. 628	7. 949	−0. 413	−2. 614
	AE3	2. 83	1. 260	0. 359	4. 544	−0. 514	−3. 253
服务满意（SA）	SA1	4. 47	1. 343	−0. 273	−3. 456	−0. 190	−1. 203
	SA2	4. 63	1. 329	−0. 269	−3. 405	−0. 270	−1. 709
	SA3	4. 49	1. 045	−0. 361	−4. 570	0. 230	−1. 456

5.4 方差分析

为了能够尽可能地屏蔽其他因素（包含人口统计变量和餐饮企业客观特征两类）对研究结果造成的影响来确保研究的严谨性。本书主要选取被访者的性别、年龄、教育程度、收入状况、就餐频率、餐厅档次6个因素作为控制变量，将研究中涉及的"其他顾客"线索（OCP）、"情绪表现"（EMO）、"感知控制"（CON）、"感知社会支持"（SUP）和"服务满意"（SA）作为主要观测变量，通过方差分析法来评估和判断这些控制变量对观测变量是否存在显著影响，表5-6给出了这6个控制变量对观测变量的影响情况的方差分析结果。

表5-6　　方差分析结果

观测变量	差异来源	性别		教育程度		收入状况	
		t值	P值	F值	P值	F值	P值
OCP	组间	5.507	0.000	1.022	0.360	1.767	0.152
CON	组间	6.178	0.000	1.094	0.335	1.300	0.273
SUP	组间	6.960	0.000	0.706	0.494	0.730	0.534
EMO	组间	4.809	0.000	2.266	0.104	0.222	0.881
SA	组间	7.338	0.000	0.689	0.502	0.148	0.931
观测变量	差异来源	年龄层次		就餐频率		餐厅档次	
		F值	P值	F值	P值	F值	P值
OCP	组间	0.240	0.916	2.984	0.030	9.431	0.000
CON	组间	0.969	0.424	1.734	0.158	4.210	0.002
SUP	组间	0.891	0.469	3.795	0.010	2.362	0.052
EMO	组间	2.255	0.061	1.334	0.262	4.707	0.001
SA	组间	0.244	0.913	5.365	0.001	14.415	0.000

注：OCP表示"其他顾客"线索，EMO表示情绪表现，SA表示服务满意，CON表示感知控制，SUP表示感知社会支持。

本书分别采用独立样本T检验对性别进行方差分析，通过查看方差相等时检验结果发现，在本书中性别对各主要变量的影响均呈现显著差异，这可为本书提供一定启示。此外，被调研者的教育程度、收入状况和年龄层次对各主要变量的方差分析均表明，组间的差异并不明显。而与被调研者所报告的餐饮环境相关的两个变量（就餐频率和餐厅档次）的方差分析结果则呈现出部分显著的结果，其中，从就餐频率来看，调研将就餐频率分为“仅此一次”“偶尔”“次数较多”“十分频繁”4类，表5－6中的方差分析结果显示，被访者所报告的“就餐频率”分类对“其他顾客”线索、“顾客满意”“感知社会支持”的影响显著（$F=2.984$，$P<0.05$；$F=5.365$，$P=0.001$；$F=3.795$，$P=0.01$）。此外，调研将餐厅档次划分为小型外卖店、小吃店、中低档餐厅、中高档餐厅、高档餐厅5类，表5－6方差分析的结果显示，餐厅类型所呈现的差异对研究中的主要变量“其他顾客”线索、“情绪表现”“服务满意”“感知控制”具有显著差异（$F=9.431$，$P<0.001$；$F=4.707$，$P=0.001$；$F=14.415$，$P<0.001$；$F=4.210$，$P<0.01$）。整体来看，除了性别、就餐频率和餐厅档次之外，其他控制变量对本书的主要观测变量并未产生显著影响。

5.5 正式调研问卷的信度和效度检验

5.5.1 信度检验

信度可以反映测量结果是否可靠，是否一致以及是否稳定。一般采取检验内部一致性来测量信度的数值。信度较高则表明，该测量的结果可靠和值得信赖。大多数国内外学者使用Cronbach's α值来测验量表信度。海尔等（Hair et al.，1988）指出，如果量表是可靠的，那么内部一致性系数应高于0.7；在探索性研究中，如果量表是可靠的，内部一致性系数应大于0.6；皮特（Peter，2002）指出，问项数量小于6个时，内部一致性系数大于0.6，表明量表是有效的。从表5－7来看，和预调研阶段进行信度分析出现的情形一样，除了“独立自我建构”一项的信度较低（0.694）之外，其余变量的信度值都满足信度测试的要求。从表5－7可见，表中有两项可以进一步增加信度，按照删除该项后的Cronbach's α的提示，相似性和行为适当性这两项的信度可以提高，对后文分析有用，“相似性”中删除SIM1，可以使信度值变为0.719，“行为适当性”中删除BEH1，可以使总体信度增加为0.876。考虑到增加得不多，且可能是由于数据原因造成的，所以并未进行改进。整体来看，本书的所有变量总体Cronbach's α系数达到0.909，信度非常好；各个潜变量的Cronbach's α系数处于0.694～0.954，并且80%的因子的Cronbach's α系数都在0.8以上，都远超过了0.7的可接受水平，表明各个概念的量表都具有较高的可靠性。

表5－7　　正式调研问卷的信度检验

潜变量检测项目与Cronbach's α 总体：0.909	CITC（Corrected Item－Total Correlation）	删除该项后的 Cronbach's α值
相似性（SIM）：0.708		
SIM1	0.372	0.719
SIM2	0.590	0.583
SIM3	0.540	0.617
SIM4	0.484	0.651
外表（APP）：0.771		
APP1	0.541	0.759
APP2	0.633	0.660
APP3	0.645	0.647

续表

潜变量检测项目与 Cronbach's α 总体：0. 909	CITC（Corrected Item – Total Correlation）	删除该项后的 Cronbach's α 值
行为适当性（BEH）：0. 875		
BAH1	0. 650	0. 876
BAH2	0. 782	0. 821
BAH3	0. 785	0. 819
BAH4	0. 723	0. 844
感知控制（CON）：. 770		
CON1	0. 540	0. 731
CON2	0. 585	0. 708
CON3	0. 580	0. 710
CON4	0. 579	0. 710
感知社会支持（SUP）：0. 878		
SUP1	0. 555	0. 871
SUP2	0. 648	0. 862
SUP3	0. 635	0. 863
SUP4	0. 671	0. 860
SUP5	0. 606	0. 866
SUP6	0. 559	0. 870
SUP7	0. 661	0. 861
SUP8	0. 620	0. 864
SUP9	0. 627	0. 864
愉悦情绪（PE）：0. 825		
PE1	0. 625	0. 792
PE2	0. 603	0. 801
PE3	0. 666	0. 773
PE4	0. 709	0. 753

续表

潜变量检测项目与 Cronbach's α 总体：0.909	CITC（Corrected Item - Total Correlation）	删除该项后的 Cronbach's α 值
唤起情绪（AE）：0.913		
AE1	0.796	0.899
AE2	0.806	0.893
AE3	0.881	0.835
服务满意（SA）：0.880		
SA1	0.765	0.837
SA2	0.791	0.811
SA3	0.778	0.839
独立自我建构（DU）：0.694		
DU1	0.399	0.664
DU2	0.297	0.681
DU3	0.377	0.668
DU4	0.332	0.675
DU5	0.280	0.684
DU6	0.415	0.660
DU7	0.247	0.691
DU8	0.367	0.669
DU9	0.448	0.654
DU10	0.373	0.668
关联自我建构（GU）：0.803		
GU1	0.319	0.801
GU2	0.460	0.788
GU3	0.465	0.787
GU4	0.447	0.789

续表

潜变量检测项目与 Cronbach's α 总体：0.909	CITC（Corrected Item - Total Correlation）	删除该项后的 Cronbach's α 值
关联自我建构（GU）：0.803		
GU5	0.504	0.785
GU6	0.536	0.781
GU7	0.467	0.787
GU8	0.359	0.797
GU9	0.597	0.776
GU10	0.546	0.779
GU11	0.407	0.793
GU12	0.340	0.801

5.5.2　效度检验

效度即数据的有效性，它是指一种能相对准确地测量事物的有效程度。它是一种测量工具或手段，用来反映测量的结果与想验证内容的契合程度。本书通过两种路径来测量变量的有效性，其中一条路径是通过内容效度来检验。由于本书所有变量的题项表述都是在研究中外经典文献的基础上，并结合深度访谈结果而生成的，因此可被认为具有较高的内容效度。另一条效度检验路径是通过结构效度来进行检验，结构效度可以检测理论的建构或特质的程度。本书使用因子分析法以及验证性因子分析两种方法，来检验模型的效度。首先，通过采用主成分分析法检验了各变量的组成是否与模型设定的一致，得出的结果如表 5-8 所示。其中，模型整体的 KMO 检验指数为 0.918，远高于能接受的最低值 0.6；同时，结果巴特利特半球体检验在 $P<0.001$ 条件下显著。这表明，研究可以使用因子分析法来测量问卷效度。另外，数据分析结论还显示，在特征

根大于 1 的情况下，主因子累积方差解释率为 60.4%，大于 60%。从中可以看出，理论模型对研究题目分析中所提炼出来的变量是较为接近的和一致的，说明该问卷的结构效度通过检验。

本书通过验证性因子分析来测量各观测变量的标准化载荷系数，进一步检验模型效度，如表 5-8 所示。所有变量显著水平良好，在 $p<0.05$ 的标准下显著，表明了所有观察变量收敛。观察变量的标准化因子载荷最大值为 0.912，低于 0.95，最小值为 0.592，约等于 0.6。这反映了研究模型中潜变量对应的各观察变量的从属性良好（Bagozzi，Yi，1988）。通过公式计算得出，其中，各变量的组合信度（CR）值和平均萃取变异值（AVE）。表 5-8 所显示的数据表明，相似性（SIM）变量的组合信度为 0.814 >0.6，AVE 值为 0.522 >0.5；外表（APP）变量的组合信度为 0.773 >0.6，AVE 值为 0.536 >0.5，行为适当性（BAH）的组合信度为 0.874 >0.6，AVE 值为 0.635 >0.5；感知控制（CON）的组合信度为 0.874 >0.6，AVE 值为 0.583 >0.5；感知社会支持（SUP）的组合信度为 0.910 >0.6，AVE 值为 0.534 >0.5；愉悦（PE）的组合信度为 0.832 >0.6，AVE 值为 0.554 >0.5；唤起（AE）的组合信度为 0.839 >0.6，AVE 值为 0.635 >0.5；服务满意（SA）的组合信度为 0.849 >0.6，AVE 值为 0.653 >0.5。因此可以认为，从整体来说本书所涉变量的模型整体适配度良好。

表 5-8　　验证性因子分析路径系数分析估计值

变量	题项	标准化载荷系数	P 值	CR	AVE
相似性（SIM）	SIM1	0.684	***	0.814	0.522
	SIM2	0.729	***		
	SIM3	0.780	***		
	SIM4	0.694	***		

续表

变量	题项	标准化载荷系数	P值	CR	AVE
外表（APP）	APP1	0. 614	***	0. 773	0. 536
	APP2	0. 737	***		
	APP3	0. 830	***		
行为适当性（BEH）	BEH1	0. 803	***	0. 874	0. 635
	BEH2	0. 826	***		
	BEH3	0. 812	***		
	BEH4	0. 743	***		
感知控制（CON）	CON1	0. 861	***	0. 847	0. 583
	CON2	0. 766	***		
	CON3	0. 766	***		
	CON4	0. 647	***		
感知社会支持（SUP）	SUP1	0. 912	***	0. 910	0. 534
	SUP2	0. 809	***		
	SUP3	0. 865	***		
	SUP4	0. 592	***		
	SUP5	0. 670	***		
	SUP6	0. 670	***		
	SUP7	0. 711	***		
	SUP8	0. 663	***		
	SUP9	0. 617	***		
愉悦情绪（PE）	PE1	0. 746	***	0. 832	0. 554
	PE2	0. 703	***		
	PE3	0. 777	***		
	PE4	0. 750	***		

续表

变量	题项	标准化载荷系数	P值	CR	AVE
唤起情绪（AE）	AE1	0.785	***	0.839	0.635
	AE2	0.794	***		
	AE3	0.810	***		
服务满意（SA）	SA1	0.779	***	0.849	0.653
	SA2	0.810	***		
	SA3	0.834	***		

注：*** 表示 p 值小于 0.001、** 表示 p 值小于 0.01、* 表示 p 值小于 0.05。

本书所采取的验证性因子分析结果显示，各个变量中的因子载荷均在 0.6 以上，完全符合因子载荷不小于 0.5 的要求（Hair et al.，1998）。此外，测量模型的大部分模型的拟合指数结果显示（如表 5-9 所示）：我们看到其中"其他顾客"线索一阶因子进行验证性分析的模型拟合指标（$\chi2/df = 3.317 < 5$；GFI = 0.983 > 0.9；CFI = 0.986 > 0.9；NFI = 0.980 > 0.9；RMSEA = 0.047 < 0.08）；"其他顾客"线索二阶因子模型拟合指标为（$\chi2/df = 3.122 < 5$；GFI = 0.975 > 0.9；CFI = 0.976 > 0.9；NFI = 0.968 > 0.9；RMSEA = 0.047 < 0.08）；感知控制变量的模型拟合指标为（$\chi2/df = 1.031 < 3$；GFI = 0.994 > 0.9；CFI = 0.991 > 0.9；NFI = 0.990 > 0.9；RMSEA = 0.013 < 0.08）。感知社会支持变量验证性因子分析的模型拟合指标为 $\chi2/df = 3.694 < 5$；GFI = 0.975 > 0.9；CFI = 0.974 > 0.9；NFI = 0.967 > 0.9；RMSEA = 0.062 < 0.08）；情绪表现一阶验证性因子分析的模型拟合指标（$\chi2/df = 2.723 < 3$；GFI = 0.989 > 0.9；CFI = 0.994 > 0.9；NFI = 0.990 > 0.9；RMSEA = 0.043 < 0.08）；服务满意变量验证性因子分析的模型拟合指标为（$\chi2/df = 1.568 < 3$；GFI = 0.957 > 0.9；CFI = 0.936 > 0.9；NFI = 0.984 > 0.9；RMSEA = 0.059 < 0.08）。从

表 5 - 9 中可以看出，GFI、CFI、NFI 等各个检测指标均大于 0.9，且 RMSEA 均小于 0.08. 同时，卡方/自由度指标小于 5，一阶验证性因子分析和二阶验证性因子分析显示，从上述数据可以得出，本书中各个变量的测量模型较为理想，与前文中的探索性因子分析的结论也基本一致，充分说明本书中的各个变量具有较好的收敛效度。

表 5 - 9　　各主要变量的验证性因子结果

变量	因子模型	$\chi 2/df$	GFI	CFI	NFI	RMSEA
“其他顾客”线索	一阶	3.317	0.983	0.986	0.980	0.047
	二阶	3.122	0.975	0.976	0.968	0.057
感知控制	一阶	1.031	0.994	0.991	0.990	0.013
感知社会支持	一阶	3.694	0.975	0.974	0.967	0.062
情绪表现	一阶	2.723	0.989	0.994	0.990	0.043
服务满意	一阶	1.568	0.957	0.936	0.984	0.059

在上述基础上，进行效度检验时，还需要检验不同构念间的区别效度，区别效度考察的是构念与其他构念之间不相关的程度。通过将因子之间的相关系数与 AVE 值的平方根进行比较来检验区别效度，为了测试这些维度的有效性和可靠性，本书采用佛内尔和拉克尔（Fomell，Larcker，1981）的方法来比较 AVE 的平方根（平均方差萃取平方根）和各维度相关系数之间的大小，发现所有 AVE 平方根的值均超过各维度之间相关系数的值，表明本研究问卷在设计上具有较好的区别效度（Jöreskog，1971）。如表 5 - 10 可以看到，表中对角线上 AVE 值的平方根值均大于与之相对应的行和列中变量相关系数的最大值，由此表明，本书中的各个理论构念具有良好的区别效度。

表 5－10　主要变量的均值、标准差、相关系数与 AVE 平方根值

变量	均值	标准差	1. SIM	2. APP	3. BEH	4. CON	5. SUP	6. PE	7. AE	8. SA
1. SIM	3.669	1.184	**0.722**							
2. APP	3.895	1.140	0.339**	**0.732**						
3. BEH	4.124	1.110	0.320**	0.615**	**0.797**					
4. CON	3.848	1.168	0.341**	0.367*	0.443*	**0.764**				
5. SUP	3.738	0.989	0.384**	0.457**	0.517**	0.520**	**0.731**			
6. PE	4.086	1.149	0.279**	0.478**	0.548**	0.494**	0.548**	**0.744**		
7. AE	2.773	1.254	-0.061	-0.158**	-0.226**	-0.150**	-0.131**	-0.364**	**0.797**	
8. SA	4.531	1.119	0.239**	0.397**	0.505**	0.438**	0.491**	0.671**	-0.39**	**0.808**

注：*** 表示 P 值小于 0.001；** 表示 P 值小于 0.01；* 表示 P 值小于 0.05，对角线上加粗的数值表示平均萃取变异量（AVE）的平方根。

5.6 假设检验

5.6.1　路径分析与模型拟合

本书通过结构方程模型来进行路径分析。一般来说，结构方程模型可以同时考虑多个潜变量，能相对严谨地测出各变量间的路径关系。与此同时，通过结构方程模型法可以估计和验证整个模型的拟合程度来保证整体模型拟合的有效性，使用它作为此次调研的研究工具是很恰当的。整体上，结构方程模型分析过程可以分为模型构建、模型运算、模型修正以及模型解释四个步骤。本书使用 Amos 18.0 软件对完成结构方程模型的构建、运算、修正与模型整体解释，研究数据的拟合结果，如图 5－1 所示，研究模型的检验指标，如表 5－11 所示。可以看到，绝对拟合指数卡方/自由度为 3.42，稍高于一般要求的 3，但低于最低要求 5。近似误差均方根 RMSEA 为 0.05，低于一般要求的 0.05 和最低要求的 0.08。模型的拟合优度指标 GFI 达到了 0.894，相对拟合指数的 NFI 达到 0.896，处于可以接受的范围。相对拟合指数 CFI 达到了 0.924，大于 0.9，指标良好。总体来说，模型拟合程度一般，存在进一步提高和修正的空间。

表 5－11　　结构方程第一次拟合指标

拟合指数	χ^2/df	GFI	CFI	NFI	RMSEA
测量值	3.421	0.894	0.924	0.896	0.050
标准	小于 5 可接受，小于 3 良好	大于 0.8，越接近 1 越好	大于 0.8，越接近 1 越好	大于 0.8，越接近 1 越好	小于 0.08，越接近 0 越好

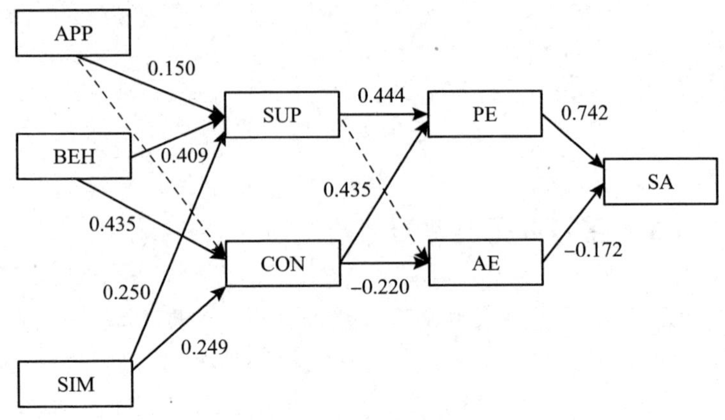

图 5-1　结构方程第一次拟合（虚线代表路径不显著）

一般来说，当模型效果不是十分理想时，研究者可以根据初始模型的参数显著性结果和 Amos 提供的模型修正指标进行模型扩展（model building）或模型限制（model trimming）。模型扩展是指，通过释放部分限制路径或添加新路径，使模型结构更加合理，通常在提高模型拟合程度时使用；模型限制是指，通过删除或限制部分路径，使模型结构更加简洁，通常在提高模型可识别性时使用。Amos 提供了两种模型修正指标，其中，修正指数（modification index）用于模型扩展，临界比率（critical ratio）用于模型限制。我们还发现，结构模型中的部分题项之间存在较强的共变关系，因此，考虑通过 MI 修正和简化模型的方式使整体模型得到更好的拟合。同时，在重新分析修正情况指标的情况下，本书将进一步寻求模型改进方法，决定删除部分模型中不显著的路径来进行分析，希望得到更好的拟合结果。从表 5-12 得到的路径分析结果来看，本书发现有两条路径系数（外表→感知控制和感知社会支持→唤起情绪）在显著性 0.05 的情况下不能通过（P=0.211，P=0.197），因此，可考虑删除这两条路径对结构模型进行重新估计。

表 5－12　　“其他顾客”线索对服务满意影响的路径分析结果

路径	标准化系数	S. E	C. R.	P 值	结论
SIM→CON	0. 249	0. 046	5. 688	***	通过
APP→CON	0. 082	0. 056	1. 251	0. 211	不通过
BEH→CON	0. 435	0. 063	6. 649	***	通过
APP→SUP	0. 150	0. 045	2. 557	0. 011	通过
BEH→SUP	0. 409	0. 051	6. 920	***	通过
SIM→SUP	0. 250	0. 037	6. 246	***	通过
CON→PE	0. 435	0. 043	10. 299	***	通过
SUP→PE	0. 444	0. 048	10. 658	***	通过
CON→AE	－0. 220	0. 052	－5. 054	***	通过
SUP→AE	－0. 052	0. 054	－1. 290	0. 197	不通过
PE→SA	0. 742	0. 044	18. 492	***	通过
AE→SA	－0. 172	0. 025	－6. 482	***	通过

注：*** 表示 p 值小于 0. 001，** 表示 p 值小于 0. 01，* 表示 p 值小于 0. 05。

根据之前分析，本书在删除模型不显著路径后对模型进行了进一步的拟合和修正，并得到拟合结果，如图 5－2 所示，同时也得到了相应的修正后的“其他顾客”线索对服务满意影响的路径分析结果如表 5－13 所示和修正模型的拟合指标，如表 5－14 所示。通过模型修正得到的结果，本书发现，在修正模型情况下，结构模型的全部路径在显著性小于 0. 05 的情况下通过验证。同时，结构模型的拟合指标也得到了较大改善。

研究得到的结构模型拟合的检验指标，如表 5－14 所示。从表 5－14 可以看到，在经过删除不显著路径和 MI 修正等方式后，需要汇报的各拟合指标都表现得比上次更好，也更加接近标准。其中，绝对拟合指数卡方/自由度为 2. 964，低于一般要求的 3，也低于第一次拟合指标。此外，近似误差均方根 RMSEA 为 0. 045，低于一般要求的 0.05 和最低要求的 0.08。另外，拟合优度指标 GFI 达到了 0.911，相对拟合指数的 NFI 达到 0.911，相对拟合指数 CFI 达到了 0.939 都大于 0.9，指标良好。总体上来说，模型拟合程度良好，说明模型是能够成立的且具有较好的解释力。从结构方程模型获得的路径系数以及模型的拟合情况发现，在第 4 章提出的假设中，外表与感知控制之间的路径关系（H1b）以及感知社会支持与唤起情绪之间的关系（H4b）并未获得数据的支持。从路径分析的结果，本书发现，H1a、H1c、H2a、H2b、H2c、H3a、H3b、H4a 均获得了数据的支持，假设得到验证。

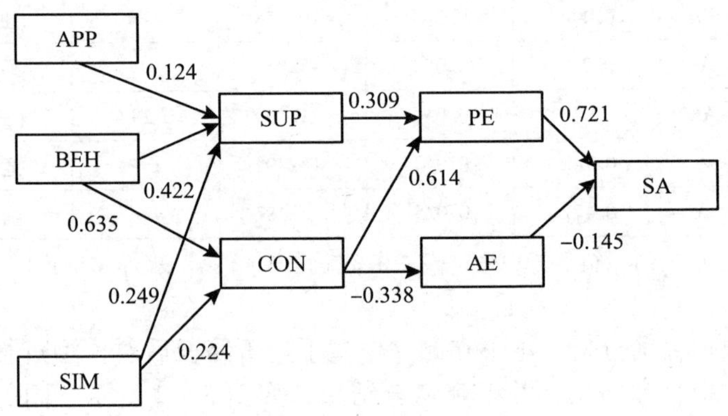

图 5-2　修正后的结构模型

表 5-13　修正后的“其他顾客”线索对服务满意影响的路径分析结果

路径	标准化系数	S. E	C. R.	P 值	结论
SIM→CON	0.224	0.049	4.940	***	通过
BEH→CON	0.635	0.049	11.680	***	通过
SIM→SUP	0.249	0.045	5.957	***	通过
APP→SUP	0.124	0.064	2.069	0.039	通过

续表

路径	标准化系数	S. E	C. R.	P 值	结论
BEH→SUP	0.422	0.055	6.881	***	通过
CON→PE	0.614	0.069	10.366	***	通过
SUP→PE	0.309	0.047	7.610	***	通过
CON→AE	-0.338	0.057	-7.992	***	通过
PE→SA	0.721	0.045	18.994	***	通过
AE→SA	-0.145	0.026	-5.831	***	通过

注：*** 表示 $p<0.001$，** 表示 $p<0.01$，* 表示 $p<0.05$。

表 5-14　　修正模型的拟合指标

拟合指数	$\chi2/df$	GFI	CFI	NFI	RMSEA
测量值	2.964	0.911	0.939	0.911	0.045
标准	小于 5 可接受，小于 3 良好	大于 0.8，越接近 1 越好	大于 0.8，越接近 1 越好	大于 0.8，越接近 1 越好	小于 0.08，接近 0 更好

5.6.2　中介效应的验证

根据拜伦和肯尼（Baron，Kenny，1986）的三步回归法，本书采用层次回归的方法来验证中介效应。同时，本书还借鉴了汪林等（2010）研究中的中介效应检验思路来进行数据分析。本书在表 5-15 中将情绪表现作为因变量。首先，从表 5-15 中的模型 2 可以看到“其他顾客”线索（OCP）与情绪表现（EMO）之间显著相关（$\beta=0.351$，$P<0.001$）。接着，在模型 3 中加入感知控制和感知社会支持两个变量之后可以看到，“其他顾客”线索对情绪表现的影响系数降低，但回归系数仍然显著（$\beta=0.151$，$P<0.001$）。同时，感知控制和感知社会支持对情绪表现的影响显著，回归系数分别为（$\beta=0.135$，$P<0.001$ 和 $\beta=0.248$，$P<0.001$）。整体来说，

本书发现，当回归方程中加入感知控制和感知社会支持两个变量之后，“其他顾客”线索对顾客情绪表现的影响降低了57%。同时，还可以从表5-15看到，增加自变量后模型的方差解释量呈现显著增加的趋势，三个模型中ΔR^2分别为（0.045，0.160，0.227），说明模型的解释力度得到了提高。由此可以得出结论：感知控制和感知社会支持在“其他顾客”线索对情绪表现的影响中起部分中介作用，说明H5得到了研究数据的支持。此外，从表5-15层次回归的结果，本书推论出感知控制和感知社会支持与情绪表现之间的关系，而这正好对第4章提出的假设H3和假设H4进行了验证，且数据结论也支持了这两个研究假设。

表5-15　感知控制和感知社会支持的中介效应（因变量是情绪表现）

变量	模型1	模型2	模型3
餐馆档次	0.133*** (4.140)	0.077* (2.525)	0.071* (2.429)
就餐频率	0.064* (2.014)	0.029 (0.974)	0.018 (0.609)
Gender	-0.138*** (-4.308)	-0.083** (-2.735)	-0.042 (-1.437)
Education	-0.054 (-1.557)	-0.038 (-1.183)	-0.041 (-1.309)
Income	0.022 (0.609)	0.020 (0.598)	0.028 (0.883)
Age	0.088* (2.581)	0.086** (2.697)	0.066* (2.154)
OCP		0.351*** (11.442)	0.151*** (4.112)
CON			0.135*** (3.852)

续表

变量	模型 1	模型 2	模型 3
SUP			0.248 *** (6.671)
R^2	0.051	0.166	0.235
ΔR^2	0.045	0.160	0.227
F 值	8.438 ***	26.928 ***	32.117 ***

注：*** 表示 $p<0.001$，** 表示 $p<0.01$，* 表示 $p<0.05$。

同样，采用拜伦和肯尼（1986）的三步回归法来检验感知控制和感知社会支持在“其他顾客”线索分别对愉悦情绪和唤起情绪影响的中介作用是否成立。表 5-16 的结果显示，在模型 2 中“其他顾客”线索对愉悦情绪回归系数显著（$\beta=0.522$，$P<0.001$），而当在回归方程中加入感知控制和感知社会支持两个变量之后，“其他顾客”线索对愉悦情绪的回归系数变为（$\beta=0.271$，$P<0.05$），回归系数降低了 48%。而此时，感知控制对愉悦情绪的回归结果为（$\beta=0.207$，$P<0.001$），感知社会支持对愉悦情绪的回归结果为（$\beta=0.279$，$P<0.001$），表明感知控制和感知社会支持在“其他顾客”线索对愉悦情绪的影响中起部分中介作用。同理，在表 5-16 的模型 5 中可以看到，“其他顾客”线索对唤起情绪回归系数显著（$\beta=-0.193$，$P<0.001$），而当在回归方程中加入感知控制和感知社会支持两个变量之后，“其他顾客”线索对唤起情绪的回归系数变为（$\beta=-0.140$，$P<0.001$），回归系数降低了 27%。而此时，感知控制对唤起情绪的回归结果为（$\beta=-0.082$，$P<0.001$），感知社会支持对唤起情绪的回归结果为（$\beta=-0.026$，$P>0.05$），表明仅有感知控制在“其他顾客”线索对唤起情绪的影响中起到部分中介作用，而感知社会支持在“其他顾客”线索对唤起情绪的影响中并不具有中介作用。同时，还可以从表 5-16 的左半部分看到，增加自变量后模型的方差解释量呈现显著增加的趋势，三个模型中（模型1、模型2、模型3）ΔR^2 分别为（0.059，0.315，0.422），说明模型的解释力度得到提高。另外，从表5－16的右半部分还可以看到，增加自变量后模型的方差解释量并未呈现出特别显著增加的趋势，三个模型中（模型4、模型5、模型6）ΔR^2 分别为（0.011，0.045，0.050），说明在增加感知控制和感知社会支持后，"其他顾客"线索对唤起情绪的影响并未受到较多干扰，进一步印证了层次回归系数变化得出的结论。因此，可认为H5a得到了研究数据支持，而H5b并未完全得到研究数据的支持，仅得到部分支持。

表5－16　　感知控制、感知社会支持的中介作用（因变量分别是愉悦情绪和唤起情绪）

变量	因变量是愉悦情绪（PE）			因变量是唤起情绪（AE）		
自变量	模型1	模型2	模型3	模型4	模型5	模型6
餐馆档次	0.211*** (6.609)	0.128*** (4.629)	0.119*** (4.698)	-0.089*** (-2.722)	-0.058 (-1.791)	-0.055 (-1.701)
就餐频率	0.028 (0.877)	-0.024 (-0.890)	-0.037 (-1.476)	0.048** (1.461)	0.067* (2.077)	0.068* (2.100)
Gender	-0.126*** (-3.954)	-0.044 (-1.612)	0.009 (0.342)	-0.021 (-0.648)	-0.051 (-1.579)	-0.064 (-1.965)
Education	-0.033 (-0.948)	-0.010 (-0.325)	-0.011 (-0.416)	-0.028 (-0.808)	-0.037 (-1.067)	-0.038 (-1.098)
Income	0.022 (0.629)	0.020 (0.652)	0.031 (1.129)	0.000 (0.009)	0.001 (0.036)	-0.002 (-0.068)
Age	0.032 (0.948)	0.029 (1.020)	0.004 (0.170)	0.072* (2.081)	0.073* (2.146)	0.078* (2.296)
OCP		0.522*** (18.827)	0.271*** (8.559)		-0.193*** (-5.892)	-0.140*** (-3.457)
CON			0.207*** (6.830)			-0.082* (-2.107)

续表

变量	因变量是愉悦情绪（PE）			因变量是唤起情绪（AE）		
自变量	模型 1	模型 2	模型 3	模型 4	模型 5	模型 6
SUP			0.279 *** (8.656)			-0.026 (-0.629)
R^2	0.065	0.320	0.428	0.017	0.052	0.059
ΔR^2	0.059	0.315	0.422	0.011	0.045	0.050
F 值	11.024 ***	63.610 ***	78.449 ***	2.808 *	7.451 ***	6.527 ***

注：*** 表示 p 值小于 0.001，** 表示 p 值小于 0.01，* 表示 p 值小于 0.05。

表 5 – 17 需要验证的是，感知控制和感知社会支持以及情绪表现在“其他顾客”线索对顾客服务满意影响中的双层中介作用，同样采用三步回归法来进行中介效应的验证。而在涉及双层中介效应验证的研究思路上，本书借鉴柯林斯和史密斯（Collins，Smith，2006）的回归思路。首先，在模型 2 中可以看到“其他顾客”线索对顾客服务满意的回归结果（$\beta = 0.430$，$P < 0.001$），而当在回归方程中加入感知控制和感知社会支持两个变量之后，“其他顾客”线索对顾客服务满意的回归系数变为（$\beta = 0.216$，$P < 0.001$），回归系数降低了 50%。而此时，感知控制对服务满意的回归结果为（$\beta = 0.170$，$P < 0.001$），感知社会支持对服务满意的回归结果为（$\beta = 0.244$，$P < 0.001$），表明感知控制和感知社会支持在“其他顾客”线索对顾客服务满意的影响中起到部分中介作用。其次，当在回归方程中加入情绪表现变量（模型 4），“其他顾客”线索对服务满意的回归系数变为（$\beta = 0.204$，$P < 0.001$），回归系数在模型 2 的基础上降低了 53%。而此时，感知控制对服务满意的回归结果为（$\beta = 0.159$，$P < 0.001$），感知社会支持对服务满意的回归结果为（$\beta = 0.224$，$P < 0.001$），情绪表现对顾客服务满意的回归结果为（$\beta = 0.079$，$P < 0.001$）。通过对模型 3 和模型 4 的比较，本书发现当情绪表现加入回归方程中之后，“其他顾客”线索、感知控

制和感知社会支持对服务满意的影响系数均降低，且情绪表现变量本身对服务满意的影响也显著。同时，还可以从表 5－17 看到，增加自变量后模型的方差解释量呈现显著增加的趋势，4 个模型中 ΔR^2 分别为（0.094，0.267，0.345，0.349），说明模型的解释力度得到了提高。由此可以得出以下结论：感知控制、感知社会支持和情绪表现在“其他顾客”线索对顾客服务满意的影响中起到部分中介作用。同时，在感知控制和感知社会支持对服务满意的影响中，顾客的情绪表现也扮演着部分中介作用的角色。综合表 5－15、表 5－16 和表 5－17，可以得出的结论是，“其他顾客”线索通过感知控制和感知社会支持的部分中介作用影响顾客情绪表现，并最终影响顾客的服务满意，由此，本书认为 H7 得到了研究数据的支持。另外，从表 5－17 获得的情绪表现与顾客服务满意之间的回归系数也可以看到，情绪表现与顾客服务满意之间呈正相关关系，H6 由此得到验证。

表 5－17　感知控制、感知社会支持及情绪表现的中介作用（因变量是服务满意）

变量	模型 1	模型 2	模型 3	模型 4
餐馆档次	0.201*** (6.434)	0.133*** (4.659)	0.126*** (4.660)	0.120*** (4.451)
就餐频率	0.105*** (3.372)	0.062* (2.207)	0.051 (1.907)	0.050 (1.860)
Gender	－0.208*** (－6.661)	－0.141*** (－4.953)	－0.096*** (－3.521)	－0.093*** (－3.405)
Education	0.002 (0.052)	0.021 (0.682)	0.019 (0.663)	0.022 (0.777)
Income	－0.003 (－0.084)	－0.005 (－0.162)	0.005 (0.158)	0.002 (0.082)

续表

变量	模型1	模型2	模型3	模型4
Age	-0.004 (-0.111)	-0.006 (-0.196)	-0.027 (-0.959)	-0.032 (-1.145)
OCP		0.430*** (15.004)	0.216*** (6.406)	0.204*** (6.019)
CON			0.170*** (5.253)	0.159*** (4.899)
SUP			0.244*** (7.109)	0.224*** (6.408)
EMO				0.079** (2.647)
R^2	0.100	0.273	0.351	0.356
ΔR^2	0.094	0.267	0.345	0.349
F值	17.466***	50.674***	56.730***	52.083***

注：***表示p值小于0.001，**表示p值小于0.01，*表示p值小于0.05。

5.6.3 调节效应的验证

本书采用分组回归的方式，来验证自我建构方式的调节效应。首先，将获得的自我建构方式数据进行分组，使用独立自我建构方式（DU）的值减去关联自我建构方式的值，将差值大于0的定义为独立自我建构为主的顾客，相反，差值小于0的定义为关联自我建构为主的顾客，从而获得了两组数据，如表5-18所示，第一组为关联建构为主的顾客（n=529），第二组为独立建构为主的顾客（n=425）。而后，采用分组回归的方式（温忠麟，侯杰泰和张雷，2005）获得统计结果，并比较自我建构方式是否在“其他顾客”线索对感知社会支持（模型1）和“其他顾客”线索对感知控制的影响关系中具有调节作用（模型1）。同时，本书还比较自我建构方式是否在“其他顾客”线索对感知控制的影响中具有调节作用（模型 2）。从表 5 – 18 中的模型 1 可以看到，第一组数据“其他顾客”线索对感知社会支持的回归系数显著（β = 0.609，P < 0.001）；第二组“其他顾客”线索对感知社会支持的回归系数也显著（β = 0.536，P < 0.001），且两组数据回归系数之间的差值显著（t = 26.63，P < 0.001），这说明，相对于独立自我建构为主的顾客来说，“其他顾客”线索对关联自我建构为主的顾客的感知社会支持带来的影响更大。同理，从表 5 – 18 中的模型 2 可以看到，第一组数据（关联组）“其他顾客”线索对感知控制的回归系数显著（β = 0.469，P < 0.001）；第二组（独立组）“其他顾客”线索对感知社会支持的回归系数也显著（β = 0.506，P < 0.001），且两组数据回归系数之间的差值显著（t = – 10.69，P < 0.001），这说明，相对于关联自我建构为主的顾客来说，“其他顾客”线索对独立自我建构为主的顾客的感知社会支持带来的影响更大。另外，从模型整体的解释力来看，在模型 1 中，第一组（关联组）的解释力（ΔR^2）和第二组（独立组）的解释力（ΔR^2）分别为 0.370 和 0.286；同理，在模型 2 中，第一组（关联组）的解释力（ΔR^2）和第二组（独立组）的解释力（ΔR^2）分别为 0.220 和 0.256，也进一步印证了从分组回归系数分析得出的结论。这说明，第 4 章所提出的 H8 并未获得研究数据的支持，事实上，研究数据得出的结论与假设刚好相反，这意味着，关联建构为主的顾客从“其他顾客”线索中获得的控制感反而比独立建构为主的顾客要低。这个相反的研究结论，本书将在第 6 章中进一步讨论。第 4 章提出的研究假设 H9 则得到了研究数据的支持，关联建构为主的顾客更能从“其他顾客”线索中获得支持感。另外，从上述的分组回归数据可以看到，无论是关联组还是独立组，“其他顾客”线索与感知控制的关系均是正向相关，且回归系数均显著；同时，关联组和独立组，“其他顾客”线索与感知社会支持之间也呈现出正相关关系，进一步验证了第 4 章中的研究假设 H1 和研究假设 H2。

表 5－18　　自我建构方式的调节效应

变量（OCP 为自变量）	模型 1（因变量是感知社会支持）			模型 2（因变量是感知控制）		
组别	标准化系数（t 值）（标准误）	F 值	$R^2(\Delta R^2)$	标准化系数（t 值）	F 值	$R^2(\Delta R^2)$
关联自我建构为主（第一组）n＝529	0.609*** (17.642) (0.038)	311.247***	0.371 (0.370)	0.469*** (10.897) (0.056)	118.753***	0.220 (0.218)
独立自我建构为主（第二组）n＝425	0.536*** (13.055) (0.046)	170.441***	0.288 (0.286)	0.506*** (13.479) (0.049)	181.690***	0.256 (0.255)
组间差异	t＝26.63***			t＝－10.69***		

注：*** 表示 p 值小于 0.001，** 表示 p 值小于 0.01，* 表示 p 值小于 0.05。

5.7 本章小结

本章通过小样本预调研（包含前测和再测）形成和修改调查问卷，并在此基础上进行了大规模的问卷调研。在对所获得的大样本数据进行描述性分析、方差分析、问卷的信度分析和效度分析之后，本书对研究模型进行了路径分析。随后，采用层次回归法和分组回归法对研究中所涉及的中介效应和调节效应进行了进一步验证。通过上述步骤逐个对第 4 章中提出的验证就假设进行了统计验证，并得到了以下结论，汇总如表 5－19 所示。

从表 5－19 可见，本章通过大范围问卷调查获得的调研数据分析结果支持了在第 4 章中提出的大部分研究假设。除了 H1b、H4b、H5b、H8 三个研究子假设以及 H8 这个研究假设之外，其他假设均得到研究数据的支持。总体来说，通过第 5 章的大范围问卷调查基本得到以下研究结论：

表 5－19　　基本假设验证结果

研究假设	检验结果
H1“其他顾客”线索（包含相似性、外表、行为适当性）正向影响感知控制程度	部分支持
H1a 在服务场景中，其他顾客与中心顾客间的相似性越强，顾客的感知控制程度越强	支持
H1b 在服务场景中，其他顾客外表特征越正面，顾客的感知控制程度越强	不支持
H1c 在服务场景中，其他顾客的行为适当性越强，顾客感知控制的程度越强	支持
H2“其他顾客”线索（包含相似性、外表、行为适当性）正向影响顾客的感知社会支持程度	支持
H2a 在服务场景中，其他顾客与中心顾客间的相似性越强，顾客的感知社会支持程度越强	支持
H2b 在服务场景中，其他顾客外表特征越正面，顾客的感知社会支持程度越强	支持
H2c 在服务场景中，其他顾客的行为适当性越强，顾客感知社会支持的程度越强	支持
H3 人们在服务场景中获得的感知控制程度与情绪表现呈正相关	支持
H3a 人们在服务场景中获得的感知控制程度与愉悦水平之间呈正相关	支持
H3b 人们在服务场景中获得的感知控制程度与唤起水平之间呈负相关	支持
H4 人们在服务场景中获得的感知社会支持正向影响情绪表现	支持
H4a 人们在服务场景中获得的感知社会支持正向影响愉悦水平	支持
H4b 人们在服务场景中获得的感知社会支持负向影响唤起水平	不支持
H5“其他顾客”线索通过感知控制、感知社会支持的中介作用影响顾客情绪表现	支持
H5a“其他顾客”线索通过感知控制、感知社会支持的中介作用影响顾客愉悦情绪	支持
H5b“其他顾客”线索通过感知控制、感知社会支持的中介作用影响顾客唤起情绪	部分支持

续表

研究假设	检验结果
H6 顾客情绪表现正向影响顾客服务满意	支持
H7 “其他顾客”线索通过感知控制、感知社会支持以及情绪表现的中介作用对服务满意产生正向影响	支持
H8 当顾客的自我建构方式是关联建构为主（相比于独立自我建构为主的顾客）时，“其他顾客”线索给顾客带来感知控制程度更强	不支持
H9 当顾客的自我建构方式是关联建构为主（相比于独立自我建构为主的顾客）时，“其他顾客”线索给顾客带来感知社会支持程度更强	支持

（1）在服务场景中，“其他顾客”线索中的相似性、行为适当性对顾客在服务场景中获得的感知控制程度会产生正向的影响。同时，“其他顾客”线索中的相似性、外表、行为适当性对顾客在服务场景中获得的感知社会支持，也具有正向影响。虽然“外表”与感知控制之间的关系并未得到调研数据的支持。事实上，在第 4 章我们所提出的研究模型中，“感知控制”和“感知社会支持”来源于环境心理学中的“环境应激理论”，分别代表了人们在面对外界环境状态变化时的两类“应对方式”（情绪应对方式和问题应对方式）。正如我们在第 4 章中提到的那样，感知控制是“个人在环境中的竞争力、优越度和掌控力的一种展示”(White，1959)。在顾客对实体环境构成服务接触的服务人员所传递的情绪性与行为性的反应中，感知控制是一个决定性的变量(Bateson，Hui，1992)。顾客在服务场景中获得的控制感，对于随后在其身上引发的情绪表现及行为反应具有重要的缓冲作用。那么，“其他顾客”线索中所包含的与中心顾客的相似性、外表特征以及行为适当性，是为顾客在服务场景中提供控制感的源泉。此外，许多研究者发现，消费者常常愿意在市场环境中寻求来自他人的支持（Adelman，Ahuva，1995；Adelman et al.，1994）。社会支持通常发生在人与人之间的口头或非口头的交流

过程之中。商业环境中能帮助人们获取社会支持感的命题，在我们的研究中同样得到了支持。在服务场景中，“其他顾客”作为一种社交性的刺激线索所包含的，与中心顾客的相似性、外表特征、行为适当性会对顾客的感知社会支持产生正向影响。当人们光顾服务环境时，在场的其他顾客若表现出较多与我们颇为相似的背景、适当得体的外表特征和行为上的适当性，将使得我们感受到一种在服务环境中“陪伴”的感觉。这个商业地点也因为来自其他顾客的这些积极的线索，变得温暖和更令我们留恋。

（2）顾客在服务场景中获得的感知控制程度和感知社会支持程度对人们的情绪表现产生积极影响，数据分析结果支持这样的结论：人们在服务场景中获得的感知控制程度越能唤起人们的愉悦情绪，同时，人们在服务场景中获得的感知控制程度越强，环境为他带来的唤起情绪越弱。这意味着，在商业服务环境中所获得的控制感或让人们进一步感受到较强愉悦的情绪和较弱的唤起情绪。这个结论与本书所选取的研究环境颇有关联。本书的实证调研部分以餐饮环境作为样本抽样的环境对象，而在餐饮环境中，大部分顾客更希望寻求的是控制感所带来的情绪上的平静和较为平和的就餐体验，这个实际状况恰好在感知控制与唤起情绪之间呈现出的负向影响的路径中得到了验证。另外，人们在服务场景中获得的感知社会支持程度与整体的情绪表现之间呈现出正向的关系，而其中感知社会支持与愉悦情绪之间的正向关系得到了数据的显著支持，但感知社会支持与唤起情绪之间的路径关系却未通过实证检验。但是，在整体上，感知社会支持与情绪表现之间的关系得到了验证。在市场营销研究中，学者们对商业服务环境中人们所寻求的来自他人的社会支持感的研究目前还处于起步阶段（Hayko，Baker，2004），其中，关注较多的是来自亲人、朋友的陪伴、情绪支持和工具支持，而对单纯来自共享服务设施的“其他顾客”线索捕捉所获得的社会支持感现有研究还十分稀少（Clark，Martin 1994；Guenzi，Pelloni，2004）。服务环境中获得的社会支持感会作为一种认知的“应对”过程对共处环境中的顾客情绪带来影响，但对于感知社会支持与唤起情绪之间的关系这条路径未达到实证检验的支持，本书第 3 章采用关键事件访谈法进行研究所获得的事件中也呈现出这样的情况，在“音乐会”“餐厅”“飞行航班”这类环境中“唤起”被提到的次数不多，而在“体育赛事”“游乐场”这类环境中“唤起”是被较多提及的。所以，本书认为，这可能还是与调查的餐饮环境中顾客对“唤起”情绪的体验并不那么强烈有关，这个研究问题的出现也将为在未来研究中考虑环境分类所带来的影响提供思路。

(3) 感知控制和感知社会支持在“其他顾客”线索对情绪表现的影响中具有部分中介作用。此外，本书的数据支持这样的结论，感知控制和感知社会支持在“其他顾客”线索对愉悦情绪的影响中，具有部分中介作用；感知控制在“其他顾客”线索对唤起情绪的影响中具有部分中介作用，而感知社会支持在“其他顾客”线索与唤起情绪之间的负向影响关系中的中介作用则并不显著。从整体上来说，实证研究基本上肯定了代表应对方式的感知控制和感知社会支持在环境中的“其他顾客”线索与情绪表现关系链条上的中介作用和缓冲角色。正如第 4 章中提到的，根据环境应激理论，应激反应被认为是一个适应性机制，是机体对真实或潜在的威胁有效的反应能力。应激由刺激和情境所唤起，其反应强度由个体对刺激的控制和评估强度决定。当人们认识到个体面对外部刺激引起的紧张状态时，是以一种有意识的积极主动的活动方式来达到内心平衡和内外部协调，它包含调整个体认识和需求以期与外部环境相适应的特征（Lazarus，Folkman，1980）。在代表环境刺激的“其他顾客”线索与情绪反应（包含愉悦情绪和唤起情绪）之间的影响关系中，感知控制所代表的情绪应对指向和感知社会支持所代表的问题应对指向均显示出在这样一种遭遇到环境刺激时，人们不断调整个体认知和需求的信息加工和调整及适应过程。

(4)“其他顾客”线索通过“感知控制”和“感知社会支持”以及顾客的情绪表现，最终影响顾客的服务满意程度。通过实证验证本书发现，“其他顾客”线索对顾客服务满意的影响受到两层中介作用的影响，首先，“其他顾客”线索对服务满意的影响在“感知控制”和“感知社会支持”的适应机制下，得到了认知和信息加工调整，随后，“情绪表现”在此动态过程中也扮演了部分中介的作用。这个研究结论将第 4 章提出的从经典的“M－R”范式到扩展的“M－R”范式的研究思路从实证数据中得到支持。服务场景的研究文献告诉我们，M－R 模型框架在许多不同类型的环境中得以应用，在营销研究中，尤其以零售环境和服务主导的环境应用居多（Machleit，Mantel，2001），同时，传统的服务营销研究大量探讨和证实了“氛围刺激—情绪—趋避行为”路径的存在（Mehrabian，Russell，1974；Wakefield，Baker，1998 et al.），然而，本书认为，该研究路径虽可以解释氛围对消费行为影响的基本机制，但是由于现有研究中鲜有专门针对社交氛围中的“其他顾客”线索对顾客消费行为影响的解释框架，本书采用这一经典研究框架作为研究的基本出发点，实证研究的结果支持了这个基本思路，这个结论揭示了，在 M－R 经典范式的框架体系下，其他顾客要素应该而且必须被纳入服务场景的要素中，除了物理设施、服务员工之外，来自其他顾客的社交刺激线索是影响消费者反应和行为的一个不容忽视的重要因素。这个观点进一步支持了表 2－1 中所整理出的现有服务场景研究中的概念争议问题，也为比特纳（1992）为基础的研究对其他顾客问题的忽视提出了新的研究证据。最后，这个研究结论还为第 4 章讨论到的情绪（emotion）—认知（cognition）路径，还是认知（cognition）—情绪（emotion）路径找到了实证支持。本书突破了服务氛围文献中很少有将情绪和认知都作为中介来影响消费者行为的研究现状，在剖析了现有理论争议的基础上提出了认知（cognition）—情绪（emotion）为主要路径的研究模型，并基本验证了这一研究思路。

（5）自我建构方式在“其他顾客”线索对感知控制和感知社会支持影响过程中的调节作用得到了部分验证。同样，根据环境应激理论所提到的人格特质和身心特征（Lazarus et al.，1984）带来的影响，在研究设计中本书将影响个人对自我与他人之间关联或区分上认识的不同的人格特质“自我建构方式”纳入考虑（Singelis，1994；Bearden et al.，2006）。根据独特性的研究文献，低独立自我建构的消费者更倾向于遵从和模仿他人的购物选择，在这样的背景下，与他人相似和与群体保持一致被视为非常重要的文化价值观（e.g.，Yoon et al.，2011）。高独立自我建构的消费者更加偏好于喜爱具有独特性的产品（Kim，Markus，1999；Aaker，Schmitt，2001），也就是说，独立自我建构程度的高低与个人的独特性寻求倾向之间密切相关，个人具备较高的独立自我建构程度会使得他受到社交在场影响的敏感性减弱。

在实证调研中，本书将被访者划分为“关联自我建构为主”和“独立自我建构为主”两个组别，并假设关联建构为主的顾客在“其他顾客”线索对于应对适应过程中的影响（包含感知控制和感知社会支持的获得）比独立自我建构为主的顾客要大。实证数据分析的结果得到了部分支持，其中，关联自我建构为主的顾客确实在受“其他顾客”线索影响而获得的感知社会支持上远高于独立自我建构为主的顾客，这个结论恰好反映了在日常生活中人们对他人的看法和认知对自身信息加工的潜在影响和调节作用。对他人更倾向于关联认知的顾客更容易在商业环境中获得来自他人的支持感，也相对较容易受到共享环境的他人的影响（Kim，Markus，1999；Aaker，Schmitt，2001）。在本研究主题下，关联建构为主的顾客容易受到来自“其他顾客”线索的积极影响，个人也更容易受到消极线索的影响，这个结论将为本书提供清晰的管理启示，本书第 6 章将对这个研究结论进行进一步分析。此外，实证研究并不支持第 4

章中提出的关联建构为主的顾客从“其他顾客”线索获得的感知控制程度更强的假设，反而支持了相反的观点。本书的结论是，相对于关联建构为主的顾客来说，独立建构为主的顾客更能从“其他顾客”线索中获得控制感。

第6章

研究结论及展望

在许多服务背景下，顾客在光顾服务场所的同时，其他顾客也在享受服务，“同伙顾客”（fellow customer）会共同出现在服务环境中，并且对服务产出和过程的本质产生影响。事实上，顾客们会共同作为服务环境中的一部分而相互之间间接地产生影响，或者直接通过特殊的人际接触而直接影响彼此（Baker，1987；Bitner，1992）。这些关系就有高度的相关性，是由于他们会戏剧性地影响顾客的服务满意，甚至是更广泛意义上的顾客体验（Martin，Pranter，1989），可以说，“同伙顾客”（fellow customer）对顾客满意和服务感知质量认知存在提升和减弱的双重效果（Grove，Fisk，1997）。虽然其他顾客的行为不可控性较强，顾客则会认为，公司对其他顾客行为的注重和管理（比如，十分吵闹的顾客、抽烟的顾客等）是顾客进行服务整体评价的重要组成部分（Bitner，1990）。从这样的立意出发，本书对服务场景中“其他顾客”线索问题相关的研究文献进行了整理和深度挖掘发现，学者们对服务研究中“其他顾客”线索问题的关注虽然已有将近20年时间，但这个领域目前仍然处于起步阶段，实际的状况是：概念体系存在争议、理论研究模型尚待扩展、实证研究亟待补充。本书通过一系列的探索过程，对服务场景中的其他顾客问题进行了整理和探索，并在理论上获得了一些进展。

6.1 研究总结与讨论

本书第2章通过大量的文献阅读对服务营销研究中的“其他顾客”线索问题进行了系统性的文献归纳和整理。实际上，“其他顾客”线索的研究自马丁（1989）明确提出服务环境中顾客间兼容性问题以来一直受到学者关注（Lehtinen，Lehtinen，1991；Argo et al.，2005），但可能是由于服务环境中“其他顾客”线索在管理上具有较强的不易控性，相比起“员工”线索和“服务设施”线索，其他顾客未得到研究者较多的关注。在零售服务环境中，与中心顾客（focal customer）同时占用服务环境和设施的其他顾客的社会影响，在研究中被长期忽视（Bracato et al.，2012）。中心顾客对共享服务环境或设施的“其他顾客”线索的构成仅仅停留在片面且定性性质的尝试性研究上，顾客对共享服务环境的“其他顾客”线索会产生什么样的认知过程，这些感知进而会以何种形式和程度作用于顾客对服务本身的评价，目前的文献尚未给出完善的解答。本书发现，现有涉及“其他顾客”线索的相关研究从整体来说，大致可以分为三个流派。其中，第一个流派的出发点是服务场景，多从环境心理学的视角来对服务场景中的“社交线索”（其中，包含其他顾客）进行探索和分析，主要集中在社交线索或社交刺激的范畴下探索“其他顾客”线索问题，第二个研究流派较受关注，主要从关系营销的视角研究顾客与顾客间的互动或者可观察的口头参与的主要表现，并阐述了与其他顾客间的互动及沟通交流如何对最终消费行为产生影响（McGrath，Otnes，1995；Moore et al.，2005；Prahalad，Ramaswamy，2000）。这个流派研究的重点体现在顾客与顾客之间关系的建立和长期维系上，仅在部分顾客间高接触的服务环境中（如旅行、培训课程等）较为多见。第三个流派的研究，把顾客看作被动的角色，认为在共享的服务环境中，其他顾客在场会影响并通过非直接的方式对顾客产生影响。比如，顾客的密度和人群问题（e. g. Eroglu，Machleit，1990；Hui，Bateson，1991），这个流派还有一些研究讨论了其他顾客的社交在场（包含传统服务环境和虚拟服务环境）会对中心顾客的产品决策和购买率产生影响（Argo et al.，2005；Dahl et al.，2001；Fortin，Dholakia，2005；He et al.，2012），该流派的研究视角更多地采用社会心理学的相关理论（比如，社会影响理论、社会助长理论，等等）为研究基础。对这三个流派的文献进行分类整理，得到以下两个主要结论：（1）“其他顾客”线索的概念和维度目前尚不清晰。现有研究存在的一个普遍问题是，在贝克（1986）定义基础上的研究目前为止还未对其他顾客的维度划分作出一致性的定义。其中，“社交服务场景”只是提了一个整体概念，在以“社交服务场景”为研究对象的研究中涵盖了其他顾客问题，而未将其作为单独的研究对象。“顾客间互动”则侧重于关注顾客间关系的维系，多注重直接、交谈性互动。且对于顾客之间互动的形式，是直接的言语交流还是观察性的间接互动，并未有较多深入的研究。事实上，顾客间互动的形式（直接还是间接）对消费行为的影响方式和结果差异甚远。此外，以社会影响理论为基本出发点的“社交在场”的研究较为笼统，其本身的涵义和类型概念体系尚不明确。这里研究较为注重研究“在场”与“不在场”“在场数量”等问题，而对什么样的“社交在场”的研究则十分稀缺。在关系范式为主要基础的顾客间互动研究中，间接互动的行为并未得到较多关注，但是，这个现象又确实值得探究。即使它所产生的效应比直接互动要微弱，在顾客进行每一次服务体验或活动当中，其他顾客必定扮演一定的角色并发挥作用。（2）“其他顾客”线索与消费行为形成影响的内在机制，目前尚未有实证研究进行深入剖析。目前来讲，在许多零售服务环境中，与中心顾客同时占用服务设施的其他顾客所发挥的社会影响是存在的，而且非常重要，但又长期被忽视（Bracato et al. ，2012）。长期以来，服务环境中中心顾客对共享服务环境或设施的其他顾客特征感知的构成仅仅停留在概念性质的尝试性研究上，中心顾客对共享服务环境的背景顾客的相关特征会产生什么样的感知，这些感知进而会以何种形式和程度作用于中心顾客对服务本身的评价，目前的文献并未给出完善的解答。学界对零售服务环境中其他顾客在场的社会影响的相关研究还十分稀少，尚未有统一的、整合性的概念框架让学者们研究其他顾客的可观察特征怎样影响顾客的服务评价（Gummesson，1993；Rewley，1995；Grove，Fisk，1997；Mcgrath，Otnes，1995；Lehtinen，Lehtinen，1991；Argo et al. ，2005；Bracato et al. ，2012；He et al. ，2012）。整体来说，当前研究只有极少部分文献讨论了服务体验中其他顾客的行为。布里卡多等（2012）开发了描述服务现场其他顾客特征的 OCP 量表，第一次对服务环境中中心顾客对其他顾客的观察行为进行了系统的描述。但中心顾客通过对“其他顾客”线索的观察，会对中心顾客的消费行为产生影响吗？如产生影响，存在怎样的机理，先前的研究并未做相关探讨。

本书第 3 章通过关键事件法对“其他顾客”线索问题及其对消费行为的影响机制进行进一步研究和界定。结果发现，现有研究对有关其他顾客的问题也进行了一系列的探索，其中，对“其他顾客”线索问题的分类进行了一定的探索，但总体来说，大部分停留在积极线索与消极线索或直接线索与间接线索的划分（比如，Zhang，2010；Grove，1997）这样的基础划分上，并未对该问题进行深入细致的讨论。同时，现有研究对“其他顾客”线索对消费行为的影响过程和影响结果并未进行集中性地探讨，大部分已有实证研究都是建立在图姆斯和麦克 - 肯尼迪（2002；2003）的基础之上，或者是借鉴比特纳（1992；1996）的服务场景研究来构建理论框架，到目前为止尚未有研究通过关键事件的编码来对“其他顾客”线索对消费行为影响的一般模型进行整体推导和论证，这是本书一个重要的系统性理论贡献。最后，本书还在探索过程中发现部分情况下其他顾客与服务员工往往同时出现，这种同时出现所伴随的交互线索，有时也成为消费者观察到的一类现象，而这类交互线索会如何影响到消费行为也是十分有趣的研究主题。总体来说，本书为厘清其他顾客研究中的概念和分类体系提供了一个整体的框架，也首次建立了中国情境下“其他顾客”线索对消费行为影响的一般的理论模型，也为后续研究提供了很好的研究思路的拓展。

本书从不同消费环境来收集关键事件出发，通过一系列编码来得出“其他顾客”线索对消费行为的影响机制和过程。在来自79位被访者的150项有效事件中，对餐饮环境所涉的描述高达32项，占所获取的关键事件样本的21%，而在电影院、乘坐火车也在关键事件描述中占据较高比例，分别达到15%和14%。而被访者提及较少的服务环境包含音乐会（2%）、美发沙龙（1.3%）、飞机（1.3%）、健身房（0.7%）、培训中心（0.7%）等几类服务环境，说明在餐饮、电影院、乘坐火车这些服务环境中其他顾客所带来的影响是较容易被消费者捕捉到的，在这几类服务环境中更应该重视“其他顾客”线索的管理维护。其次，通过对“其他顾客”线索在不同服务环境下影响的显著性分类，本书发现在调查中所罗列的13类服务环境中，“其他顾客”线索在音乐会和餐馆这两类环境中对人们的影响最大，而人们认为“其他顾客”线索在零售商店和游乐场这两类环境中的影响最小。这为实践提供的启示，是在餐饮和音乐会这两类环境中，人们对“其他顾客”线索最为敏感，如果这两类环境的服务经营者和管理者能较为适当地利用“其他顾客”线索的积极作用和采取有效的方式规避“其他顾客”线索给顾客带来的消极作用，将会为服务企业带来确切的管理效果。此外，从研究收集到的关键事件对“其他顾客”线索的分类来看，本书发现被访者所报告的其他顾客对自身消费行为产生影响的事件大部分是一些间接的线索，事实上，有高达121项（81.7%）的被报告事件涉及的线索是未与其他顾客进行直接的言语上的交谈或实质接触的，而大部分情况是环境中对其他顾客一些行为或特征的观察，事实上仅仅这些可观察的特征就引起了一系列消费行为的变化，其中，有积极的效应也有消极的效应。第 3 章的探索性研究，为实证研究时服务行业的选择提供了一些有益提示，研究发现，消费者所报告的事件从数量上和影响强度上来看，餐饮业都是被关注的重点行业。事实上，国外对“其他顾客”线索的相关研究（Brocato et al.，2012；Harris，Ezeh，2008；Kim，Lee，2011），有相当一部分是以餐饮为主要研究环境来实施研究的。探索性研究还为下一步明确实证研究的研究问题奠定基础，从关键事件的收集可以发现，大部分被访者报告了间接线索带来的对消费行为的影响，而对现有研究中关注较多的直接线索（比如，口头交谈和交流）（McGrath，Otnes，1995；Grove，Fisk，199；Harris，Baron，2004）的影响提及较少，那么，间接线索有哪些表现，间接线索会影响消费行为吗？间接线索如何影响消费行为，在现有的营销研究中（尤其表现为实证研究）还是十分稀缺，因此，在下一步的实证研究中，我们聚焦到那些以其他顾客的行为及特征观察为主要表现形式的间接线索的研究上，进一步探索这些观察性特征的间接线索如何影响顾客的消费行为。

本书第 4 章以服务场景研究的经典范式“M－R”范式为首要研究出发点，分析了在服务场景研究中目前该基础范式存在的问题和广泛的研究基础。在此基础上，本书发现传统研究范式对“认知”和“情绪”的路径关系并未有清晰的解答。究竟是“情绪”到“认知”的路径，还是“认知”到“情绪”的路径，服务场景研究中很少有将其放在同一模型中讨论其路径的研究成果。在这个研究出发点上，本书将环境心理学中的环境应激理论融入研究模型中，将其作为讨论认知维度的理论基础。事实上，环境应激理论恰好讨论的是，在遇到外界环境刺激时的知觉状态被激起的动态适应过程。本书借助环境心理学、环境应激理论、情绪理论、满意理论和自我建构理论等几方面的理论，构建了实证研究部分的基本模型，并提出了基本的研究假设。

本书第 5 章通过实证研究得出了以下 5 个基本结论：

（1）在服务场景中，“其他顾客”线索中的相似性、行为适当性对顾客在服务场景中获得的感知控制程度会产生正向的影响。同时，“其他顾客”线索中的相似性、外表、行为适当性对顾客在服务场景中获得的感知社会支持也具有正向影响。虽然“外表”与感知控制之间的关系，并未得到调研数据的支持。感知控制是“个人在环境中的竞争力、优越度和掌控力的一种展示”（White，1959）。在顾客对实体环境构成服务接触的服务人员所传递的情绪性与行为性的反应中，感知控制是一个决定性的变量（Bateson，Hui，1992）。顾客在服务场景中获得的控制感，对于随后在其身上引发的情绪表现及行为反应具有重要的缓冲作用。那么，“其他顾客”线索中所包含的与中心顾客的相似性、外表特征以及行为适当性，是为顾客在服务场景中提供控制感的源泉。

此外，许多研究者发现，消费者常常愿意在市场环境中寻求来自他人的支持（Adelman，Ahuva 1995；Adelman et al.，1994）。社会支持通常发生在人与人之间的口头或非口头的交流过程之中。商业环境中，能帮助人们获取社会支持感的命题，在我们的研究中同样得到了支持。在服务场景中，其他顾客作为一种社交性的刺激线索所包含的，与中心顾客的相似性、外表特征、行为适当性会对顾客的感知社会支持产生正向影响。当我们光顾服务环境时，在场的其他顾客若表现出较多与我们颇为相似的背景、适当得体的外表特征和行为上的适当性，将使得我们感受到一种在服务环境中“陪伴”的感觉。这个商业地点也因为来自其他顾客的这些积极的线索变得温暖和更令我们留恋。

（2）顾客在服务场景中获得的感知控制程度和感知社会支持程度对人们的情绪表现产生积极影响，人们在服务场景中获得的感知控制程度越能唤起人们的愉悦情绪，同时，人们在服务场景中获得的感知控制程度越强，环境为他带来的唤起情绪越弱。这意味着，在商业服务环境中所获得的控制感或令人们进一步感受到较强愉悦的情绪和较弱的唤起情绪。这个研究结论与我们在本书中所选取的研究环境颇有关联。本书的实证调研部分，以餐饮环境作为样本抽样的环境对象，而在餐饮环境中，大部分顾客更希望寻求的是控制感所带来的情绪上的平静和较为平和的就餐体验，这个实际状况恰好在感知控制与唤起情绪之间呈现出的负向影响的路径中得到了验证。

另外，人们在服务场景中获得的感知社会支持程度与整体的情绪表现之间呈现出正向的关系，而其中感知社会支持与愉悦情绪之间的正向关系得到了数据的显著支持，但感知社会支持与唤起情绪之间的路径关系却未通过实证检验。但是，在整体上，感知社会支持与情绪表现之间的关系得到验证。在市场营销研究中，学者们对商业服务环境中人们所寻求的来自他人的社会支持感的研究目前还处于起步阶段（Hayko，Baker，2004），其中，关注较多的是来自亲人、朋友的陪伴和情绪支持、工具支持，而对单纯来自共享服务设施的“其他顾客”线索捕捉所获得的社会支持感现有研究尚十分稀少（Clark，Martin，1994；Guenzi，Pelloni，2004）。服务环境中获得的社会支持感，会作为一种认知的“应对”过程对共处环境中的顾客情绪带来影响，但对于感知社会支持与唤起情绪之间的关系这条路径未得到实证检验的支持，本书第 3 章采用关键事件访谈法进行研究所获得的事件中也呈现出这样的情况，在“音乐会”“餐厅”“飞行航班”这类环境中“唤起”被提到的次数不多，而在“体育赛事”“游乐场”这类环境中“唤起”是被较多提及的。所以本书认为，这可能还是与我们调查的餐饮环境中顾客对“唤起”情绪的体验并不那么强烈有关，这个研究问题的出现也将为未来研究考虑环境分类所带来的影响提供思路。

（3）感知控制和感知社会支持在“其他顾客”线索对情绪表现的影响中，具有部分中介作用。此外，本书数据分析还支持这样的结论，感知控制和感知社会支持在“其他顾客”线索对愉悦情绪的影响中具有部分中介作用；感知控制在“其他顾客”线索对唤起情绪的影响中具有部分中介作用，而感知社会支持在“其他顾客”

线索与唤起情绪之间的负向影响关系中的中介作用则并不显著。从整体上来说，实证研究部分基本上肯定了代表“应对方式”的感知控制和感知社会支持在环境中的“其他顾客”线索与“情绪表现”关系链条上的中介作用和缓冲角色。

正如第 4 章中提到的，根据环境应激理论，应激反应被认为是一个适应性机制，是机体对真实或潜在的威胁有效的反应能力。应激由刺激和情境所唤起，其反应强度由个体对刺激的控制和评估强度所决定。当人们认识到个体面对外部刺激引起的紧张状态时，是以一种有意识的积极主动的活动方式来达到内心平衡和内外部协调，它包含着调整个体认识和需求以期与外部环境相适应的特征（Lazarus，Folkman，1980）。在代表环境刺激的“其他顾客”线索与“情绪反应”（包含愉悦情绪和唤起情绪）之间的影响关系中，“感知控制”所代表的“情绪应对指向”和“感知社会支持”所代表的“问题应对指向”均显示出遭遇到环境中刺激时，人们不断调整个体认知和需求的信息加工和调整及适应过程。

（4）“其他顾客”线索通过“感知控制”和“感知社会支持”以及顾客的情绪表现，最终影响顾客的服务满意程度。通过实证验证本书发现，“其他顾客”线索对顾客服务满意的影响受到两层中介作用的影响，首先，“其他顾客”线索对服务满意在“感知控制”和“感知社会支持”的适应机制下得到了认知和信息加工调整，其次，“情绪表现”在此动态过程中也扮演了部分中介的作用。这个研究结论将第 4 章提出的从经典的“M－R”范式到扩展的“M－R”范式的研究思路从实证数据中得到了支持。服务场景的研究文献告诉我们，M－R 模型框架在许多不同类型的环境中得以应用，在营销研究中，尤其以零售环境和服务主导的环境应用居多（Machleit，Mantel，2001），同时，传统的服务营销研究大量探讨和证实了“氛围刺激—情绪—趋避行为”路径的存在（Mehrabian，Russell，1974；Wakefield，Baker，1998），然而本书认为，该研究路径虽可以解释氛围对消费行为影响的基本机制，但是由于现有研究中鲜有专门针对社交氛围中的“其他顾客”线索对顾客消费行为影响的解释框架，本书采用这一经典研究框架作为研究的基本出发点，实证研究的结果支持了这个基本思路，这个结论揭示了，在M－R经典范式的框架体系下，“其他顾客要素”应该而且必须被纳入服务场景的要素中，除了物理设施、服务员工之外，来自其他顾客的社交刺激线索是影响消费者反应和行为的一个不容忽视的重要因素。这个观点进一步支持了表2－1中所整理的现有服务场景研究中的概念争议问题，本书针对比特纳（1992）为基础的研究对其他顾客问题的忽视，提出了新的研究证据。

最后，这个研究结论还为第4章讨论到的情绪（emotion）—认知（cognition）路径，还是认知（cognition）—情绪（emotion）路径找到了实证的支持。本书突破了服务氛围文献中很少有将情绪和认知都作为中介来影响消费者行为的研究现状，在剖析了现有理论争议的基础上提出了认知（cognition）—情绪（emotion）为主要路径的研究模型，并基本验证了这一研究思路。

（5）自我建构方式在“其他顾客”线索对感知控制和感知社会支持影响过程中的调节作用得到了部分验证。同样，根据环境应激理论所提到的人格特质和身心特征（Lazarus et al.，1984）带来的影响，在研究设计中我们将影响个人对自我与他人关联而造成人格特质差异的“自我建构方式”纳入考虑之中（Singelis，1994；Bearden et al.，2006）。根据独特性的研究文献，低独立自我建构的消费者更倾向于遵从和模仿他人的购物选择，在这样的背景下，与他人相似和与群体保持一致被视为是非常重要的文化价值观（e.g.，Yoon et al.，2011）。高独立自我建构的消费者，更加偏好于喜爱具有独特性的产品（Kim，Markus，1999；Aaker，Schmitt，2001），也就是说，独立自我建构程度的高低与个人的独特性寻求倾向之间密切相关。个人具备较高的独立自我建构程度，会使得他受到社交在场影响的敏感性减弱。

在实证调研中，本书将被访者划分为“关联自我建构为主”和

“独立自我建构为主”两个组别，并假设关联建构为主的顾客在“其他顾客”线索对于应对适应过程中的影响（包含感知控制和感知社会支持的获得）比独立自我建构为主的顾客大。实证数据分析的结果得到了部分支持，其中，关联自我建构为主的顾客确实在受“其他顾客”线索影响而获得的感知社会支持上远高于独立自我建构为主的顾客，这个结论恰好反映了在日常生活中人们对他人的看法和认知对自身信息加工的潜在影响和调节作用。对他人更倾向于关联认知的顾客，更容易在商业环境中获得来自他人的支持感，也相对较容易受到共享环境的他人的影响（Kim，Markus，1999；Aaker，Schmitt，2001）。本书主题下关联建构为主的顾客容易受到来自“其他顾客”线索的积极影响，更容易受到消极线索的影响，这个结论将为我们提供清晰的管理启示。

此外，实证研究并不支持第 4 章中提出的关联建构为主的顾客从“其他顾客”线索获得的感知控制程度更强的假设，研究结果反而支持了相反的观点：相对于关联建构为主的顾客来说，独立建构为主的顾客更能从“其他顾客”线索中获得控制感。

6.2 理论贡献与管理应用

6.2.1　理论贡献

（1）对服务场景基本概念和模型的争议提供新的研究证据。

本书第 2 章提到，目前，在服务营销研究的概念和理论框架中，对于其他顾客是否应该被纳入服务场景的概念和范畴系统之中，现有研究尚未达成共识，而本书为此概念和模型的争议提供了确切的研究证据。其一，在服务营销研究中，长期以来对服务场景中所涵盖的基本要素存在争议。以比特纳（1992）为首的一批学者在服务场景的概念中并未提到其他顾客这个要素。而以贝尔克（1975）和贝克（1986）为代表的学者，则在服务场景的概念中将其他顾客作为一种社交刺激包含在概念中。后续的研究者在这两大类服务场景概念的基础上进行了一系列研究，而正是这个基本概念涵盖点的差异导致了“其他顾客”线索问题在服务营销研究并未得到长足的学术关注。其二，在现有的服务营销研究中涉及服务场景的模型体系中，有相当多理论模型中涵盖了其他顾客（包含 7P 组合、服务传递系统、服务产出系统等）（Langeard et al.，1981；Booms，Bitner，1981；Baker，1987；Martin et al.，1989；Grove，Fisk，1992；Lovelock，Wirtz，2004），但现有实证研究对这样的理论模型中其他顾客问题得到的支持进行深入讨论和验证，而本书做的就是这样一项工作。

（2）对服务场景中其他顾客概念体系和影响路径的完善做出了贡献。

由于现有研究对其他顾客问题的研究十分零散且概括性较弱的问题普遍存在，本书通过事件收集的方式对获得的定性访谈资料进行编码和分类整理。首先，将服务场景中涉及的其他顾客的相关现象资料归类为“与消费相关的直接线索”“与消费相关的间接线索”“社交相关的直接线索”“社交相关的间接线索”四大类，而在先前为数不多的归类研究中，我们的定性探索分析实现了研究上的创新。其次，本书不仅从事件材料的收集中归类出了其他顾客现象的类型，还从访谈材料中尝试性地将服务场景中的其他顾客对中心顾客的消费行为的影响过程进行了整体性概括。这个三段式的影响模型包含“其他顾客”线索构成结构、影响方式和影响结果 3 个环节。最后，还从访谈材料中捕捉到了服务员工和其他顾客交互所形成的一类新的线索类型，并将其纳入我们的探索性研究体系中。综上所述，探索性研究为服务场景中其他顾客研究的相关概念体系和影响路径的完善做出了研究贡献，也为后续研究提供了一定的研究指导和提示。

（3）对以环境心理学为基础的“M－R”研究范式进行了扩展和补充。

在服务营销研究中，涉及服务场景的大部分现有研究都以梅拉比安和拉塞尔（1974）以环境心理学为基础提出的包含“氛围刺激－情绪－趋避行为”路径过程的经典模型为主要出发点并取得了丰硕的研究成果。首先，本书以M－R模型为基本出发点来讨论服务环境中社交刺激的一类“其他顾客线索”问题，而在先前的大部分研究中其他顾客并未被纳入服务场景中的氛围刺激中，当然其他顾客问题在服务氛围或者说服务场景中的重要角色也不容忽视。其次，一方面，本书发现采用M－R范式的其他顾客的研究忽视了氛围刺激影响消费行为过程中“认知维度”的重要性；另一方面，大部分服务场景的研究未将“认知”和“情绪”在影响过程中的路径解释清楚，其中存在理论上的争议。因此，我们创新性地在同一研究模型中同时考虑了“认知维度”和“情绪维度”，实现了对服务场景研究中的经典范式M－R模型的拓展。这将为环境心理学理论更为贴切地融入服务营销研究中，更为准确地揭示消费行为路径做有益地探索。

（4）将“环境应激理论”引入服务场景研究中，强调了服务场景研究中的认知维度。

在对M－R范式理论来源进行了深入地剖析之后，本书将环境心理学中的“环境应激理论”引入理论模型中，来解释在氛围刺激对消费行为的影响过程中的认知层面。环境应激理论所揭示的是，个体面临或察觉（认知、评价）到环境变化（应激源）对机体有威胁或挑战时做出的适应和应对的过程。个人生活中的重要事件、日常琐事、重大社会变故、文化冲突等因素所代表的这一类社会文化性应激源将通过个人“应对过程”带来情绪反应及问题解决方式的变化。通过对“问题指向应对”和“情绪指向应对”这两种应对过程的解读，获得了环境应激理论所涵盖的“感知社会支持”和“感知控制”两个认知层面。这个认知维度的引入，更加合理地解释了环境中的氛围刺激的变化对个人认知调整和行为反应的影响过程。与此同时，将环境应激理论引入商业服务场景研究中，来解释“其他顾客”线索带来的外界刺激对消费者心理及消费行为的影响过程是本书的一个理论创新。

（5）丰富和补充了其他顾客研究体系，为其他顾客问题的探索提供实证依据。

本书的实证部分通过将研究现象聚焦在其他顾客的间接影响效应的现象中，服务营销中客观存在但实际上又被忽视的他人可观察特征对中心顾客的消费行为影响过程进行了实证探索。首先，实证研究的结果基本解释和证明了在服务过程中其他顾客对于构成服务氛围的社交因素所代表的重要意义，尤其是当其他顾客在服务环境中是以一种间接的、可观察的客观存在时，顾客所发生的影响作用得到了实证研究的支持。其次，这类实证研究提供的一个提示是：厘清服务场景中未发生实际的互动所呈现的“其他顾客”线索对消费行为的影响将是十分必要的。最后，其他顾客仅仅在场对中心顾客带来的消费心理和行为的影响路径和基本理论范式，显然不同于在服务场景中与其他顾客进行“面对面”的深入交流而带来的关系维系和体验提升的研究主题和范式，为服务营销研究者在接下来的深化研究主题以及进行范式归类、范式扩展提供了下一步的研究依据。可以说，本研究丰富和补充了其他顾客研究体系，并为仅仅在场问题的探索提供实证依据。由于整体来说，服务场景中的其他顾客问题探讨尚处于起步阶段，本研究为未来的更有体系的分类研究提供了前瞻性的思路。

6.2.2 管理应用

（1）为商业服务环境中管理者“兼容性管理”的推广提供支持。个人对其他顾客行为认识的显著差异，往往根植于那些易于观察的特征中，其他顾客的在场（the presence of other customer）被认为是影响服务满意或不满意的一个关键要素。尽管服务企业往往认为其他顾客的负面行为是不可控的，当顾客认为这些其他顾客失误是能被企业所控制或阻止的时候，这种责任归因就会导致更高的服务补救期望和更低的顾客服务满意。因此，市场营销人员必须认识到，顾客并不是所有时候都对，有时候管理者必须扮演"警察"角色，以保证所有顾客行为的适当性（lovelock，1996）。既然服务评价会受到其他顾客有不适当行为时服务人员所采取的反应的影响，那么，为员工提供妥善解决"问题顾客"的更合适方法和技巧的培训就显得尤为重要（Binter et al，1994）。顾客消费体验会受到其他顾客错乱行为的影响（Harris，Reynolds，2003），这些被毁坏的消费体验会影响到顾客满意和顾客忠诚的程度（Blodgett，Wakefield and Barnes，1995；Prim，Pras，1999）。因此，管理者应该加强市场的兼容性管理，也就是加强目标顾客自身特征与场所氛围的一致性管理，通过合理的管理方式让顾客感觉自己和服务场所的整体环境是十分契合的。在这个过程中，来自其他顾客的线索已被证实对共享环境的顾客的服务认知及消费过程具有不容忽视的影响效应。因此，将"其他顾客"线索作为培育商业服务环境兼容性的重要考虑因素，通过适当管理方式使商业服务环境被巧妙地营造成一种人为的、令人舒适的服务环境是管理者需要注意的一个关键突破点。

（2）细分市场的选择与维护及顾客档案管理的必要性。为了增加顾客间互动产生满意体验的可能性，洛夫洛克（1996）讨论了包含顾客的外表、行为、年龄等等的"顾客档案管理"（managing the customer portfolio）的必要性。有时候，服务营销人员需要扮演"政治官员"（police official）的角色，来确保顾客的适当行为。古梅森（1993）认为，企业应该意识到，"招募正确的顾客和招募正确的员工一样重要"来克服其他顾客之间会相互影响的难题。正确的顾客能够提升"与其他顾客间相处的舒适性"，也能影响顾客参与服务产品之中的意愿（Silpakit，Fisk，1985）。施耐德和鲍文（1996）

则论证了服务组织应该像训练其内部员工（人力资源、领导、组织咨询顾问）一样来利用和挖掘顾客的潜能。其他顾客对个体顾客的影响，揭示了其作为一个领域在管理中的重要性。正如现有研究所述，对于零售商来说，对顾客的管理比管理员工和客观环境要困难得多，在服务营销文献中有观点认为，可以将顾客视为“部分员工”（partial employee）来进行管理。本书着重关注那些没有发生直接互动的其他顾客行为的影响（indirect interaction），将会揭示出更为细致的影响类型，也为服务企业在管理“氛围”和“体验”相关的因素上，除了声音、商品陈列、灯光等传统要素之外，其他顾客要素得到更大重视。对服务环境中“其他顾客”线索的着重强调可以从市场细分的角度为企业获得更多同质性的顾客，以避免由于顾客相似性过低而带来的顾客间的冲突，从另一个角度来说，将为企业更好地寻求和维护细分市场，以及更为精细化地管理顾客档案等营销策略的实施及方案的制订提供决策参考。

（3）为服务企业营造更具社交风味和人文情怀的服务氛围创造条件。在商业服务环境中，如何营造更加具有社交风味和人文情怀的服务氛围，一直以来是众多服务企业的一项重要却不易把握的管理工作。事实上，许多服务组织对于服务氛围中其他顾客带来的社交型的优势和不适当管理中有不可避免的“潜在”影响一直保持较高的关注。在咖啡厅和优雅的餐厅光顾的顾客偏爱这些场所的室内陈设和装潢的同时，其中的社交氛围也是影响顾客感知和体验的一个引爆点。通过加强有计划的引导和更具人性化的管理，为服务氛围中增添更多的社交风味和人文情怀，将服务氛围营造得更加和谐是我们从服务场景中的“其他顾客”线索关注中的一大管理启示。比如，星巴克不仅出售咖啡，也出售与咖啡有关的文化和生活方式。在上海的星巴克，一项叫作“咖啡教室”的服务把“咖啡为媒，传播文化”的理念发挥到了极致。如果有三四个人一同来喝咖啡，星巴克会考虑鼓励他们加入咖啡社区。在星巴克看来，人们的滞留空间包含家庭、办公室和除此以外的其他场所，星巴克致力于打造顾客生活的“第三空间”为顾客良好的消费氛围和社交氛围创造条件。

6.3 研究局限

（1）本书的探索性定性研究部分，抽取了部分消费者通过“讲故事”的方式来对服务场景中其他顾客对中心顾客消费行为的影响过程进行探讨，但访谈数据过程中样本的获得、样本的选择、样本数量以及访谈的引导过程还存在进一步提升的空间。另外，对于定性访谈数据的编码和分析虽然也采用了目前较为先进的编码技术（RSQ Nvivo10.0 软件）进行辅助，但在定性访谈资料的整理上还可采用更为科学化的技术方法以使研究效果达到更优。

（2）本书实证部分提出的研究模型有待进一步拓展。在实证研究设计部分，着重考虑了其他顾客在场时的可观察性特征，给中心顾客带来的间接影响这样一类研究情况，在整个实证研究中参考了其他学者在此问题上对“其他顾客”线索的界定和维度划分，并未结合中国的消费者文化差异情况来提出针对相关现象的量表，限于研究时间和研究精力状况，量表的开发工作也为很好地与第 3 章的探索性定性研究结合起来，这是本书的一个大的研究局限。

（3）在实证研究的样本和调研对象的选择上，存在一定的偏误。首先，在抽样对象上，本书基本上采用了便利抽样的方式，获得的样本主要来自浙江、江苏、湖北、河南、陕西五个省，并未很好地涵盖样本的整体、样本获得的随机性不够强。同时，在抽样的过程中，虽然也考虑到了地域的差异来选取样本，但并未获得较好的、完整的跨区域性比较数据。其次，在样本调研行业选择上，我们从定性研究的分析结果进行考虑，仅仅选择了餐饮行业作为问卷调查的行业对象，而未从行业比较的层面进行进一步地分析和研讨。

(4) 本书在实证研究方法上存在一定的局限。回顾性方法实际上可能比瞬时评估方法对未来结果有更好的预测。由于涉及调研资金、自身所掌握资源的有限性等问题，本书在问卷调查部分主要采用的是回顾性方法，而未实现在抽样调查中应采用的较好的评价方式——瞬时评估方法，这是在研究方法上我们未来需要努力的地方。

6.4 研究展望

(1) 研究方法和研究对象扩展方面。可以在未来的研究中采用纵向追踪的方法进行研究，对不同时间、不同情境下的个体应对进行研究。比如，探讨在服务发生前和服务发生中以及服务发生后 4 个时点中，其他顾客给消费者的反应和行为带来的影响路径的差异。在服务发生前，我们接触到的“其他顾客”线索对消费者服务决策的影响；在服务发生中，“其他顾客”线索所带来的动态影响效应；在服务发生后的较短时间内，回忆起的“其他顾客”线索对中心顾客服务评价及对未来消费行为的影响；在服务发生较长时间后，提示回忆起的“其他顾客”线索对中心顾客服务评价的偏差及对未来消费行为的影响。

(2) 在理论视角方面，可以引入个人的印象管理理论作为研究视角。通过对服务满意文献的回顾本书发现，期望不一致（expectancy disconfirmation）模型（Oliver，1997）指出，满意取决于服务提供商是否达到、超出或低于顾客的期望。尽管这个模型在世界范围内得到认可（e. g. ，Laroche et al. ，2004；Tam，2005；Ueltschy et al. ，2004），它对单独个人背景的特别强调还是被许多学者质疑。认识到这个问题的同时，营销学者（e. g. ，Fournier，Mick，1999）呼吁，对于服务满意的调研应该从更为广泛的社交背景中去寻求，包含生活方式、家庭和社会认同（social identity）。过去存在大量研究证据支持社会在场在决定消费者态度和行为上的中心作用（Argo et al.，2005；Costa et al.，2001；Dahl et al.，2001；Puntoni，Tavassoli，2007）。比如，蓬托尼和塔瓦索里（Puntoni，Tavassoli，2007）调查了社会在场如何影响人们对线索的处理和记忆。他们发现，他人在场会引发个人对自我印象管理的自动启动，因此增加了个人在语言表达上社交需求的可用性。还有一部分其他研究表明，有社交性倾听的情况下个人的情绪表达（比如，尴尬和傲慢）会变得更为敏锐（Costa et al.，2001；Dahl et al.，2001；Argo et al.，2005；Webster et al.，2003）。

此外，个人常常会对那些在公众场合中向他人呈现负面印象的活动保持克制和避免（Argo et al.，2005）。比如，赫尔曼等（Herman et al.，2003）和赫瑟林顿等（Hetherington et al.，2006）发现，在公共场合，人们的食物摄取量取决于是否被他人所观察到。而印象管理理论（Impression management theory）提供了一个概念框架来解释上述这些发现（Thomas et al.，2002；Tice，1992）。这个理论认为，个人会期望在公共场所呈现出积极的个人形象（self-image），人们倾向于向他人呈现出较好的社会印象，而有其他人在场的时候这种期望将更为强烈（Geen，1989），这类理论的发展为本问题的探索乃至未来的营销应用都提供了极为有趣的视角，我们可以在下一步的研究中以此思路为基础来构建研究模型。

（3）在研究问题的深化方面，未来研究可从以下 3 方面进行讨论。

首先，可以对前文提到的顾客兼容性问题进行进一步探讨。兼容性（compatibility）是指，环境能够提供给个人的一种归属感（a sense of belonging）（Rosenbaum et al.，2007）或是人与地点的一致性（congruency）（Morrin，Chebat，2005）。一个兼容的环境（compatible environment）指的是，身在其中的人能很平稳地开展活动，不存在挣扎和尴尬的情形（Kaplan，1995）。当人们处于兼容的环境中时，他们能顺利进行社交活动，而不存在阻碍人们进行社交互动的抱怨行为（比如，人们的职业角色和社会经济地位等）（Oldenburg，1999）。比如，在医疗环境中，癌症病人在某些患者聚集的俱乐部不会因他们的掉发现象而感到尴尬（Glover，Parry，2009）。把同质化的顾客吸引到服务环境中来，通过主动地管理物理环境以及顾客与顾客间接触，并通过这样的方式来提升满意接触和最小化不满的服务接触（Martin，Pranter，1989）。一旦零售环境存在顾客相互之间共享服务环境的情况，兼容性管理的需求就应运而生（Martin，Pranter，1989）。

另外，源自顾客异质性（customer heterogeneity）的不兼容性（incompatibility）有时候会使得其他顾客感觉不舒服，比如，被迫吸二手烟会加剧身体不健康者的不良状况。富勒顿（Fullerton，1993）辨别出一系列影响到顾客紊乱行为（dysfunctional customer behaviors）的人口统计特征，包含年龄、性别、教育和经济地位。顾客同质性的其他相关维度与不同水平的智力和资质、对人群的认知变化、冲突价值系统、个性特征的不同（包含宽容度、自我意识、自尊、耐心）都有关联。可以说，在服务行业中将一群顾客通过随机或强制的方式成功组合在一起似乎越来越难，营销人员和管理人员需要通过兼容性管理来实现顾客整体的融合（Martin，Pranter，1989）。许多服务企业虽然对顾客的兼容性管理甚为关注，但并未尝试从整体上实施兼容性管理（Martin，1996）。马丁和普兰特（1989）论证了企业应该进行“兼容性管理”（compatibility management），从而为特定的服务组织增加具有更为适当的顾客组合的可能性，如果成功的话，这些努力将帮助企业吸引新顾客以及保留老顾客。克拉克和马丁（Clark，Martin，1994）主张，这样的努力能为企业进行更为广阔领域的关系营销提供至关重要的帮助。

整体来说，兼容性管理的相关问题目前在学术研究中处于探索阶段，鲜有实证研究在服务行业中探索顾客间互动和兼容性对顾客的影响（Harris，Reynolds，2003；Martin，1996）。因此，揭示顾客与顾客间关系和顾客的同质性效应（customers' homogeneity effect）变得尤为重要。

目前，大部分对“兼容性管理”的相关研究还停留在描述性质，兼容性管理涉及吸引相似的顾客、管理服务环境存在提升顾客满意的顾客间互动等方面（Martin，Pranter，1991）。比如，在健康俱乐部吸引到的那些具有兼容性的顾客之间所迸发的友谊，会增加顾客的满意感并导致较高的顾客转换成本。相互兼容的顾客既可以是寻求帮助者也可以是帮忙者，当在此过程中双方的固有需求都得到完成，也会导致他们产生较高的顾客体验。所以，随着服务经济和顾客期望的逐步增强，兼容性管理也成为学术研究的一个重要部分（e. g.，Clark，Martin，1994；Jones，1995）。

其次，突出与其他顾客进行言语交流和产品信息交流的重要性。本书的主要中心在于，探讨其他顾客的可观察性特征或者说“仅仅在场”对中心顾客消费行为带来的影响。事实上，顾客通过顾客与顾客间的交流对其他顾客也将产生直接影响（Davies et al.，1999；Harris，Baron，2004），通过积极或消极的口碑传播（Walsh et al.，2004，Lee，Youn，2009；McColl－Kennedy et al.，2009），通过市场行家（Clark，Goldsmith，2005；Feick，Price，1987）、早期使用者（Rogers，1976）、通过博客（Mangold，Faulds，2009）、微博、社交网络（Bielski，2009；Smith，2009）的信息传播，这些对于服务企业来说都十分重要。

一般来说，顾客与服务员工之间的接触以及顾客与服务环境的互动被认为是可控的，而服务环境中其他顾客的行为却无法处于企业的完全控制之下（Martin，Pranter，1989）。传统上顾客与顾客间互动并未得到普遍研究，是由于人们普遍认为，在管理上消费者和消费者之间的互动是在管理可控范围之外的（Harris et al.，1997；Martin，Clark，1996）。与“企业不可控”的观点不同，戴维斯等（Davies et al.，1999）指出，因为我们常常不容易将顾客与顾客间互动对相关顾客的购买行为及其随后对服务企业的感觉的影响效应与其他影响因素拆分开来，个人团体服务接触中的所有因素都可能影响其满意、忠诚及口碑意向。尽管如此，顾客剧本（scripts）或角色（roles）理论的应用（Solomon et al.，1985；Surprenant，Solomon，1987）会增加顾客按照期望的方式来表现的可能性。格鲁夫和菲斯克（1997）提出了这样的观点：企业需要对服务接触中，顾客与顾客间互动的影响效应进行更深入的了解，以便企业掌握如何更好地管理顾客行为的资源。因此，研究者们还是希望对这个现象进行进一步探索和验证（Brady，Cronin，2001；Gremler，Gwinner，2000；Rodie，Kleine，2000）。

所以，未来研究可以尝试将研究重点着眼于中心顾客与其他顾客的言语交流及信息分享和传递行为，以更全面地了解其他顾客对中心顾客的影响机制。

最后，在自我建构方式调节效应问题上开展进一步讨论。事实上，在心理学中，自我建构方式是一个复杂的概念。一些研究发现，独立自我建构和关联自我建构与不同自我概念（self-concept）的主导有关（Hardin et al.，2004）。自我概念主导又与情境独立自我（context-dependent self）息息相关。情境独立自我表达的是自我概念中更愿意与情境线索互动，而不是在变化的情境下维持不变的自我概念（Markus，Kitayama，1991；Bagozzi et al.，2000）。情境独立自我（Context-dependent self）被认为是独立自我建构而非关联自我建构的一个重要区分因素（Hardin et al.，2004）。关联自我建构为主的个体更有可能关注于物理环境和社交环境中的线索（Markus，Kitayama，1991；Hardin et al.，2004），而独立自我建构为主的个体更善于在变化的情境中维持不变的自我概念。因此，我们考虑是否存在这样的问题：独立自我建构为主的人本身的控制感就要强于关联建构为主的顾客，这中间存在一个其他的理论解释机制，这样将是讨论社会在场问题时，考虑自我建构方式变量的一个未来研究方向。

(4) 在研究对象的补充上，未来的努力方向也主要表现在3个方面。首先，应对的干预研究也应该在未来的研究中被纳入考虑。在服务场景中，服务人员的干预与“其他顾客”线索有时是单独发生，有时确实交互发生，在未来的研究中可深入讨论“其他顾客”线索与服务员工的干预发生交互的情况，该领域的文献回顾提示我们，现有研究基本上忽视了服务场景中的“其他顾客”线索，对服务员工的角色却开展了相当多的研究，未来研究可以将服务员工和其他顾客发生交互的情况作为一个单独的研究问题进行讨论。其次，对其他顾客拥挤或密度问题的进一步关注。在该领域，另外一个常见于实证研究的维度主要是在讨论顾客密度或者说拥挤的问题，许多顾客密度的相关研究认为它对顾客具有负效用，大部分学者都在研究中积极寻找调节变量来减少这种负效用（Eroglu，Machleit，1990）。然而，还有一些研究提出质疑，认为在某些场合从某些程度上来说，顾客密度能产生正向效用，比如，能产生兴奋、愉悦的感觉（Hui，Bateson，1991；Pons et al.，2006），对于其中的影响机制现有研究进行深入探讨的还十分缺乏。

最后，未来研究中可以引入对服务产品类型的考察来进行分类研究。比如，考虑实用品和享乐品的影响差异是一个可行的思路。在产品类型的区别上，实用品和享乐品通常代表着两类具有明显差异的消费信息加工和选择评价机制。而在涉及“其他顾客”线索的研究中，考虑服务消费的类型是享乐性消费还是实用型消费的客观差异会影响消费者对服务场景中其他顾客的关注重点和关注方式，可以说，这将是未来研究中一个不容忽视的调节因素。

参考文献

[1] 陈晓萍，徐淑英，樊景立．组织与管理研究的实证方法，北京大学出版社，2008.

[2] 崔楠，崔庆安，汪涛．在线零售情境因素对顾客惠顾意愿的影响研究，管理科学学报，2013，16（1）：42－57.

[3] 单标安，蔡莉，王倩．基于扎根理论的创业网络研究多视角分析与整合框架构建，外国经济与管理，2011，33（2）：1－10.

[4] 杜建刚，范秀成．基于体验的顾客满意度模型研究——针对团队旅游的实证研究，管理学报，2007，4（4）：514－516.

[5] 范秀成，杜建刚．服务质量五维度对服务满意及服务忠诚的影响，管理世界，2006（6）：111－120.

[6] 费显政，肖胜男．同属顾客对顾客不当行为反应模式的探索性研究，营销科学学报，2013，9（2）：13－38.

[7] 费显政，游艳芬，杨辉等．营销互动中的消费者内疚——对关键事件法的探索性研究，管理世界，2011（9）：44－67.

[8] 侯杰泰，温忠麟，成子娟．结构方程模型及其应用，北京教育科学出版社，2004.

[9] 蒋婷，胡正明．服务接触中游客间互动行为研究——基于关键事件技术的方法，旅游学刊，2011，26（5）：77－83.

[10] 金立印．基于服务公正性感知的顾客不良行为模型研究，营销科学学报，2006，2（1）：1－17.

[11] 金立印．基于关键事件法的服务失败原因及补救战略效果定性分析，管理科学，2005，18（4）：63－70.

[12] 黎建新．服务环境中的顾客间关系及其管理，求索，

2007（6）：40－41.

［13］黎建新，甘碧群．服务企业的顾客兼容性管理探讨，消费经济，2006（6）：47－51.

［14］黎建新，唐君，蔡恒等．服务接触中的顾客兼容性感知：前因、后果与行业比较，长沙理工大学学报（社会科学版），2009（12）：5－10.

［15］李飞，陈浩，曹鸿星，马宝龙．中国百货商店如何进行服务创新——基于北京当代商城的案例研究，管理世界，2010（2）：76－99.

［16］李飞，王高，杨斌，马宝龙等．高速成长的营销神话——基于中国10家成功企业的多案例研究，管理世界，2009（2）：138－151.

［17］刘建华，周翠翠，王东晨．基于信任和转移障碍的顾客保留：案例研究，管理世界，2010（4）：131－144.

［18］刘军．管理研究方法：原理与应用，中国人民大学出版社，2008.

［19］刘汝萍，马钦海，范广伟．透视消费者不道德行为的背后 消费者道德信念，营销科学学报，2009，5（1）：101－112.

［20］刘汝萍，马钦海，赵晓煜．其他顾客不当行为对满意及行为倾向的影响：关系质量的调节效应，营销科学学报，2012，8（2）：129－145.

［21］毛基业，李晓燕．理论在案例研究中的作用——中国企业管理案例论坛（2009）综述与范文分析，管理世界，2010（2）：107－114.

［22］毛基业，张霞．案例研究规范化方法及现状评估——中国企业管理案例论坛（2007）综述，管理世界，2008（4）：55－64.

［23］彭艳君．服务中的感知控制、顾客参与和顾客满意，市场营销导刊，2009（4）：19－24.

［24］寿志钢，王峰，贾建民．顾客累积满意度的测量——

基于动态顾客期望的解析模型，南开管理评论，2011，14（3）：142-150.

[25] 汪林，储小平，黄嘉欣，陈戈. 与高层领导的关系对经理人"谏言"的影响机制——来自本土家族企业的经验证据，管理世界，2010（10）：108-117.

[26] 汪涛，望海军. 顾客参与对服务人员工作满意度的影响研究，财贸经济，2008（6）：123-127.

[27] 汪涛，望海军. 顾客参与一定会导致顾客满意吗？——顾客自律倾向及参与方式的一致性对满意度的影响，南开管理评论，2008，11（3）：4-11.

[28] 望海军，汪涛. 顾客参与、感知控制与顾客满意度关系研究，管理科学，2007，20（3）：48-54.

[29] 吴江. 感知控制及其对消费者行为影响研究综述，消费导刊，2010（2）：14-15.

[30] 吴明隆. 结构方程模型——AMOS 的操作与应用，重庆大学出版社，2009.

[31] 谢礼姗，李健仪，张春林等. 员工感知的顾客不公平——基于关键事件法的探索性研究，管理评论，2011，23（5）：78-88.

[32] 徐岚，崔楠，熊晓琴. 父辈品牌代际影响中的消费者社会化机制，管理世界，2010（4）：83-98.

[33] 伊志宏，毛基业."中国企业管理案例论坛 2009"暨"第二届中国人民大学管理论坛"研究型案例论文集，2009.

[34] 银成钺，杨雪. 服务接触中的兼容性管理对顾客反应的影响研究，管理学报，2010（4）：547-554.

[35] 银成钺，杨雪，王影. 基于关键事件技术的服务业顾客间互动行为研究，预测，2010（5）：15-20.

[36] 于春玲，李飞，薛镭等.2012 年中国情境下成功品牌延伸影响因素的案例研究，管理世界，2012（6）：147-163.

[37] 于春玲，李飞，薛镭等. 鲤鱼跃龙门式营销——基于新

兴市场品牌成功进入发达市场的双案例研究，中国企业管理案例与质性研究论坛，2013.

［38］张辉，汪涛，刘洪深．顾客参与了为何仍不满意——顾客参与过程中控制错觉与顾客满意的关系研究，南开管理评论，2011，14（5）：153－160.

［39］赵晓煜，曹忠鹏，张昊．顾客之间的感知相容性与其行为意向的关系研究，管理学报，2012，9（6）：890－899.

［40］赵晓煜，曹忠鹏，张昊．服务场景中的社会要素与顾客行为，经济科学出版社，2012.

［41］周波兰．图书馆服务中的感知控制研究，产业与科技论坛，2011，10（2）：252－253.

［42］Abramson，L.，Seligman，M. and Teasdale，J.，"Learned helplessness in humans：Critique and reformulation"，*Journal of Abnormal Psychology*，57，1978，pp. 49－74.

［43］Adelman，M. B.，Ahuvia，A.，Goodwin，C.，Beyond smiling：Social support and service quality. In R. T. Rust，& R. Oliver（Eds.），Service quality：New directions in theory and practice，Thousand Oaks，CA：Sage. 1994，pp. 139－172.

［44］Adler，A. The individual Psychology of Alfred Adler（H. C. Ansbacher & R. R. Ansbacher，Eds.）. New York：Harper & Row，1956.

［45］Albrecht，Terrance L. and Mara B. Adelman，"Social Support and Life Stress：New Directions for Communication Research，" *Human Communication Research*，11（3），1984，pp. 3－32.

［46］Ali，C.，Cornwell，B. T.，Nguyen，D. T. and Coote，L.，"Exploring the Usefulness of a Consumer Activity index in the sponsorship-linked marketing context"，International Journal of Sport Marketing and Sponsorship，7（4），2006，pp. 115－124.

［47］Amould，Eric J.，and Linda L. P.，"River Magic：Extraordinary Experience and the Extended Service Encounter", Journal of Consumer Research, 20 (6), 1993, pp. 24 – 45.

[48] Anderson, K., Zemke, R., "Customer from hell", Training, 27 (2), 1990, pp. 25 – 32.

[49] Andersson, Bengt, E. and Nilsson, S. E., "Studies in the Reliability and Validity of the Critical Incidents Technique", Journal of Applied Psychology, 48 (6), 1964, pp. 398 – 403.

[50] Andrew, G., Tennant, C., Hewson, D. M., &Vaillant, G. E., "Life Event stress, social support, coping style and risk of psychological impairment", Journal of Nervous and Mental Disease, 166, 1973, pp. 307 – 316.

[51] Anja Reimer, Richard Kuehn, "The impact of servicescape on quality perception", Journal of Business Research, 39 (5), 2005, pp. 785 – 808.

[52] Ariely, D., Levav, J., "Sequential Choice in Group Settings: Taking the Road Less Traveled and Less Enjoyed", Journal of Consumer Research, 27 (3), 2000, pp. 279 – 290.

[53] Arnould, E. J., and Price, L. L., "River Magic: Extraordinary Experience and Hedonic Aspects of Service Encounters", Journal of Consumer Research, 20 (6), 1993, pp. 24 – 46.

[54] Arnould, E. J., Price, L. L. and Otnes, C., "Making magic consumption: A study of river water rafting", Journal of Contemporary Ethnography, Vol. 28, 1999, pp. 33 – 68.

[55] Arnould, E. J., Price, L. L. and Patrick, T. "Communicative staging of the wilderness servicescape", The Service Industries Journal, Vol. 18, 1998, pp. 90.

[56] Aubert – Gamet, V., Cova, B. "Servicescapes: From Modern Non – Places to Postmodern Common Places." Journal of Business Research, 44 (1), 1999, pp. 37 – 45.

[57] Averill, J. R., "Studies on anger and aggression: Implications for theories of emotion", American Psychologist, 38, 1973, pp. 1145 - 1160.

[58] Averill. J. R., "Personal control over aversive stimuli and its relationship to stress", Psychological Bulletin, 80, 1973, pp. 286 - 303.

[59] Azuma, H., "Secondary control as a heterogeneous category", American Psychologist, 39, 1984, pp. 970 - 971.

[60] Babin, Barry J. Darden, William R. "Consumer self-regulation in a retail environment", Journal of Retailing, 71 (1), 1995, pp. 47.

[61] Bagozzi, R. P., Youjae, Yi. "On the Evaluation of Structural Equation Models", Journal of the Academy of Marketing Science, 16 (1), 1988, pp. 74 - 94.

[62] Bagozzi, R. P., "Evaluating structural equation models with unobservable variables and measurement error", *Journal of Marketing Research*, 18 (1), 1981, pp. 39 - 50.

[63] Baker, J., "The role of the environment in marketing services: The consumer perspective", In J. A. Czepiel, C. A. Congram, & J. Shanahan (Eds.), The service challenge: Integrating for competitive advantage, Proceedings Series of the American Marketing Association (pp. 79 - 84). Chicago, IL: American Marketing Association, 1987.

[64] Baker, J., Cameron, M., "The effects of the service environment on affect and consumer perception of waiting time: An integrative review and research propositions", *Journal of the Academy of Marketing Science*, 24 (4), 1996, pp. 338 - 349.

[65] Baker, J., Grewal, D. and Parasuraman, A., "The influence of store environment on quality inferences and store image", *Journal of the Academy of Marketing Science*, 22 (4), 1994, pp. 328 - 339.

[66] Baker, J., Levy, M. and Grewal, D., "An experimental

approach to making retail store environ-ment decisions", *Journal of Retailing*, 68 (4), 1992, pp. 445 –460.

[67] Baker, J. , Parasuraman, A. , Grewal, D. , and Voss, G. B. , "The influence of multiple store environment cues on perceived merchandise value and patronage intentions", Journal of Marketing, 66 (4), 2002, pp. 120 –141.

[68] Baker, Julie and E. Deanne Brocato, "New Directions in Retail Research," paper presented at the annual conference of the Academy of Marketing Science Conference, San Antonio, TX, 2006.

[69] Barker, R. G. , Ecological psychology: Concepts and methods for studying the environment of human behavior. Stanford, CA: Stanford University Press, 1968.

[70] Barlow. D. H. , Chorpita, B. P. , & Turovsky, J. Fear, panic, anxiety, and disorders of emotion. In D. A. Hope (Ed.), Perspectives on anxiety, panic, and fear (Vol. 43, pp. 251 –328). Lincoln, NE: University of Nebraska Press, 1996.

[71] Bateson, J. , Hui, M. K. Crowding in the service environment. In M. Venkatesan, D. M. Schmalensee, & C. Marshall (Eds.), Creativity in services marketing: What's new, what works, what's developing. Chicago: American Marketing Association, 1986, (pp. 85 –88).

[72] Bateson, J. , Perceived control and the service encounter. In J. Czepiel, M. R. Solomon, & C. Surprenant (Eds.), The Service Encounter. Lexington, MA: Lexington Books, 1985.

[73] Bateson, J. E. G. , "Researching the service customer", in Bloch, T. M. , Upah, G. D. and Zeithaml, V. A. (Eds), Services Marketing in a Changing Environment, American Marketing Association, Chicago, IL, pp. 60 –63, 1985.

[74] Bateson, John, Perceived Control and the Service Encounter, In the Service Encounter: Managing Employee/Customer in Service

Business, John Czepiel, Michael Solomon, and Carol Surprenant, Eds. Lexington, MA: Lexington Books, 1995, pp. 67 – 82.

[75] Beck, A. T. Depression: Clinical, experimental, and theoretical aspects. New York: Harper & Row, 1967.

[76] Belk, Russell W, "Situational Variables and Consumer Behavior", *Journal of Consumer Research*, 2 (12), 1975, pp. 157 – 164.

[77] Bell, P. A., Greene, T. C., "Thermal stress: Physiological comfort, performance, and social effect of hot and cold environments". In G. W. Evans (Ed). Environmental stress (pp. 75 – 105). London: Cambridge University Press, 1982.

[78] Berlyne, D. E., Conflict, arousal, and curiosity. New work: McGraw – Hill, 1960.

[79] Berry, Leonard L. and A. Parasuraman, "Building a New Academic Field-the Case of Services Marketing", Journal of Retailing, 69 (1), 1993, pp. 13 – 60.

[80] Berry, Leonard L., "Retail Businesses Are Service Businesses", Journal of Retailing, 62 (1), 1986, pp. 3 – 6.

[81] Bitner, M. J., "Evaluating Service Encounters: The Effects of Physical surroundings and Employee Responses," *Journal of Marketing*, 54 (4), 1990, pp. 69 – 82.

[82] Bitner, M. J., Booms, B. H., Tetreault, M. S. "The Service Encounter: Diagnosing Favorable and Unfavorable Incidents", *Journal of Marketing*, 54 (1), 1990, pp. 71 – 84.

[83] Bitner, M. J., Booms, B. H. and Mohr, L. A., "Critical Service Encounters: The Employee's View," *Journal of Marketing*, 58 (11), 1994, pp. 95 – 106.

[84] Bitner, Mary J., "Servicescapes: The Impact of Physical Surroundings on Customers and Employees," *Journal of Marketing*, 56 (2), 1992, pp. 57 – 71.

[85] Bobbitt, M. L., Dabholkar, P. A., "Integrating attitudinal theories to understand and predict use of technology-based self-service: The Internet as an illustration", *Internal Journal of Service Industrial Management*, 12 (5), 2001, pp. 423 – 450.

[86] Booms, Bemard, H. and Bitner, M. J. "Marketing Strategies and Organizational Structures for Service Firms", Pp., 47 – 51 in James H, Donnelly and William R, George (eds,). Marketing of Services. Chicago: American Marketing Association, 1981.

[87] Bowers, M. R., Martin, C. L., & Luker, A., "Trading places, employees as customers, customers as employees", *Journal of Services Marketing*, 4 (Spring), 1990, pp. 56 – 69.

[88] Brady, M. K., Cronin, J. J., "Some new thoughts on conceptualizing perceived service quality: A hierarchical approach", *Journal of Marketing*, 65 (7), 2001, pp. 34 – 49.

[89] Brandt, P. A., Weinert, C., "The PRQ-a social support measure", *Nursing Research*, 30, 1981, pp. 277 – 280.

[90] Brehm, J. W., A theory of psychological reactance. New York: Academic Press, 1966.

[91] Brehm, S. S., Brehm, J. W., Psychological reactance: A theory of freedom and control. New York: Academic Press, 1981.

[92] Broadbent, D. E., Decision and stress. New york: Academic press, 1971.

[93] Broadhead, W. E., Kaplan, B. H., James, S. A., Wagner, E. H., Schoenbach, V. J., Grimson, R., Heyden, S., Tibblin, G., and Gehlbach, S. H., "The epidemiological evidence for a relationship between social support and health". Am. J. Epidemiol, 117, 1983, pp. 521 – 537.

[94] Burger, J. M., Arkin, R. M., "Prediction, control and learned helplessness", *Journal of Personality and Social Psychology*,

38, 1980, pp. 482 –491.

[95] Burns, A. C., R. F. Bush, Marketing Research: Online Research Applications, 4thed, New Jersey, Pearson Education Inc., 2003.

[96] Burns, Alvin C., Williams, L. A., and Maxham, J. T., "Narrative Text Biases Attending the Critical Incidents Technique," *Qualitative Market Research: An International Journal*, 3 (4), 2000, 178 –186.

[97] Chebat, J. – C., Michon, R., "Impact of ambient odors on mall shoppers' emotions, cognition, and spending? A test of competitive causal theories", *Journal of Business Research*, 56, 2003, pp. 529 –539.

[98] Chebat, J. – C., Slusarczy, K. W., "How emotions mediate the effects of perceived justice on loyalty in service recovery situations: an empirical study. *Journal of Business Research*, 58, 2005, pp. 664 –673.

[99] Chris Lin, Haw – Yi Liang, "The influence of service environments on customer emotion and service outcomes", *Managing Service Quality*?, 21 (4), 2011.

[100] Churchill, Jr., A., Gilbert, and Surprenant, Carol, "An Investigation into the Determinants of Customer Satisfaction", *Journal of Marketing Research*, 19 (11), 1982, pp. 491 –504.

[101] Clark, M., Isen, A.. "Toward Understanding the Relationship between Feeling States and Social Behavior," in Cognitive Social Psychology, A. Hastorf and A. Isen, eds. New York: Elsevier, 1982, pp. 73 –108.

[102] Clark, Terry and Charles L. Martin. "Customer-to – Customer: The Forgotten Relationship in Relationship Marketing." pp. 1 – 10 in Jagdish N. Sheth and Atul Parvatiyar (eds.). Relationship Market-

ing: Theory, Methods, and Applications. Atlanta, GA: Emory University, 1994.

[103] Clitheroe, H. C. Jr, Stokols, D. and Zmuidzinas, M., "Conceptualizing the context of environment and behavior", *Journal of Environmental Psychology*, 18 (1), 1998, pp. 103 - 112.

[104] Cobb S., "Social support as a moderator of life stress", *Psychosomatic Medicine*, 38 (5), 1976, pp. 300 - 313.

[105] Cohen S., "Psychosocial model of the role of social support in the etiology of physical disease", *Health Psychology*, 7 (3), 1988, pp. 269 - 297.

[106] Cohen, S., Hoberman, H. M., "Positive events and social supports as buffers of life change stress", *Journal of Applied Social Psychology*, 13, 1983, pp. 99 - 125.

[107] Cohen, S., Wills, T. A., "Stress, social support, and the buffering hypothesis", *Psychological Bulletin*, 98, 1985, pp. 310 - 357.

[108] Cohen, Sheldon, Benjamin H. Gottlieb, and Lynn G. Underwood, "Social Support and Health," in *Social Support Measurement and Intervention*, Sheldon Cohen, Lynn G. Underwood, and Benjamin H. Gottlieb, Eds. New York: Oxford University Press, 2000, pp. 3 - 25.

[109] Collins, C. J., Ken G. Smith, "Knowledge exchange and combination: The role of human resource practices in the performance of high-technology firm", *Academy of Management Journal*, 49 (3), 2006, pp. 544 - 560.

[110] Cronin, J. Joseph Jr. and Taylor, Steven A. "Measuring Service Quality: A Reexamination and Extension", *Journal of Business Research*, 55 (7), 1992, pp. 55 - 68.

[111] Csikszentmihalyim, "Finding flow: The psychology of engagement with everyday life", NewYork: Basic Books, 1997.

[112] Czepiel, John, "Service Encounters and Service Relationships: Implications for Research," *Journal of Business Research*, 20, 1990, pp. 13 – 21.

[113] Dabholkar, P. A., "Consumer evaluations of new technology-based self-service options: An investigation of alternative models of service quality", *Journal of International Marketing Research*, 13 (1), 1996, pp. 29 – 51.

[114] Dabholkar, P. A., "How to improve perceived service quality by increasing customer participation", in: Dunlap BJ, editor. Developments in marketing science, vol. XIII. Cullowhee, N. C: Academy of Marketing Science; 1990, pp. 483 – 487.

[115] Dabholkar, P. A., Sheng, X., "The role of perceived control and gender in consumer reactions to download delays", *Journal of Business Research*, 62 (5), 2009, pp. 756 – 760.

[116] Darden, R. W., Babin, B. J., "Exploring the Concept of Affective Quality: Expanding the Concept of Retail Personality", *Journal of Business Research*, 29 (4), 1994, pp. 101 – 109.

[117] Debra, G., "How Embarrassing! An Exploratory Study of Critical Incidents Including Affective Reactions", Journal of Service Research, 9 (3), 2007, pp. 271 – 284.

[118] DeCharms, R. Personal causation. New York: Academic Press, 1968.

[119] DeWitt, T., Nguyen, D. and Marshall, R., "Exploring customer loyalty following service recovery: The mediating effects of trust and emotions", Journal of Service Research, 10 (3), 2008, pp. 269 – 281.

[120] Dickson, John, P., Douglas, L., MacLachlan, "Social distance and shopping behavior MacLachlan, Journal of the Academy of Marketing Science, 18 (2), 1990, pp. 153 – 161.

[121] Dolen, V., Willemijn, Lemmink, J. Mattsson, J. and Rhoen, I. "Affective Consumer Responses in Service Encounters: The Emotional Content in Narratives of Critical Incidents," Journal of Economic Psychology, 22 (6), 2001, pp. 359 – 376.

[122] Donovan, R. J., Nedlands, WA, J. R. Rossiter, Kensington, Nedlands, W. A., Nesdale, A., "Store Atmosphere and Purchasing Behavior", Journal of Retailing, 70 (3), 1982, pp. 283 – 294.

[123] Donovan, Robert J., and Rossiter, John R., "Store Atmosphere: An Environmental Psychology Approach", Journal of Retailing, 58 (1), 1982, pp. 34 – 57.

[124] Donthu, N., Rust, R. T., "Estimating geographic customer densities using kernel density estimation", Marketing Science, Vol. 8, 1989, pp. 191 – 203.

[125] Dwayne, D. G., "The Critical Incident Technique in Service Research", Journal of Service Research, 7 (1), 2004, pp. 65 – 89.

[126] Edvardsson, B. Roos, I. "Critical incident techniques: Towards a framework for analysing the criticality of critical incidents", International Journal of Service Industry Management, 12 (3), 2001, pp. 251 – 268.

[127] Edvardsson, Bo, "Service Breakdowns: A Study of Critical Incidents in an Airline," International Journal of Service Industry Management, 3 (4), 1992, pp. 17 – 29.

[128] Ekman, P., H. Oster, "Facial Expression of Emotion," *Annual Review of Psychology*, 30, 1979, pp. 527 – 554.

[129] Eric R. Dahlen, Ryan C. Martin, "The experience, expression, and control of anger in perceived social support", *Personality and Individual Differences*, 39 (3), 2005, pp. 391 – 401.

[130] Eroglu, S., Machleit, K. A., "An empirical study of retail crowding: Antecedents and consequences", *Journal of Retailing*,

66 (2), 1990, pp. 201 – 221.

[131] Eroglu, S. A., Harrell, G. D., "Retail crowding: Theoretical and strategic implications", *Journal of Retailing*, 62 (4), 1986, pp. 346 – 363.

[132] Eroglu, S. A., Machleit, K. A. and Chebat, J. C., "The interaction of retail density and music tempo: Effects on shopper responses", *Psychology and Marketing*, Vol. 22, 2005, pp. 577 – 589.

[133] Eroglu, S. A., Machleit, K. A. and Davis, L. M., "Empirical testing of a model of online store atmospherics and shopper responses", *Psychology and Marketing*, Vol. 20, 2003, pp. 139 – 150.

[134] Evans, G. W., Human spatial behavior: The arousal model. In A. Baum & Y. Epstein (Eds), Human response to crowding (pp. 283 – 302). Hillsdale, NJ: Erlbaum., 1978.

[135] Festibger, L. A., "A theory of social comparison process", *Human Relations*, 7, 1954, pp. 117 – 140.

[136] Fisk, Raymond P. and Patriya S. Tansuhaj, Services Marketing: An Annotated Bibliography. Chicago: American Marketing Association, 1985.

[137] Fisk, Raymond P., Stephen W. Brown, and Bitner, M, J., "Tracking the Evolution of the Services Marketing Literature", *Journal of Retailing*, 69 (11), 1993, pp. 61 – 103.

[138] Flanagan, J. C., "The critical incident technique", *Psychological Bulletin*, 51 (4), 1954, pp. 327 – 357.

[139] Foa, Edna B. Foa, *Societal Structures of the Mind.* Springfield, IL: Charles C Thomas, 1974.

[140] Foa, Uriel G., "Interpersonal and Economic Resources," *Science*, 171 (January 29), 1971, pp. 345 – 351.

[141] Folkman, S. "Positive psychological states and coping with severe stress", *Social Science and Medicine*, Vol. 45, 1997, pp.

1207 – 1221.

[142] Folkman, S., "The case for positive emotions in the stress process", *Anxiety, Stress, & Coping*, 21 (1), 2008, pp. 3 – 14.

[143] Folkman, S., and Lazarus, R. S., "An analysis of coping in a middleaged community sample", *Journal of Health and Social Behavior*, 21, 1980, pp. 219 – 239.

[144] Folkman, S., Moskowitz, J. T., "Coping: Pitfalls and promise", *Annual Review of Psychology*, 55 (6), 2004, pp. 745 – 774.

[145] Fornell, C., D. F. Larcker, "Evaluating Structural Equation Models with Unobservable Variables and Measurement Error", *Journal of Marketing Research*, 18 (1), 1981, P39 – 50.

[146] Fournier, S., Mick, D. G., "Rediscovering satisfaction", *Journal of Marketing*, 63 (4), 1999, pp. 5 – 23.

[147] Fredrickson, B. L., Losada, M., "Positive affect and the complex dynamics of human flourishing", American Psychologist, 60 (7), 2005, pp. 678 – 686.

[148] Friedman, H. S., L. M. Prince, R. E. Riggio, and M. R. DiMatteo, "Understanding and Assessing Nonverbal Expressiveness: The Affective Communication Test," Journal of Personality and Social Psychology, 39, 1980, pp. 333 – 351.

[149] Frijda, N. H., "The place of appraisal in emotion", Cognition and Emotion, 7 (3), 1993, pp. 357 – 387.

[150] G. Walsh et al., "Emotions, store-environmental cues, store-choice criteria, and marketing outcomes", Journal of Business Research, 64, 2011, pp. 737 – 744.

[151] Gabbott, M., Hogg, G., "Consumer involvement in services: A replication and extension", Journal of Business Research, 46 (2), 1999, pp. 159 – 166.

[152] Garber, J., Seligman, M. E. P. (Eds.)., Human helplessness: Theory and application: New York: Academic Press, 1981.

[153] Gardner, P., "Mood States and Consumer Behavior: A Critical Review", Journal of Consumer Research, 12 (4), 1985, pp. 281 – 300.

[154] Glover, T. D., Parry, D. C., "A third place in the everyday lives of people living with cancer: Functions of Gilda's Club of Greater Toronto". Health & Place, 15 (4), 2009, pp. 97 – 106.

[155] Goodwin, Dwayne D. Gremler, "Friendship over the Counter: How Social Aspects of Service Encounters Influence Consumer Service Loyalty," in Advances in Services Marketing and Management Research and Practice, Vol. 5, Teresa A. Swartz, David E. Bowen, and Stephen W. Brown, eds. Greenwich, CT: JAI Press, 247 – 82, 1996.

[156] Goodwin, Cathy, "Communality as a Dimension of Service Relationship", Journal of Consumer Psychology, 5 (4), 1997, pp. 387 – 415.

[157] Gorn, Gerald, Marvin Goldberg, and Kunal Basu, "Mood, Aware-ness and Product Evaluation", Journal of Consumer Psychology, 2 (2), 1993, pp. 237 – 256.

[158] Gottlieb, B. H., Introduction, in Social Networds and Social Support. B. H. Gottlieb, ed., Sage, Newbury Park, CA. 1981.

[159] Grayson, R. A. S., and McNeill, L. S., "Using atmospheric elements in service retailing: Understanding the bar environment", Journal of Services Marketing, 23 (7), 2009, pp. 517 – 527.

[160] Gremler, Dwayne D. and Kevin P. Gwinner, "Customer – Employee Rapport in Service Relationships", Journal of Service Research, 3 (8), 2000, pp. 82 – 104.

[161] Gremler, Dwayne D. and Mary Jo Bitner, "Classifying Service Encounter Satisfaction Across Industries", pp. 111 – 118 in

Chris T. Allen et. al. (eds.). Marketing Theory and Applications. Chicago: American Marketing Association, 1992.

[162] Gremler, Dwayne D. , Mary Jo Bitner, and Kenneth R. Evans. "The Internal Service Encounter", *International Journal of Service Industry Management*, 5 (2), 1994, pp. 34 –56.

[163] Gronroos, Christian, Service Management and Marketing. Lexington, MA: Lexington Books, 1990.

[164] Grove, S. J. , Fisk, R. P. , The service experience as theater, pp. 455 –461. In J. Sherry, & B. Sternhal, (Eds.), *Advances in consumer research* (Vol. 19). Provo, UT: Association for Consumer Research, 1992.

[165] Grove, Stephen J. and Raymond P. Fisk, "Observational Data Collection Methods for Services Marketing: An Overview", *Journal of the Academy of Marketing Science*, 20 (3), 1992, pp. 217 –224.

[166] Grove, Stephen J. , Raymond P. Fisk, "The Dramaturgy of Services Exchange: An Analytical Framework for Services Marketing", pp. 45 –49 in Leonard L. Berry, G. Lynn Shostack, and Gregory D. Upah (eds.). *Emerging Perspectives on Services Marketing.* Chicago: American Marketing Association, 1983.

[167] Grove, Stephen J. , Raymond P. Fisk, "The Impact of Other Consumers on Service Experiences: A Critical Incident Examination of 'Getting Along'," *Journal of Retailing*, 73 (1), 1997, pp. 63 –85.

[168] Grove, Stephen J. , Raymond P. Fisk, "The Service Experience as Theater." pp. 455 –461 in John Sherry and Brian Stemhal (eds.). *Advances in Consumer Research*, Vol. 19. 1992b, Provo, UT: Association for Consumer Research.

[169] Grove, Stephen J. , Raymond P. Fisk, and Mary Jo Bitner. ,

"Dramatizing the Service Experience: A Managerial Approach." pp. 91 - 121 in Teresa A. Swartz, David E. Bowen and Stephen W. Brown (eds.). *Advances in Services Marketing and Management*, Vol. 1. Greenwich, CT: JAI Press, 1992.

[170] Guenzi, Paolo and Ottavia Pelloni, "The Impact of Interpersonal Relationships on Customer Satisfaction and Loyalty to the Service Provider", *International Journal of Service Management*, 15 (4), 2004, pp. 365 - 384.

[171] Gummesson, Evert, Quality Management in Service Organizations. St. Johns University, N. Y.: International Service Quality Association, 1993.

[172] Gustafson, Per, "Meanings of Place: Everyday Experience and Theoretical Conceptualizations", *Journal of Environmental Psychology*, 21 (3), 2001, pp. 5 - 16.

[173] Gwinner, K. P., Gremler, D. D. and Bitner, M. J., "Relational benefits in services industries: The customer's perspective", *Journal of the Academy of Marketing Science*, 26 (2), 1998, pp. 101 - 114.

[174] Hair, Joseph, F., Anderson, Ronald E., Tatham, R. L., Black, W., Multivariate data analysis, N. Y, Macmillan, 1998.

[175] Hansson, R. O., Noulles, D., and Bellovish, S. J., "social comparison and urban-environmental stress. *Personality and social psychology Bulletin*, 8, 1982, pp. 68 - 73.

[176] HarrisK., Baron S., Davies, B. J., "What sortof soildo rhododendrons like? Comparing customer and employee responses to requests for product-related information", *Journal of Service Marketing*, 13 (1), 1999, pp. 21 - 37.

[177] Harris, K., Baron, S., "Consumer-to-consumer conversations in service settings", *Journal of Service Research*, 6 (3), 1996, pp. 287 - 303.

[178] Harris, K., Reynolds, K. L., “The consequences of dysfunctional customer behavior”, *Journal of Service Research*, 6 (2), 2003, pp. 144 – 161.

[179] Harris, K., Davies, B. J., and Baron, S., “Conversations during purchase consideration: Sales assistants and customers”, *The International Review of Retail, Distribution and Consumer Research*, 7 (3), 1997, pp. 173 – 190.

[180] Harris, L. C., and Ogbonna, E., “Exploring service sabotage: The antecedent, types, and consequences of frontline deviant antiservice behaviors”, *Journal of Service Research*, 4 (3), 2006, pp. 163 – 183.

[181] Harris, L. C., Ezeh, C., “Servicescape and loyalty intentions: An empirical investigation”, European Journal of Marketing, 42 (3/4), 2008, pp. 390 – 422.

[182] Hatfield, E., Cacioppo, J. and Rapson, R. L., Emotional contagion, New York: Cambridge University Press, 1994.

[183] Hay and Phillipa, “The Epidemiology of Eating Disorder Behaviors: An Australian Community – Based Survey”, International Journal of Eating Disorders, 23 (4), 1998, pp. 371 – 382.

[184] Hayko, Diana L., Julie Baker, “It's All at the Mall: Exploring Adolescent Girls' Experiences,” Journal of Retailing, 80 (1), 2004, pp. 67 – 83.

[185] Hebb, D. O. Textbook of psychology (3rd ed.) Philadelphia: Saunders, 1972.

[186] Helms, Janet E., Henze, Kevin T., Sass, Terry L., Mifsud, Venus A., “Treating Cronbach Alpha Reliability Coefficients as Data in Counseling Research”, *The Counseling Psychologist*, 34 (5), 2006, pp. 630 – 660.

[187] Hightower, R., Brady, M. K., and Baker, T. L., “In-

vestigating the role of the physical environment in hedonic service consumption: An exploratory study of sporting events", *Journal of Business Research*, 55 (9), 2002, pp. 697 –707.

[188] Hoffman, Douglas, "A Conceptual Framework of the Influence of Positive Mood State on Service Exchange Relationships," in Marketing Theory and Practice, C. Allen et al., eds. Chicago: American Marketing Association, 1992, pp. 144 –150.

[189] Hoffman, K. D., Bateson, J. E. G., Essentials of service marketing. Orlando, FL: The Dryden Press, 1997.

[190] Hoffman, K. D., Kelley, S. W. and Chung, B. C., "A CIT investigation of servicescape failures and associated recovery strategies", *Journal of Services Marketing*, 17, 2003, pp. 322 –340.

[191] Hoffman, Martin L., Affect, Cognition, and Motivation, in Handbook of Motivation and Cognition: Foundation of Social Behavior, R. M. Sorrentino, and E. T. Higgins, eds., Guildford Press, New York. 1986, pp. 244 –280.

[192] Holahan, C. J., and Moos, R. H., "Social support and adjustment: Predictive benefits of social climate indices", *American Journal of Community Psychology*, 10 (4), 1982, pp. 403 –415.

[193] Holbrook, Morris B. Emotion in the Consumption Experience: To-ward a New Model of the Human Consumer, in The Role of Affect in Consumer Behavior, Robert A. Peterson, Wayne D. Hoyer, and William R. Wilson, eds. Lexington Books, Lexington, MA. 1986, pp. 17 –52.

[194] House, J. S., Work Stress and Social Support, Addison – Wesley, *Reading*, MA. 1981.

[195] Huang, W. H., "The impact of other-customer failure on service satisfaction", *International Journal of Service Industry Management*, 19 (4), 2008, pp. 521 –536.

[196] Hui, M. K., Bateson, J. E. G., "Perceived control and the effects of crowding and consumerchoice on the service experience", *Journal of Consumer Research*, 18 (2), 1991, pp. 174 – 184.

[197] Hui, M. K., Toffoli, R., "Perceived control and consumer attribution for the service encounter", *Journal of Apply Social Psychology*, 32 (9), 2002, pp. 1825 – 1844.

[198] Hull, J. G., Lehn, D. A., Tedlie, J. C., "A general approach to testing multifaceted personality constructs", *Journal of Personality and Social Psychology*, 61 (6), 1991, pp. 932 – 945.

[199] Iso – Ahola, S. E. and Park, C. J., "Leisure-related social support and self-determination as buffers of stress-illness relationship", *Journal of Leisure Research*, 24 (5), 1996, pp. 34 – 37.

[200] Izard, C. E., Kagan, J., Zajonc, R. B., et al., Emotions, cognition, and behavior. Cambridge: Cambridge University. Press, 1984.

[201] Izard, Carroll E., Human Emotions, Plenum Press, New York. 1977.

[202] Jacqueline, A., Williams, Helen, H. Anderson, "Engaging customers in service creation: A theater perspective", *Journal of Services Marketing*, 19 (1), 2005, pp. 13 – 23.

[203] Jang S – C, Namkung, Y., "Perceived quality, emotions, and behavioral intentions: Application of an extended Mehrabian – Russell model to restaurants", *Journal of Business Research*, 62, 2009, pp. 451 – 460.

[204] Janoff – Bulman, R., and Frieze, I. H., "A theoretical perspective for understanding reactions to victimization", *Journal of Social Issues*, 39 (2), 1983, pp. 1 – 17.

[205] Jochen Wirtz, John E. G., Bateson, "Consumer Satisfaction with Services: Integrating the Environment Perspective in Services

Marketing into the Traditional Disconfirmation Paradigm", *Journal of Business Research*, 44 (3), 1999, pp. 55 – 66.

[206] Joff, P. E., Bast, B. A., "Coping and defense in relation to accommodation among a sample of blind man", *Journal of nervous and mental diseases*, 1978, pp. 166 – 537.

[207] John E. Swan, D. B. A., . Rao, C. P., "The critical incident technique: A flexible method for the identification of salient product attributes", *Journal of the Academy of Marketing Science Summer*, 3 (4), 1975, pp. 296 – 308.

[208] Johnson, E., Zinkhan, G., "Emotional Responses to a Professional Service Encounter", *Journal of Services Marketing*, 5 (2), 1991, pp. 5 – 15.

[209] Kahn, R. L., Antonucci, T. C., Convoys over the life course: Attachment roles and social support. In P. B. Baltes & O. G. Brim (Eds.), Life-span development and behavior (pp. 253 – 286). New York: Academic Press, 1980.

[210] Kahneman, D., Attention and effort. Englewood cliffs, NJ: Prentice – Hall, 1973.

[211] Kaplan, S., Kaplan, R., "Health, supportive environments, and the reasonable personal Model", *American journal of public health*, 2003, 52 (5), pp. 23 – 34.

[212] Keaveney, Susan M., "Customer Switching Behavior in Service Industries: An Exploratory Study," *Journal of Marketing*, 1995, 59 (4), pp. 71 – 82.

[213] Kelley, S. W., Hoffman, K. D. and Davis, A., "A typology of retail failures and recoveries", *Journal of Retailing*, 69, 1993, pp. 429 – 454.

[214] Kelley, S. W., Hoffman, K. D. and Davis, M. A., "A typology of retail failures and recoveries", *Journal of Retailing*, 69

(4), 1993, pp. 429 –452.

[215] Kerr, J. H., Tacon, P., "Psychological responses to different types of locations and activity", *Journal of Environmental psychology*, Vol. 19, 1999, pp. 287 –294.

[216] Kim., E. and Lee, M., "Other customers in a service encounter: Examining the effect in a restaurant setting", *Journal of Services Marketing*, Vol. 26, 2012, pp. 27 –40.

[217] Knowles, P. A., Grove, S. J., Pickett, G. M., "Mood and the service customer: Review and propositions", *Journal of Services Marketing*, 7 (4), 1993, pp. 41 –52.

[218] Kojima, H., "A significant stride toward the comparative study of control", *American Psychologist*, 39, 1984, pp. 972 –973.

[219] Kotler, P., "Atmospherics as a marketing tool", *Journal of Retailing*, 73 (4), 1973, pp. 48 –64.

[220] Langeard, Eric, John E. G. Bateson, Christopher H. Lovelock, and Pierre Eigler (eds.). Marketing of Services: New Insights from Consumers and Managers. Cambridge, MA: Marketing Science Institute, 1981, pp. 81 –104.

[221] Langerd, E. J., Saegert, S., "Crowding and cognitive control." *Journal of personality and social Psychology*, 35, 1977, pp. 175 –182.

[222] Lazarus, R. S., "Toward better research on stress and coping", *American Psychologist*, 55 (6), 2000, pp. 665 –673.

[223] Lazarus, R. S., *Emotion and adaptation.* New York: Oxford Univ. Press, 1991.

[224] Lefcourt, H. M. Locus of control: Current trends in theory and research. Hillsdale, New Jersey: Erlbaum, 1976.

[225] Lehtinen, Uolevi and Jarmo R. Lehtinen, "Two Approaches to Service Quality Dimensions," *The Service Industries Journal*, 11

(3), 1992, pp. 287 –303.

[226] Lin, N., Conceptualizing social support. In N. Lin, A. Dean, & W. Ensel (Eds.), *Social support, life events, and depression* (pp. 17 –48), Orlando: Academic Press, 1986.

[227] Linda, L. Price, Eric J. Arnould, "Service Provider – Client Relationship in Context." *Journal of Marketing*, 63 (4), 1999, pp. 38 –56.

[228] Liu, Y., Jang, S. C. S., "The effects of dining atmospherics: An extended Mehrabian – Russell model", *International Journal of Hospitality Management*, 28 (4), 2008, pp. 494 –503.

[229] Lovelock, C. H. Product plus: How product and service equals competitive advantage. New York: McGraw – Hill, 1994.

[230] Lovelock, C. H., Wirtz, J., *Service marketing* (5th ed.). Englewood Cliffs, NJ: Prentice – Hall, 2004.

[231] Lovelock, Christopher and Jochen, W., *Services Marketing*, Upper Saddle, N. J.: Prentice Hall, 1997.

[232] Lyubomirsky, S., King, L., Diener, E., "The benefits of frequent positive affect: Does happiness lead to success?", *Psychology Bulletin*, 131, 2005, pp. 803 –855.

[233] Machleit K. A., Eroglu S. A., "Describing and Measuring Emotional Response to Shopping Experience", *Journal of Business Research*, 49, 2000, pp. 101 –111.

[234] Machleit K. A., Mantel S. P., "Emotional response and shopping satisfaction Moderating effects of shopper attributions", *Journal of Business Research*, 54, 2001, pp. 97 –106.

[235] Malinowski, B. Magic, science, and religion. New York: Anchor Books, 1955.

[236] Mano, Haim, and Oliver, Richard L., "Assessing the Dimensionality and Structure of the Consumption Experience: Evalua-

tion, Feeling, and Satisfaction", *Journal of Consumer Research*, 20 (12), 1993, pp. 451 – 466.

[237] Manzo, Lynne C., "Beyond House and Haven: Toward a Revisioning of Emotional Relationships with Places", *Journal of Environmental Psychology*, 23 (3), 2003, pp. 47 – 61.

[238] Mara, B. Adelman, Aaron C. Ahuvia, "Social support in the service sector: The Antecedents, Processes, and Outcomes of Social Support in an Introductory Service", *Journal of Business Research*, 32, 1995, pp. 273 – 282.

[239] Markus, H., Kitayama, H., "Culture and the self: Implications for cognition, emotion, and motivation", *Psychological Review*, 98 (4), 1991, pp. 24 – 53.

[240] Martin, C. L., "Customer-to-customer relationships: Satisfaction with other consumers'public behavior", *Journal of Consumer Affairs*, 30 (1), 1996, pp. 146 – 169.

[241] Martin, C. L., "The customer compatibility scale: Measuring service customers' perceptions of fellow customers", *Journal of Consumer Studies and Home Economics*, 19, 1995, pp. 299 – 311.

[242] Martin, C. L., Pranter, C. A. "Compatibility management: Roles in service performers", *Journal of Services Marketing*, 5 (2), 1991, pp. 43 – 53.

[243] Martin, C. L., Pranter, C. A., "Compatibility management: Customer-to-customer relationships in service environments", *Journal of Service Marketing*, 3 (2), 1989, pp. 6 – 15.

[244] Martin, C. L., Bowling's team concept. Merrillville, IN: ICS Books Inc, 1997.

[245] Mattila, A. S., Enz, C. A., "The Role of Emotions in Service Encounters", *Journal of Service Research*, 4 (4), 2002, pp. 268 – 277.

[246] McGrath, M. A., Otnes, C., "Unacquainted Influencers: When Strangers Interact in the Retail Setting," *Journal of Business Research*, 32 (3), 1995, pp. 261 - 272.

[247] Mehrabian, A., Russell, J. A., "An Approach to Environmental Psychology", MIT Press, Cambridge, MA, 1974.

[248] Mehrabian, A., Basic Dimensions for a General Psychological Theory, Oelgeschlager, Gunn, and Hain, Cambridge, MA. 1980.

[249] Meuter, Matthew L., Amy L. Ostrom, Robert I. Roundtree, and Bitner, M. J., "Self - Service Technologies: Understanding Customer Satisfaction with Technology - Based Service Encounters," *Journal of Marketing*, 64 (7), 2000, pp. 50 - 64.

[250] Michona R, Chebatb J - C, Turleyc L. W. "Mall atmospherics: The interaction effects of the mall environment on shopping behavior", *Journal of Business Research*, 58 (7), 2005, pp. 576 - 583.

[251] Miller, D. T., Porter, C. A., "Self-blame in victims of violence", *Journal of Social Issues*, 39 (2), 1983, pp. 139 - 152.

[252] Miller, P. McC., & Ingham, J. G. Reflections on the life events-to-illness link with some preliminary findings. In I. G. Sarason & C. D. Spielberger (Eds.), *Stress and anxiety* (Vol. 6). New York: John Wiley & Sons, 1979.

[253] Miransky., Langer, E. J., Burglary (non) - prevention: An instance of relinquishing control. *Personality and social Psychology Bulletin*, 4 (3), 1978, pp. 399 - 405.

[254] Mittal, Vikas, William Ross, and Patrick Baldasare, "The Asymmetric Impact of Negative and Positive Attribute - Level Performance on Overall Satisfaction and Repurchase Intentions", *Journal of Marketing*, 62 (1), 1998, pp. 33 - 47.

[255] Moore, R., Moore, M., Capella, M., "The impact of

customer-to-customer interactions in a high personal contactservice setting", *Journal of Services Marketing*, 19 (7), 2005, pp. 482 –491.

[256] Mourali, Mehdi, "Customer-to – Customer Interactions and their Effects on Service Evaluation: A Role Theoretic Perspective" working paper, 2003.

[257] Murphy, M., Nevill, A., Neville, C., Biddle, S., Hardman, A., "Accumulating brisk walking for fitness, cardiovascular risk, and psychological health", *Medicine Science*, 34, 2002, pp. 1468 –1474.

[258] Namasivayam, K., Mattila, A. S., "Accounting for the Joint Effects of the Servicescape and Service Exchange on Consumers' Satisfaction Evaluations", *Journal of Hospitality & Tourism Research*, 31 (3), 2007.

[259] Namasivayam, K., "Action control, proxy control, and consumers' evaluations of the service exchange", *Psychology and Marketing*, 21 (5), 2004, pp. 463 –480.

[260] Nguyen, DeWitt, Russell – Bennett, "Service convenience and social service scape: Retail vs hedonic setting", *Journal of Services Marketing*, 26 (4), 2012, pp. 265 –277.

[261] Nicholls, J. A. F. G. Ronald Gilbert, Roslow, S., "Parsimonious measurement of customer satisfaction with personal service and the service setting", *Journal of consumer marketing*, 15 (3), 1998, pp. 239 –253.

[262] Nicholls, R., "New directions for customer-to-customer interaction research", Journal *of Services Marketing*, 24 (1), 2010, pp. 87 –97.

[263] Nicholls, R., Interactions Between Service Customers, Poznan University of Economics Publishing House, Poznan, Portland, 2005.

[264] Nunnally, J. C. , Psychometric Theory. McGraw Hill Book Company, New York, 1994.

[265] Odekerken – Schröder, Gaby, Birgelen, Marcel van, Lemmink, J. Ruyter, K. D. and Martin Wetzels, "Moments of Sorrow and Joy: An Empirical Assessment of the Complementary Value of Critical Incidents in Understanding Customer Service Evaluations," *European Journal of Marketing*, 34 (1/2), 2000, pp. 107 – 125.

[266] Oldenburg, R. , Brissett, D. , "The third place", *Qualitative Sociology*, 5 (4), 1982, pp. 265 – 284.

[267] Oldenburg, R. , *Celebrating the Third Place*, Marlowe, New York, NY, 2001.

[268] Oldenburg, R. , Third places. In: Christensen, K. , Levinson, D. (Eds.), Encyclopedia of Community. Sage, Thousand Oaks, CA, 2003, pp. 1373 – 1376.

[269] Oliver, R. L. , Swan, J. E. "Consumer Perceptions of Interpersonal Equity and Satisfaction in Transactions: A Field Survey", *Approach Journal of Marketing*, 54 (4), 1989, pp21 – 35.

[270] Oliver, R. L. , "A Cognitive Model of the Antecedents and Consequences of Satisfaction Decisions", *Journal of Marketing Research*, 17 (11), 1980, pp. 460 – 469.

[271] Oliver, R. L. , "Cognitive, Affective and Attribute Bases of the Satisfaction Response", *Journal of Consumer Research*, 20, 1993, pp. 418 – 430.

[272] Oliver, R. L. , DeSarbo, W. S. , "Response Determinants in Satisfaction Judgments", *Journal of Consumer Research*, 14 (3), 1988, pp. 495 – 507.

[273] Oliver, R. L. , Mano, Satisfaction: A Behavioral Perspective on the Consumer. New York: McGraw – Hill, 1997.

[274] Oliver, R. L. , Swan, John E. , "Consumer perceptions

of interpersonal equity and satisfaction in transactions: A field survey approach", *Journal of Marketing*, 53 (5), 1989, pp. 21 – 35.

[275] Oliver, R. L., Swan, John E., "Effects of Expectation and Disconfirmation on Post exposure Product Evaluations: An Alternative Interpretation", *Journal of Applied Psychology*, 62 (2), 1977, pp. 246 – 250.

[276] Olsen, Morten J. S. and Thomasson, B., "Studies in Service Quality with the Aid of Critical Incidents and Phenomenography," in *QUIS* 3: *Quality in Services Conference*, Eberhard E. Scheuing, Bo Edvardsson, David Lascelles, and Charles H. Little, eds. Jamaica, NY: International Service Quality Association, pp. 481 – 505, 1995.

[277] Palfai, T. P., Hart, K. E., "Anger coping styles and perceived social support", *Journal of Social Psychology*, 137 (6), 1997, pp. 405 – 411.

[278] Parasuraman, A., Valarie A. Zeithaml and Leonard Berry, "Servqual: A Multi – Item Scale for Measuring Consumer Perceptions of Service Quality," *Journal of Retailing*, 64 (1), 1988, pp. 12 – 37.

[279] Park, C. L., Folkman, S., "Meaning in the context of stress and coping", *Review of General Psychology*, 2, 1997, pp. 115 – 144.

[280] Parker, C., Philippa, W., "An analysis of role adoptions and scripts during customer-to-customer encounters", *European Journal of Marketing*, 34 (3/4), 2000, pp. 341 – 358.

[281] Pekrun, R., "The impact of emotions on learning and achievement: Towards a theory of cognitive/motivational mediators", *Applied Psychology*, 41, 1992, pp. 359 – 376.

[282] Pekrun, R., A social cognitive, control-value theory of achievement emotions. In J. Heckhausen (Ed.), *Motivational psychology of human development* (pp. 143 – 163). Oxford, UK: Elsevier Sci-

ence, 2000.

[283] Pekrun, R., The control-value theory of achievement emotions: Assumptions, corollaries, and implications for educational research and practice. *Educational Psychology Review*, 18, 2006, pp. 315 – 341.

[284] Plutchik, R.: Emotion: A Psychoevolutionary Synthesis, Harper and Row, New York. 1980.

[285] Polyorat, Kawpong, and Dana, L. A., "Self-construal and need for cognition effect on brand attitudes and purchase intentions in response to comparative advertising in Thailand and the United State", *Journal of Advertising*, 34 (1), 2005, pp. 37 – 48.

[286] Prahalad, C. K., Ramaswamy, V., "Coopting customer competence", *Harvard Business Review*, 78 (1), 2000, pp. 79 – 87.

[287] Pranter, C. A., Martin, C. L., "Compatibility management roles in service performers", *Journal of Services Marketing*, 5 (2), 1991, pp. 43 – 53.

[288] Price, L., E. Arnould, and S. Deibler, "Consumers' Emotional Responses to Service Encounters", *International Journal of Service Industry Management*, 6 (3), 1995, pp. 34 – 63.

[289] Proshansky, H. M., Ittelson, W. H., Rivlin, L. G. (Eds.). *Environmental Psychology: Man and his physical setting.* New York: Holt, Rinehart and Winston, 1970.

[290] Raajpoot, N. A., Arun, S., "Perceptions of incompatibility incustomer-to-customer interactions: Examining individual level differences", *Journal of Services Marketing*, 20 (5), 2006, pp. 24 – 32.

[291] Rackman, S. J., Hodgson, R. J. *Obsessions and compulsions* (Century Psychology Series). Englewood Cliffs, N. J.: Prentice – Hall, 1980.

[292] Rappoport, A., The meaning of the built environment.

Beverly Hills (CA): Sage Publication, 1982.

[293] Reisenzein, R., "The Schachter theory of emotion: Two decades later", *Psychological Bulletin*, 94 (10), 1983, pp. 239 - 264.

[294] Relph, E., *Place and Placelessness*. Pion, 1976.

[295] Rodin, J., Baum, A., Crowding and helplessness: Potential consequences of density and loss of control. In A. Baum & Epstein (Eds.), *Human response to crowing* (pp. 389 - 401). Hillsdale, NJ: Erlbaum, 1978.

[296] Rook Karen S., "Social Support Versus Companionship: Effects on Life Stress, Loneliness, and Evaluations by Others", *Journal of Personality and social Psychology*, 52 (6), 1987, pp. 1132 - 1147.

[297] Roos I., "Methods of Investigating Critical Incidents", *Journal of Service Research*, 4 (11), 2002, pp. 193 - 204.

[298] Rosenbaum Mark S., Wong, A. "The effect of instant messaging services on society's mental health", *Journal of Services Marketing*, 26/2, 2012, pp. 124 - 136.

[299] Rosenbaum, M. S., "Exploring the Social Supportive Role of Third Places in Consumers' Lives", *Journal of Service Research*, 9 (1), 2006, pp. 59 - 72.

[300] Rosenbaum, M. S., Smallwood, J., "Cancer Resource Centers as Third Places", *Journal of Services marketing*, 27 (6), 2013, pp. 4.

[301] Rosenbaum, M. S., Massiah, C. A., "When customers receive support from other customers: Exploring the influence of inter customer social support on customer voluntary performance", *Journal of Service Research*, 9 (3), 2007, pp. 257 - 270.

[302] Rosenbaum, M. S., "Return on Community for Consumers and Service Establishments" *Journal of Service Research*, 11 (2),

2008, pp. 179 - 196.

[303] Rosenbaum, M. S., Ward. And Beth A. Walker et al., "A Cup of Coffee With a Dash of Love An Investigation of Commercial Social Support and Third - Place Attachment", *Journal of Service Research*, 10 (1), 2007, pp. 43 - 59.

[304] Rothbaum, E, Weisz, J. R., and Snyder, S. S., "Changing the world and changing the self: A two-process model of perceived control", *Journal of Personality and Social Psychology*, 42, 1982, pp. 5 - 37.

[305] Rotter, J. B., "Generalized expectancies for internal versus external control of reinforcement", *Psychological Monographs*, 80, 1966, pp. 1 - 28.

[306] Rowley, J. E., "From storekeeper to salesman: Implementing the marketing concept in libraries", *Library Review*, 44 (1), 1995, pp. 24 - 35.

[307] Russell, J. A., Snodgrass, J., Emotion and the environment. In D. Stokols and I. Altman, *Handbook of environmental psychology* (Vol. 1, pp. 245 - 280). New york: Wiley - Interscience, 1987.

[308] Ruthig, J. C., Bridget L. Hanson, Joanna M. Marino, "A three-phase examination of academic comparative optimism and perceived academic control Learning and Individual Differences", *Journal of Applied Social Psychology*, 19, 2009, pp. 435 - 439.

[309] Ruyter, K., Kasper, H., and Wetzels M., "Internal Service Quality in a Manufacturing Firm: A Review of Critical Encounters," *New Zealand Journal of Business*, 17 (2), 1995, pp. 67 - 80.

[310] Schachter, S. and Singer, J. E., "Cognitive, Social, and Psychological determinants of emotional states", *Psychological review*, 69, 1962, pp. 379 - 399.

[311] Seiders, K., Voss, G. B., Grewal, D. and Godfrey, A.,

"Do satisfied customers buy more? Examining moderating influences in a retailing context", *Journal of Marketing*, 69, 2005, pp. 26 –43.

[312] Seligman, M. E. P., Helplessness. San Francisco: Freeman, 1975.

[313] Selye, H., History of the stress concept. In L. Goldberger & S. Breznitz (Eds.), *Handbook of stress: Theoretical and clinical aspects* (pp. 7 –17). New York: Free Press, 1993.

[314] Shostack, G. L., "Service Positioning through Structural Change", *Journal of Marketing*, 51 (1), 1987, pp. 34 –43.

[315] Shumaker, S. A., Brownell, A., "Toward a theory of social support: Closing conceptual gaps", *Journal of Social Issues*, 40, 1984, pp. 11 –36.

[316] Silpakit, P., Ray P. Fisk, "Participating the Service Encounter: A Theoretical Framework," in *Services Marketing in a Changing Environment*, Block T. M., Upah G. D. and Zeithaml V. A., eds. Chicago, IL: American Marketing Association, 1985. pp. 117 –121.

[317] Silver, R. L., Wortman, C. B. Coping with undesirable life events. In J. Garber & M. E. P. Seligman (Eds.), Human helplessness: Theory and applications. New York: Academic Press, 1980.

[318] Singelis, T. M., "The measurement of independent and interdependent self-construal", *Personality and Social Psychology Bulletin*, 1994, pp. 20 –580.

[319] Skinner, E. A., "A guide to constructs of control", *Journal of personality and social psychology*, 71 (3), 1996, pp. 549 –570.

[320] Smith, Lazarus., "Appraisal components, core relational themes, and the emotions", *Cognition and emotion*, Vol. 7, 1993, pp. 233 –269.

[321] Snyder, M. L., Stephan, W. G., and Rosenfield, D. At-

tributional egotism. In J. H. Harvey, W. Ickes, & R. F. Kidd (Eds.), New directions in attribution research (Vol. 2). Hillsdale, N. J.: Erlbaum, 1978.

[322] Soderlund, M., Rosengren, S., "Dismantling positive effect and its effects on customer satisfaction: An empirical examination of customer joy in a service encounter", *Journal of Consumer Satisfaction, Dissatisfaction and Complaining Behavior*, Vol. 17, 2004, pp. 27 – 41.

[323] Solomon, M. R., Surprenant, C., Czepiel, J. A. and Gutman, E. G., "A role theory perspective on dyadic interactions: The service encounter", *Journal of Marketing*, Vol. 49, 1985, pp. 86 – 96.

[324] Sorkin, Dara H., Karen S. Rook, and John L. Lu, "Loneliness, Lack of Emotional Support, Lack of Companionship, and the Likelihood of Having a Heart Condition in an Elderly Sample," *Annals of Behavioral Medicin*e, 24 (Fall), 2002, pp. 290 – 298.

[325] Stokols, D., A typology of crowing experiences. In A. Baum &Epstein (Eds.), Human response to crowding (PP, 219 – 255). Hillsdale, NJ: Erlbaum, 1978.

[326] Strube, M. J., Werner, C., "Psychological reactance and the relinquishment of control", *Personality and social Psychology Bulletin*, 10, 1984, pp. 225 – 234.

[327] Sutton, Robert and Rafaeli, A., "Untangling the Relationship between Displayed Emotions and Organizational Sales: The Case of Convenience Stores", *Academy of Management Journal*, 31, 1988, pp. 461 – 487.

[328] Suurmeijer, Theo P. B. M., Dirk M. Doeglas, Serge Briancon, Wim P. Krijnen, Boudien Krol, Robert Sanderman, Torbjorn Moum, Anders Bielle, and Wim J. A. Van Den Heuvel, "The Meas-

urement of Social Support in the European Research on Incapacitating Diseases and Social Support: The Development of the Social Support Questionnaire for Transactions (SSQT)," Social Science Medicine, 40 (May), 1995, pp. 1221 - 1229.

[329] Swan, John E., Cathy Goodwin, Michael A. Mayo, and Lynne A. Richardson, "Customer Identities: Customers as Commercial Friends, Customer Coworkers, or Business Acquaintances," *Journal of Personal Selling & Sales Management*, 21 (4), 2005, pp. 29 - 37.

[330] Szpiler, J. A., Epstein, S., "Availability of an avoidance response as related to autonomic arousal", *Journal of Abnormal Psychology*, 85 (1), 1976, pp. 73 - 82.

[331] Tai H. C., Fung M. C., "Application of an environmental psychology model to in-store buying behavior", *The International Review of Retail, Distribution and Consumer Research*, 7 (4), 1997, pp. 311 - 337.

[332] Tanner, C., "Constraints on environmental behavior", *Journal of Environmental Psychology*, 19, 1999, pp. 145 - 157.

[333] Taylor, Shelley E., David K. Sherman, Heejung S. Kim, Johanna Jarcho, Kaori Takagi, and Melissa S. Dunagan, "Culture and Social Support: Who Seeks It and Why?" *Journal of Personality and Social Psychology*, 87 (12), 2004, pp. 354 - 362.

[334] Thakor, M. V., Suri, R., Saleh, K., "Effects of service setting and other consumers' age on the service perceptions of young consumers", *Journal of Retailing*, 84 (2), 2008, pp. 137 - 149.

[335] Thomas J. L. van Rompay, Mirjam Galetzka, Ad T. H. Pruyn, and Jaime Moreno Garcia "Human and Spatial Dimensions of Retail Density: Revisiting the Role of Perceived Control", *Psychology & Marketing*, 25 (4), 2008, pp. 319 - 335.

[336] Thompson, S. C., and Spacapan, S., "Perceptions of con-

trol in vulnerable populations", *Journal of Social Issues*, 41 (7), 1991, pp. 1 –21.

[337] Thompson, S. C. G., "Will it hurt less if I can control it? A complex answer to a simple question", *Psychological Bulletin*, 90 (9), 1981, pp. 89 –101.

[338] Tombs, A., McColl – Kennedy, J., "Beyond the Servicescape: Customer to Customer interactions in the social servicescape", in Shaw, R. N., Adam, S. and McDonald, H. (Eds), *Australian and New Zealand Marketing Academy Conference* (ANZMAC 2002), Melbourne, 2 –4 December, pp. 1461 –1466.

[339] Tombs, A., McColl – Kennedy, J. R., "Social service scape conceptual model", *Marketing Theory*, 4 (3), 2003, pp. 447 – 475.

[340] Topf, M., "Theoretical consideration for research on environmental stress and health", IMAGE: *Journal of nursing scholarship*, 26, 1994, pp. 289 –293.

[341] Tuan, Yi – Fu, "Geography, Phenomenology, and the Study of Human Nature", *Canadian Geographer*, 15 (3), 1971, pp. 181 –192.

[342] Turley, L. W., Milliman, R. E., "Atmospheric effects on shopping behavior: A review of the experimental evidence", *Journal of Business Research*, 49 (2), 2000, pp. 193 –211.

[343] Uhrich, S., Benkenstein, M., "Sport stadium atmosphere: Formative and reflective indicators for operationalizing the construct", *Journal of Sport Management*, 24 (2), 2010, pp. 211 – 237.

[344] Vargo, Stephen L., Lusch, Robe, R. F., "Evolving to a New Dominant logic for Marketing," *Journal of Marketing*, 68 (1), 2004, pp. 1 –17.

[345] Verhoef, P. C., Lemon, K. N., Parasuraman, A., Roggeveen, A., Tsiros, M., & Schlesinger, L. A., "Customer experience creation: Determinants, dynamics and management strategies", *Journal of Retailing*, 85 (1), 2009, pp. 31 – 41.

[346] Véronique Aubert – Gamet, "Twisting servicescapes: Diversion of the physical environment in a re-appropriation process", *International Journal of Service Industry Management*, 8 (1), 1997, pp. 26 – 45.

[347] Vilnai – Yavetz, Rafaeli, A., "Aesthetics and Professionalism of Virtual Servicescapes", *Journal of Service Research*, 2006, pp. 8 – 245.

[348] Viswesvaran, C. Sanchez, J. I. and Jeffrey Fisher, "The Role of Social Support in the Process of Work Stress: A Meta – Analysis", *Journal of Vocational Behavior*, 54, 1999, pp. 314 – 334.

[349] Wakefield, K. L., Blodgett, J. G., "The Importance of Servicescapes in Leisure Service Settings", *Journal of Services marketing*, 8 (3), 1994, pp. 66 – 76.

[350] Walker, Steve and Truly, E., "The Critical Incidents Technique: Philosophical Foundations and Methodological Implications," in *AMA Winter Educators' Conference Proceedings: Marketing Theory and Applications*, Vol. 3, Chris T. Allen and Thomas J. Madden, Eds. Chicago: American Marketing Association, pp. 270 – 275, 1992.

[351] Wallston, K. A., "Hocus-pocus, the focus isn't strictly on locus: Rotter's social learning theory modified for health", *Cognitive Therapy and Research*, 16, 1992, pp. 183 – 199.

[352] Weiner, Bernhard, "Spontaneous Causal Thinking", *Psychological Bulletin*, 97, 1985, pp. 74 – 85.

[353] Weisz, J. R., "Developmental change in perceived control: Recognizing noncontingency in the laboratory and perceiving it in

the world", *Developmental Psychology*, 1980, 16, pp. 385 – 390.

[354] Weisz, J. R., "Illusory contingency in children at the state fair", *Developmental Psychology*, 7 (4), 1981, pp. 481 – 489.

[355] Weisz, J. R., Rothbaum, F. M., and Backburn, T. C., "Standing out and standing in: The psychology of control in American and Japan", *American Psychologist*, 39, 1984, pp. 955 – 969.

[356] Westbrook, Robert A., and Oliver, Richard, L., "The Dimensionality of Consumption Emotion Patterns and Consumer Satisfaction", *Journal of Consumer Research*, 18, 1991, pp. 84 – 91.

[357] Wirtz, Jochen, "The Affect Literature in Psychology—A Review for Consumer Behaviourists", *Asian Journal of Marketing*, 3 (2), 1994, pp. 49 – 70.

[358] Wortman, C. B., Brehm, J. W. (1975). Responses to uncontrollable outcomes: An integration of reactance theory and the learned helplessness model. In L, Berkowitz (Ed.), Advances in experimental social psychology (pp. 277 – 336). San Diego, CA: Academic Press.

[359] Wortman, C. B., Dunkel – Schetter, C., Conceptual and methodological issues in the study of social support. In A. Baum & J. E. Singer (Eds.), *Handbook of psychology and health*, (Vol. 5, pp. 63 – 108). Hillsdale, NJ: Erlbaum, 1987.

[360] Wu, C. H. J., "The impact of customer-to-customer interaction and customer homogeneity on customer satisfaction in tourism service-the service encounter prospective", *Tourism Management*, 28 (6), 2007, pp. 1518 – 1528.

[361] Wu, C. H. J., "The influence of customer-to-customer interactions and role typology on customer reaction", *The Service Industries Journal*, 28 (10), 2008, pp. 1501 – 1513.

[362] Xu, J., N. Schwarz, "Do we Really Need a Reason to Indulge?", *Journal of Marketing Research*, 46 (1), 2009, pp. 25 – 36.

[363] Yalcha, R. F., Spangenbergb, E. R., "The Effects of Music in a Retail Setting on Real and Perceived Shopping Times", *Journal of Business Research*, 49 (2), 2000, pp. 139 – 147.

[364] Yin, R. K., Case Study Research: Design and methods, applied social research method series, Volume 5. Thousand Oaks, CA: Sage Publication, 1994.

[365] Zajonc, R. B., Markus, H., Affect and cognition: the hard interface. In: Izard C. E., Kagan J., Zajonc R. B., editors. *Emotions, cognition, and behavior.* Cambridge: Cambridge Univ. Press, 1984. pp. 63 – 103.

[366] Zeithaml, C. P., Zeithaml, V. A., "Environmental management: Revising the marketing perspective", *Journal of Marketing*, 48, 1984, pp. 46 – 58.

[367] Zeithaml, V., Bitner, M. J. and Gremler, D. D., Services Marketing: Integrating Customer Focus Across the Firm, McGraw – Hill, Boston, MA, 2009.

[368] Zeithaml, V. A., Parasuraman, A. and Berry, L. L., "Problems and strategies in services marketing", *Journal of Marketing*, 49, 1985, pp. 33 – 45.

[369] Zhang, J. Y., Beatty, S. E., David, M. B., "A CIT investigation of other customers' influence in services", *Journal of Services Marketing*, 24 (5), 2010, pp. 389 – 399.

[370] Zhang, X. M., Bartol, K. M., "Linking Empowering Leadership and Employee Creativity: The Influence of Psychological Empowerment, Intrinsic motivation, and Creative process engagement", *Academy of Management Journal*, 53 (1), 2010, pp. 107 – 128.

[371] Zhou, R., Soman, D. "Looking Back: Exploring the Psychology of Queuing and the Effect of the Number of People Behind", *Journal of Consumer Research*, 29 (4), 2003, pp. 53 – 58.

[372] Zimet, G. D. , Dahlem, N. W. and Zimet, S. G. , "The Multidimensional Scale of Perceived Social Support", *Journal of personality assessment*, 52 (1), 1988, pp. 30 – 41.

[373] Zlutnick, S. , Altman, I. Crowding and human behavior. In J. Wohl will & Carson (Eds.), Environment and the social science: Perspectives and application (pp. 44 – 58). Washington, DC: American Psychology, 3, 1972, pp. 115 – 128.

[374] Zomerdijk, L. G. , Voss, C. A. , "Service Design for Experience-centric services", Journal of Service Research, 13 (1), 2010, pp. 67 – 82.

[375] Zuckerman, M. , "Attribution of Success Revisited or: The Eotivational Bias is Alive and Well in Attribution Theory", *Journal of Personality*, 47 (5), 1979, pp. 245 – 287.